FAUNE POPULAIRE

DE

LA FRANCE

EUGÈNE ROLLAND

AUNE POPULAIRE

DE

LA FRANCE

TOME VI

LES OISEAUX DOMESTIQUES & LA FAUCONNERIE

NOMS VULGAIRES, DICTONS, PROVERBES, LÉGENDES,
CONTES ET SUPERSTITIONS.

PARIS

MAISONNEUVE & Cie, LIBRAIRES-ÉDITEURS,

25, QUAI VOLTAIRE, 25.

1883

OUVRAGES CITÉS

ADAM (L.). — Les patois lorrains. Paris, Maisonneuve, 1881, in-8.

AFFRE (H.). — Simples récits sur Espalion. Villefranche, 1850, in-8.

ANDREWS (J. B.). — Vocabulaire français-mentonais. Nice, 1877, in-12.

ARBOIS DE JUBAINVILLE (D'). — Orig. des voyelles et des cons. du breton moderne (*Mém. de la Société de Ling.*, 1880).

— Les suffixes nominaux du breton moderne. (dans les *Mém. de la Soc. de Linguistique*, 1880).

ARRIVABENE (Gaetano). — Dizionario domestico. Brescia, 1809, in-8.

AZAÏS. — Dictionnaire des idiomes romans. Paris, 1877-81, 3 vol. in-8.

BAISSAC. — Étude sur le patois créole mauricien. Nancy, 1881, in-12.

BANFI (G.). — Vocabolario milanese. Milano, 1870.

BARJAVEL. — Dictons et sobr. du dép. de Vaucluse. Carpentras, 1849.

BAUDRIMONT. — Vocabulaire de la langue des Bohémiens habitant les pays basques français. Bordeaux, 1862, in-8.

BEAUCHET-FILLEAU. — Canton de Chef-Boutonne. Croyances, superstitions, etc., (dans *Bull. de la Soc. de Stat. des Deux-Sèvres*, 1882).

BESSIÈRES (Émile). — Les préjugés sur les maladies de l'enfance. Paris, 1876, in-8.

BEURARD (J. B.). — Dictionnaire allemand-français contenant les termes propres à l'exploitation des mines. 1809, in-8.

BIKÉLAS (D.). — Nomenclature moderne de la Faune grecque. Paris, 1878, in-8.

BLAAS. — Volksthümliches aus Niederoesterreich über Thiere. 1875.

BLADÉ (J. F.). — Prov. et devin. de l'Armagnac. Agen, 1880, in-8.

BLAVIGNAC. — L'empro génevois. Genève, 1875, in-8.

BOEHTLINGK. — Indische Sprüche. St.-Pétersbourg, 1870-73, 3 vol. in-8.

— Sanscrit Woerterbuch. St-Pétersb., 1855-75, 7 vol. in-4.

CALLET (P. M.). — Glossaire vaudois. Lausanne, 1861.

Canard potevin (Le). Melle, 1876-77, in-16.

CARR (W.). — A collection of telugu Proverbs. Madras, 1860, in-8.

CASSAN (Armand). — Statistique de l'arrondissement de Mantes (Seine-et-Oise). Mantes, 1833, in-8.

CASSANI. — Saggio di proverbi triestini. Trieste, 1860, in-8.

CASTELLI (R.). — Credenze ed usi popolari siciliani. Palermo, 1878.

CHABOUILLÉ. — Manuel pratique du laboureur. Paris, 1826.

CHABRAND ET DE ROCHAS. — Patois des Alpes cottiennes. 1877, in-8.

CHAMBURE (E. de). — Glossaire du Morvan. Paris, 1878.

CHAPELOT (J.). — Contes balzatois (en patois de la Charente). Paris, 1877, in-8.

CHASLES DE LA TOUCHE. — Histoire de Belle-Ile-en-Mer. Nantes, 1852, in-8.

CIHAC (A. de). — Dict. d'étymologie daco-romane. 1870-79, 2 vol

Comédie des proverbes (La) 5e édition. Paris, 1715, in-12.

CONSIGLIERI PEDROSO. — Contribuçôes para huma mythologia pop. portugueza. Porto, 1880 et suiv.

CONTEJEAN. — Glossaire du patois de Montbéliard. Montbéliard, 1876.

CORBLET (L'abbé). — Glossaire du patois picard. Paris, 1851, in-8.

CORDIER. — Coumédies en patois meusien. Paris, 1870, in-8.

CORNU (J.). — Chants et contes de la Gruyère. (dans la *Romania*, 1875.

— Phonologie du Bagnard (dans la *Romania*, 1877.)

COTGRAVE. — A french and english Dictionary. London, 1660, in-fol.

COUZINIÉ. — Dict. de la langue romano-castraise. Castres, 1850, in-8.

CROY (De). — Études sur l'Indre-et-Loire. Tours, 1838.

DARD. — Dict. français-wolof et grammaire wolofe. Paris, 1825-26.

DECORDE. — Dict. du patois du pays de Bray. Paris, 1852, in-8.

DEJARDIN (J.). — Dict. des spots ou proverbes wallons. Liège, 1863.

DELBOULLE (A.). — Glossaire de la vallée d'Yères. Paris, 1876.

DESAIVRE. — Croyances, présages, etc. Niort, 1881.

Dictionnaire portatif des proverbes françois. Utrecht, 1751.

DIEZ (F.) — Etymologisches Woerterbuch. Bonn, 1869, in-8.

DOLLFUS-AUSSET. — Matériaux pour les bibl. pop. Mulhouse, 1865.

Ducatiana ou Remarques de Le Duchat. Amsterdam, 1738.

DUEZ. — Dict. ital.-franç. et franç.-ital. Genève, 1678, in-12.

DUVAL (J.). — Proverbes en dialecte du Rouergue. Rodez, 1845.

Éléments de la langue russe. Saint-Pétersbourg, 1791.

EISEL. — Das Voigtland. In-8.

FABRE. — Guide de la convers. française-basque. Bayonne, 1862.

FÉRAUD. — Dictionnaire critique de la langue française. 1787, 3 vol.

FERRARO (G.). — Glossario monferrino. Ferrara, 1881.

FRISCHBIER. — Preussische Sprichwörter. Berlin. In-8.

GALLET (Ch. E.). — La ville de Beauvoir-sur-Mer. 1868.

GARY. — Dict. patois franç. à l'usage du Tarn. Castres, 1845, in-12.

GIANANDREA. — Canti pop. marchigiani. Torino, 1875.

GILLIÉRON. — Patois de Vionnaz, Bas-Valais. Paris, 1880, in-8.

Glossaire de l'ancien théâtre français (forme le 10e volume de la *Collect. de l'ancien théâtre français*). Paris, 1857.

GLYDE (J.). — The Norfolk Garland. London, 1872.

GRANDGAGNAGE. — Dictionnaire wallon. Liège, 1846, in-8.

— Vocabulaire des noms d'animaux. Liège, 1857, in-8.

GRANGIER (L.). — Glossaire fribourgeois. Fribourg, 1864 et 1868.

GREGOR (W.). — The dialect of Banffshire. London, 1866, in-8.

— Notes on the Folklore of the North-East of Scotland.

GREY (George). — Proverbial Sayings of the New Zealand. Cape Town, 1857, in-8.

GRIMM (J. und W.). — Deutsches Woerterbuch.

H... (J. C.). — The Slang Dictionary. London, 1869, in-12.

HALBERT D'ANGERS. — Dictionnaire du jargon de l'argot. 1840.

HÉCART. — Dictionnaire rouchi-français. Valenciennes, 1834, in-8.

HOCK (A.). — Œuvres complètes. Liège, 1872, 4 vol. in-8.

HOEFER (Ed.). — Wie das Volk spricht. Sprichwörtliche Redensarten. Stuttgart, 1876, in-12.

IULLIANI. — Les proverbes divertissans, ensemble les récréations du mesme autheur. Paris, 1659, in-8.

IVE (Ant.). — Canti popolari istriani. Roma, 1877.

JACLOT. — Le Lorrain peint par lui-même. Metz, 1853-54.

JAUBERT. — Glossaire du centre de la France. Paris, 1864 et 1869.

JEANNARAKI. — Ἄσματα κρητικά. Leipzig, 1876, in-8.

JÔNAIN. — Dictionnaire du patois saintongeais. Royan, 1869, in-8.

JORET (Ch.). — Essai sur le patois normand du Bessin. 1879 et suiv.

JOUBERT (Laurent). — Erreurs populaires et propos vulgaires touchant la médecine. Rouen, 1600, in-18.

JOUVE. — Coup d'œil sur les patois des Vosges. Paris, 1864, in-12.

— Chansons en patois vosgiens, Paris, 1876, in-8.

JUSTI. — Les noms d'animaux en kurde. Paris, 1878, in-8.

KAZIMIRSKI. — Dictionnaire arabe-français. Paris, 1860, 2 vol. in-8.

KRAMER. — Elenchus vegetabilium et animalium. Viennæ, 1756.

LAGRAVÈRE (P. Th.). — Poésies en gascon. Bayonne, 1865, in-8.

LAISNEL DE LA SALLE. — Croyances et légendes du Centre. 1875. 2 vol.

LATHAM (Mrs Ch.). — Some West Sussex Superstitions. London, 1878.

LECLAIR (P.). — Histoire des brigands d'Orgères, suivie d'un dictionnaire d'argot. Chartres, an VIII, in-8.

LÉGIER. — Traditions et usages de la Sologne (dans *Mémoires de l'Académie celtique*, II).

LEGRAND (P.). — Dictionnaire du patois de Lille. Lille, 1856, in-8.

LEOPRECHTING. — Aus dem Lechrain. München, 1855.

LEROUX (Ph. J.). — Dictionnaire comique. 1787, 2 vol. in-8.

LEROUX DE LINCY. — Le livre des proverbes français. Paris, 1859.

LESPY (V.). — Proverbes et dictons du Béarn. Montpellier, 1876, in-8.

LONGCHAMPS (Ch.). — Superstitions, préjugés et usages locaux dans la Haute-Saône. 1864, in-8.

LORRAIN (D.). — Glossaire du patois lorrain. Nancy, 1876.

LÜTOLF. — Sagen aus Lucern. Uri, 1862.

MALASPINA. — Vocabolario parmigiano-italiano. Parma, 1859.

MARIN (P.). — Dictionnaire français-hollandais. Dordrecht, 1728.

MATTEI (A.). — Proverbes de la Corse. Paris, 1867, in-18.

MEDIKUS. — Das Thierreich im Volksmunde. Leipzig, 1880.

MÉTIVIER (G.). — Dictionnaire franco-normand. London, 1870, in-8.

MÉTIVIER (De). — De l'agriculture des Landes. Bordeaux, 1839.

MEYER (L. E.). — Glossaire de l'Aunis. La Rochelle, 1870, in-8.

MICHEAU (H.). — Notice sur la commune de la Benâte (dans *Bulletin de la Soc. hist. de Saint-Jean-d'Angély*, 1866).

MICHEL (Francisque). — Étude de philologie comparée sur l'argot. Paris, 1856, in-8.

MOLARD. — Le mauvais langage corrigé. Lyon, 1810, in-8.

MONTEL ET LAMBERT. — Chants populaires du Languedoc. Paris, 1880, in-8.

MONTÉMONT (A.). — Voy. à Dresde et dans les Vosges. Paris, 1861.

NEMNICH. — Catholicon od. allg. Polyglotten-Lexicon der Naturgesch. Hamburg, 1793-1798, 3 vol. in-4.

NIGRA. — Fonetica del dialetto di Val Soana. Torino, 1874, in-8.

NUCÉRIN (J.). — Proverbes communs. Rouen, 1612.

OBERLIN. — Essai sur le patois lorrain du Ban de la Roche. Strasbourg, 1775, in-12.

PASQUALIGO. — Raccolta di proverbi veneti. 1857.

PEREYRA. — Prosodia in voc. bil. lat. et lusitanum dig. Evorae, 1723, in-f°. (Cet ouvrage contient une collection de proverbes portugais).

PERRON. — Proverbes de la Franche-Comté. Besançon, 1876.

PESCETTI (Orlando). — Proverbi italiani. Venetia, 1611, in-18.

PIET. — Mémoires laissés à mon fils. Noirmoutier, 1806, in-4.

PIÑOL (D. Juan Cuveiro). — Diccionario gallego. Barcelona, 1876.

PITRÈ (G.). — Biblioteca delle tradizioni popolari siciliane. Palermo.

POËTEVIN. — Dict. franç.-all. et allemand-français. Basle, 1754.

PONT. — Origine du patois de la Tarentaise. Paris, 1872, in-8.

POULET. — Patois de Plancher-les-Mines (Haute-Saône). 1878.

POUMARÈDE. — Manuel des termes usuels. Toulouse, 1860.

PRÉVOST. — Supplément à la première édition du manuel Lexique. Paris, 1755, in-12.

RAULIN (V.). — Description physique de l'île de Crète (dans les *Actes de la Soc. linn. de Bordeaux*, t. XXII).

RAYNOUARD. — Lexique roman. Paris, 1838-44, 6 vol. in-8.

REINSBERG. — Sprichwörter der germ. und rom. Sprachen, 1872.

RIGAUD (L.). — Dictionnaire du jargon parisien. Paris, 1878.

RIIS. — Gramm. outline of the Oji Language. Basel, 1854, in-8.

ROMDAHL (A.). — Glossaire du patois du Val de Saire (Manche). Linkoeping, 1881.

ROTHENBACH. — Volksthümliches aus dem kanton Bern. Zurich, 1876.

ROUSSEAU. — Glossaire poitevin. Niort, 1869.

SAUBINET (E.). — Vocab. du bas langage rémois. Reims, 1845, in-18.

SCHAYES (A. G. B.). — Essai historique sur les usages, etc., des Belges anciens et modernes. Louvain, 1834.

SCHIEFNER (A). — Versuch über das awarische. St-Pétersburg, 1862.

SCHLEICHER. — Litauische Märchen, Sprichwœrter. Weimar, 1857.

SCHUHL (M.). — Sentences et proverbes du Talmud. Paris, 1878, in-8.

SÉBILLOT (P.). — Traditions et superstitions de la Haute-Bretagne. Paris, 1882, 2 vol. in-18.

SOUCHÉ. — Proverbes, traditions diverses. Niort, 1881.

SPANO (G.). — Vocabolario sardo-italiano. Cagliari, 1851, 2 vol. in-8.

Statistique générale de la France. Paris, in-folio. (Le t. XVI, 1868, contient des proverbes agricoles).

STRACKERJAN. — Abergl. und Sagen aus d. Herz. Oldenburg, 1867.

TAUPIAC. — Stat. de l'arrond. de Castel-Sarrazin. Montauban, 1868.

TENDLAU (A). — Sprichwörter und Redensarten deutsch-jüdischer Vorzeit. Frankfurt, 1860.

TEXIER. — Patois du canton d'Escurolles (Bourbonnais). 1869.

THORBURN. — Bannu or our Afghan Frontier. London, 1876.

TISSOT. — Le patois des Fourgs (Doubs). Besançon, 1865, in-8.

— Les Fourgs et les envir. Les Mœurs. Besançon, 1873.

TOSELLI. — Recuei de prouverbi. Nissa, 1878, in-12.

TOUBIN (Ch.). — Recherches sur la langue bellau, employée par les peigneurs de chanvre.

VAN EYS (W. J.). — Dictionnaire basque-français. Paris, 1873, in-8.

VASSALLI (M. A.). — Motti, aforismi e proverbii maltese. Malta, 1828, in-8.

VAYSSIER. — Dictionnaire patois de l'Aveyron. Rodez, 1879, in-8.

VIDOCQ (E. F.). — Les Voleurs. 2 vol. in-8.

WACKERNAGEL (W.). — Voces variae animantium. Basileæ, 1869.

ZALLI (C.). — Dizionario piemontese-italiano. Carmagnola, 1830.

FAUNE POPULAIRE

DE

LA FRANCE

LES OISEAUX DOMESTIQUES

GALLUS DOMESTICUS. — LE COQ.

I.

1. Noms du mâle :

GAL, *m.* (latin *gallus*), Aveyron. — Gard. — Hérault. — Alpes maritimes. — Tarn. — Lot.

GAOU, *m.* languedocien. — provençal ancien et moderne.

GAU, *m.* Morvan, Chambure.

JAL, *m.* Alpes cottiennes, Chabrand et Rochas.

JAU, JÔ, *m.* Lorraine. — Forez, Gras. — Aunis, L. E. Meyer.

JHAU, *m.* Saintonge, Jônain.

DZAL, *m.* (au *pluriel* DZAOUS) Corrèze, com. par M. G. de Lépinay.

JAOÛ, *m.* Deux-Sèvres.

DJÂ, *m.* Ban de la Roche, Oberlin.

DJAU, TJO, *m.* arrond. de Remiremont, L. Adam.

JGÔ, *m.* Mandray (arrond. de Saint-Dié), L. Adam.

JÂO, JÂ, *m.* arrond. de Saint-Dié, L. Adam.

JÔE, JÉ, *m.* arrondissement de Toul, L. Adam.

JA, *m.* Lunéville, Oberlin.

JAI, *m.* Forez, Gras.

JÈ, *m.* arrondissement de Nancy, L. Adam.

JAILLAR, *m.* Forez, Gras.

COCRIACOT, *m.* (onomatopée), picard, Corblet.
COQUERICOT (1), *m.* français.
COCO, *m.* Berry, Laisnel de La Salle, I, 197.
COQ, *m.* (abréviation de l'onomatopée *coquericoc*), français.
CO, *m.* normand. — picard. — Beauce. — Berry.
COUCHOT, *m.* Vosges. — Meuse.
COUCHERÉ, *m.* arrondissement de Mirecourt, L. Adam.
KILIOK, KILLIEK, breton armoricain.
POUL, *m.* Aveyron, Vayssier. — Tarn, Gary. — Toulouse. — Lauragais, communiqué par M. P. Fagot.
POULOT, *m.* Morvan, Chambure. — Montbéliard, Contejean.
POLET, *m.* Tarentaise, Pont. — Bagnard, Cornu.
PÔLË, *m.* Bas Valais, Gilliéron.
POULIAU, *m.* Côtes-du-Nord, com. par M. P. Sébillot.
POUT, *m.* Bagnères-de-Bigorre, com. par M. A. Cazes.
PU, PÜ, *m.* Gruyère, Cornu. — Les Fourgs, Tissot.
HAZAA, *m.* Béarn, Lespy.
HASAN, *m.* Bayonne, Lagravère.
HAJAN, *m.* Landes, de Métivier.
COLÂ, COLAU, *m.* wallon, Grandgagnage.
CANTI, *m.* argot bellau, Toubin.
CAPORAL, *m.* (sa crête rouge étant assimilée au galon rouge du caporal), argot, Leclair.
OÏLHARRA, OLLAR, OILLAR, basque.

Noms étrangers du coq :

'Αλέκτωρ, 'Αλεκτρυών, grec ancien. — Κόκκοτας, grec moderne, Cihac. — Κόκκορας, Πετεινός, grec moderne, Bikélas. — **Gallus**, latin. — **Gallo**, it. ; esp. ; port. — **Galo**, gallic. Piñol. — **Gal**, Piémont, Zalli. — **Puddighinu**, sarde logodourien, Spano. — **Raspant**, **Spronà**, fourbesque de Parme, Mal. — **Cock**, angl. — **Hana**, gothique; anglo-saxon. — **Hahn**, all. — **Haan**, holl. — **Cocosh**, roum., Cihac. — **Kokošu**, russe. — **Kokeš**, **Kokoš**, tchèque. — **Kokot**, serbe, croate, tchèque. — **Kakas**, hongrois. — **Kâvṛka**, **Kukkuṭa**, **Atmaghosha**, (= der sich selbst ruft), **Kâladjna** (= die bestimmten Zeiten kennend), **Ushâkala**, **Kalâdhika**, **Svastika**, **Rudatha**, **Yâmaghosha**, **Bodhi**, **Tâmratchuḍa** (= einen rothen Kamm habend), **Çikhin**, (= einen Haarbusch

(1) « Un petit coq allongeant ses ergots,
S'annonce d'un battement d'aile
Et parle au nom de nos *coquericots*. »
Œuvres de Vadé. La Haye, 1785, t. III, p. 98.

tragend), **Çikhaṇḍin**, **Çikhaṇḍika**, **Tchitravâdja** (= mit bunten Federn verziert), **Tcharaṇâyudha**, (= dessen Waffe die Füsse sind), sanscrit, Bœhtlingk. — **Kṛkadâçu**, sanscrit védique. — **Kahrkatâç** (1), Zend. — **Parodars** (celui qui voit l'aurore avant tous les autres), Zend, Haug cité par J. Darmesteter, *Mém. de la Soc. de ling.*, t. III, fasc. I, p. 74. — **Murghi subkhwân**, **Khurûç**, pers. mod. — **Khoros**, turc.

2. Noms de la femelle :

GALÌNA, *f.* (= lat. *gallina*), Hérault. — Alpes maritimes. — Forez, Gras.

GALINO, *f.* Gard. — Aveyron. — Castres, Couzinié.

GOLINO, *f.* Aveyron, Vayssier.

GALLINE, *f.* argot des ripeurs ou rivoyeurs de la Seine, Louis Noir, *La belle Marinière* (roman).

GARIO, *f.* Bagnères-de-Bigorre, comm. par M. A. Cazes.

GARI, *f.* Bayonne, Lagravère.

GLAINE, GLÉNE, *f.* picard. — normand.

GLAINGNE, *f.* picard, *L'astrologue picard* pour 1849.

GLEINE, *f.* Pays messin, D. Lorrain.

JALENA, *f.* Forez, Gras.

GELINE, *f.* ancien français. — Lorraine.

GÉLINE, G'LINE, *f.* Lorraine.

DGELENE, *f.* Montbéliard, Contejean.

JARINO, *f.* Alpes cottiennes, Chabrand et Rochas.

DJERINE, DJORÈNE, JORÈNE, *f.* Plancher-les-Mines, Poulet.

DZËNILLË, *f.* Gruyère, Cornu.

DZËNË*dh*Ë (avec *th* angl. doux), Bas Valais, Gilliéron.

CHLÎNE, HLINE, HHLINE, *f.* arrond. de Remiremont, L. Adam.

*Ch*LINE, HHLINE, *f.* Ban de la Roche, Oberlin.

POLAÏE, *f.* Sallanches (Haute-Savoie), com. par M. J. Ducrey.

POLA, *f.* Menton, Andrews.

POULA, *f.* Tulle, *Revue des langues romanes*, oct. 1877, p. 186.

POULO, *f.* Aveyron, Vayssier. — Tarn, Gary. — Toulouse, Noulet, *Las Ordenansas*, p. 160. — Creuse, comm. par M. F. Vincent. — Corrèze. — Lot.

POULE, *f.* français.

PAULE, *f.* Trampot (arrond. de Neufchâteau), L. Adam.

POÏE, POYE, POUÏE, *f.* Lorraine.

(1) Sur l'étymologie de ce mot, voyez une dissertation de J. Darmesteter dans les *Mémoires de la Société de Linguistique*, t. III, fascicule I, p. 74.

PEPIDO, PIPIDO, *f.* Aveyron, Vayssier.
PIPINA, *f.* Bas Valais, Gilliéron.
COCOTE, *f.* différents départements (terme enfantin).
ORNIE, *f.* argot, suivant différents auteurs.
PIQUE EN TERRE, *f.* argot, Vidocq.
PICATERNA, PICANTELLA, *f.* argot bellau, Toubin.
SAVATTE, NAGUE, *f.* argot, Leclair.
SIVE, *f.* ancien argot.
OLLO, OILLO, basque.
KANI, tsigane des pays basques, Baudrimont.

Noms étrangers de la poule :

'Αλεκτορίς, Όρνις, grec ancien. — Όρνιθα, grec moderne. — Κόττα, crétois moderne, Jeannaraki. — Κοκκόσιον, grec mod., Cihac. — **Gallina**, latin. — **Gallina**, it. ; cat. ; esp. — **Gallinha**, port. — **Galiña**, gall., Piñol. — **Gaíjnna**, milanais, Banfi. — **Gaina**, roumain, Cihac. — **ǵerna**, Val Soana, Nigra. — **Puddha**, sarde logodourien, Spano. — **Bogola**, **Tida**, Brescia, Nemnich. — **Coca** (terme enfantin), Parme, Mal. — **Cöca** (terme enfantin), Piémont, Zalli. — **Caccagna**, fourbesque de Parme, Mal. — **Pipi** (terme enfantin), Piémont, Zalli. — **Henne**, all. — **Hen**, angl. — **Margery prater**, argot anglais, Franc. Michel, *Dict. d'argot*, p. 465. — **Kokošu**, **Kurisza**, russe. — **Kokosz**, **Kura**, polonais. — **Slepice**, tchèque. — **Kokoš**, serbe, croate. — **Kokošku**, bulgare. — **Kukkuṭī**, sanscrit.

3. Noms du jeune mâle ;

GOILLOU, *m.* Aveyron, Vayssier.
JALET, *m.* Alpes cottiennes, Chabrand et Rochas.
DZALET, *m.* Corrèze.
JALÉ, JOLÉ, *m.* Vosges, L. Adam.
JAULET, *m.* Centre, Jaubert.
JHOLET, JHAULET, *m.* Saintonge, Jônain.
JALA, JOLO, *m.* Pays messin. — Vosges.
JAÔLÉ, *m.* arrondiss. de Saint-Dié, L. Adam.
DJALLÉ, *m.* arrond. de Remiremont, L. Adam.
DJALIE, *m.* Ban de la Roche, Oberlin.
JAILLON, *m.* Forez, Gras.
JAOÛ CHIOT, *m.* Deux-Sèvres, communiqué par M. B. Souché.
COUCHERILLOT, *m.* Meuse, Cosquin, *Contes populaires lorrains*, § XXIX.
COCHET, COCHELET, *m.* français.

COKELET, *m.* picard, Corblet.
POLET, *m.* wallon, Grandgagnage.
POULÉT, *m.* Aveyron, Vayssier. — Bagnères-de-Bigorre, communiqué par M. A. Cazes. — Corrèze.
POLASTRE, *m.* Menton, Andrews.
POLATON, *m.* Tarentaise, Pont.
POÏON, POUÏON, *m.* Lorraine.
ORNICHON, *m.* argot, suivant différents auteurs.
BEQUANT, *m.* argot, L. Rigaud.

Noms étrangers du jeune coq :

Galletto, it. — **Gallett**, **Galten**, Parme, Mal. — **Galèt**, Parme, Mal. — **Galili**, Brescia, Melch. — **Pollastro**, it. — **Polaster**, Parme, Mal. — **Puddhu**, sarde logod., Spano. — **Pollo**, **Pollastro**, **Gallito**, esp. — **Frango**, **Pinto**, port. — **Ornithopouli**, île de Crète, Raulin. — **En-nebbâschèh**, tsigane d'Égypte, *Petermann's Mitth.*, 1862, p. 43.

4. Noms de la jeune femelle :

GALINETTA, *f.* Forez, Gras.
GOLINÈTO, *f.* Aveyron, Vayssier.
JAILLOUNETTÀ, *f.* Forez, Gras.
POULETO, *f.* Bagnères-de-Bigorre, com. par M. A. Cazes. — Corrèze.
POULETO, COUTETO, *f.* Aveyron, Vayssier.
POULETTE, *f.* français.
PÔYOTTE, POYOTTE, POUYOTTE, POYATTE, POUYATTE, *f.* Lorraine.
PITE, *f.* (= jeune poule qui n'a pas encore pondu) Morvan, Chambure.
PUZNA, *f.* Sallanches (Haute-Savoie), com. par M. J. Ducrey.

Noms étrangers de la poulette :

Pola, Piémont, Zalli. — **Polla**, esp. — **Pollastra**, it. — **Franga**, port. — **Puica**, roumain, Cihac.

5. Nom qu'on donne aux jeunes poulets sans distinction de sexe :

POULZI, POULOU, COUTI, COUTINOU, *m.* Aveyron, Vayssier.
POUSSIN, PETIT POULET, *m.* français.
POUCHIN, *m.* normand.
POUZIN, *m.* Alpes cottiennes, Chabrand et Rochas.

PUZIN, *m.* Sallanches (Haute-Savoie), com. par M. J. Ducrey.
POUJI, *m.* Corrèze.
PUSSÎ, PUSSIN, PISSIN, *m.* Lorraine.
POUACHIN, *m.* Guernesey, Métivier.
PÙECIN, POUÏON, *m.* arrond. de Toul, L. Adam.
PUECI, *m.* arrond. de Remiremont, L. Adam.
PUNCIN, *m.* Vagney (Vosges), L. Adam.
PUDZIN, *m.* Bas Valais, Gilliéron.
PUSSENOT, *m.* arr. de Neufchâteau et de Mirecourt, L. Adam.
POURICOU, *m.* Béarn, Lespy.
POULÉTOU, *m.* Tarn, Gary.
PILLIOT, *m.* Forez, Gras.
PIOC, *m.* Bayonne, Lagravère.

Noms étrangers du poussin :

Pulcino, it. — **Puddicinu**, Sicile, Pitrè. — **Polsén**, Parme, Mal. — **Poresin**, mil., Banfi. — **Pipi**, Piémont, Zalli. — **Pollito**, esp. — **Pintao**, port. — **Hühnlein**, **Küchlein**, all. — **Kuiken**, **Kieken**, hollandais.

6. « On appelle *coq de cour* le coq qu'on a choisi pour garder et servir à la reproduction de l'espèce. »

Bouilly (Loiret), comm. par M. J. POQUET.

« A Castres ce coq est nommé *poul granal* ; on appelle souvent ainsi l'unique rejeton mâle d'une famille. » COUZINIÉ.

7. Le coq qui a été châtré s'appelle :

CAPAN, *m.* Menton, Andrews.
CAPOU, *m.* languedocien.
TSAPOU, *m.* Corrèze.
CHAPON, *m.* français.
CHAPAN, *m.* Deux-Sèvres.
CASTROZ, CASTION, ESTAFON, ORNION, *m.* argot, Halbert d'Angers.
BARON, *m.* argot, Leclair.

Synonymes étrangers :

Capo, **Capus**, lat. — **Cappone**, it. — **Capon**, esp. — **Capao**, **Gallo capado**, port. — **Kapaun**, **Kapphahn**, **Kopp**, all. — **Kapun**, suédois, danois. — **Kapuin**, hollandais. — **Capon**, anglais. — **Capun**, **Copon**, **Clapon**, roumain, Cihac. — Καποῦνι, grec moderne. — **Kaplunu**, russe. — **Ebleq**, turc.

8. Châtrer un coq se dit :

CAPONA, Menton, Andrews.
CAPOUNA, languedocien. — provençal.
TSAPOUNA, Corrèze.
CHAPONNER, français.

Synonymes étrangers :

Capponare, it. — **Capar**, esp. ; port. — **Caponesc**, **Claponesc**, roumain, Cihac. — **Kappen**, **Kapaunen**, allemand.

9. Le coq qui a été mal chaponné et auquel il ne manque qu'un testicule est appelé :

COQUÂTRE, *m.* français.
COQ JOBÀ, *m.* wallon, Grandgagnage.
GABOUILL, *m.* Bayonne, Lagravère.

Synonymes étrangers :

Gallione, italien. — **Halbkapaun**, allemand.

10. La poule à laquelle on a enlevé les ovaires est appelée :

POULARDE, *f.* français.
GHELINE, *f.* Saintonge, Jônain.
DZERNA, *f.* Tarentaise, Pont.

Synonyme étranger :

Pavada, espagnol.

11. Les testicules [1] du coq sont nommés :

FÈVES, *f. pl.* français.
BÉATILLES, *f. pl.* français, Duez (1678).

Synonyme étranger :

Granella, italien.

12. L'organe de la génération chez le coq est appelé :

JÀDOUÉE, *f.* Morvan, Chambure.

[1] C'est un mets friand ainsi que la crête et les barbillons.

13. La matrice des poules est appelée :

PONOÈRE, PONASSE, *f.* Côtes-du-Nord, communiqué par M. P. Sébillot.

Synonyme étranger :

Madroca, gallicien, Piñol.

14. Du coq qui couvre la poule, on dit :

COQUER, COKER, picard, normand.
COCHER, français.
GOILLÁ, Aveyron, Vayssier.
DZALA, Corrèze, com. par M. G. de Lépinay.
JALER, Deux-Sèvres, com. par M. B. Souché.
JAULER, Aunis, L. E. Meyer.
CAUQUER (= lat. *calcare*), rouchi.
CHAUKÎ, wallon.
CAUCHER, Berry.
CHAUSSER, Eure-et-Loir. — Loiret, com. par M. J. Poquet.
CHAUCHER, ancien français, *La maison rustique*, XVIe siècle — arrond. de Toul, L. Adam. — Côtes-du-Nord, com. par M. P. Sébillot. — Poitou.
CRÔPER, Morvan, Chambure.
CRESTA, Castres, Couzinié.
CRÔTER, Côte-d'Or, communiqué par M. H. Marlot.

Synonymes étrangers :

Gallare, ital., Duez. — **Calcare**, ital. — **Gallear**, esp. — **De hen treeden**, **De hen vochelen**, **De hen dekken**, hollandais.

15. De la poule qui pond, on dit :

PONDRE, français.
PANDRE, Deux-Sèvres, com. par M. B. Souché.
POUNDRÉ, Corrèze, com. par M. G. de Lépinay.
PONER, Bessin, Joret. — Maine-et-Loire.
S'APOUSTA (= commencer à pondre), provençal, Azaïs.

Synonymes étrangers :

Pondrer, catalan. — **Poner**, **Huevar**, esp. — **Ovar**, port. — **A se oua**, roumain, Cihac. — **Eyer legen**, allemand.

16. On appelle l'époque à laquelle une poule pond et aussi l'ensemble des œufs pondus sans interruption par une poule :

PONTE, *f.* français.
PONE [1], *f.* (= l'ensemble des œufs pondus) Bessin, Joret.
PONÉZON, *f.* (= temps de la ponte) Bessin, Joret.
PÒUONTO, POSTO, POUOSTO, *f.* Aveyron, Vayssier.
POUNDUDO, *f.* Castres, Couzinié.

Synonymes étrangers :

Ouare, *f.* roumain, Cihac. — **Legzeit** (époque de la ponte), allemand.

17. On appelle la poule qui pond, et principalement celle qui pond beaucoup :

PONDOÉRE, *f.* picard, Corblet.
PONEÛZE, *f.* Bessin, Joret. — Sarthe, Littré.
PONDEUSE, *f.* français.
POUNDEYRO, *f.* Castres, Couzinié.
POUNDAÏRO, *f.* Corrèze.

Synonymes étrangers :

Ponedora, esp. — **Gaina ouatore**, roumain, Cihac.

18. Noms de l'œuf :

IOOU, *m.* languedocien.
UOOU, *m.* provençal moderne. — Aveyron, Vayssier.
ÉOU, *m.* Corrèze. — Lot.
Ǔ, *m.* Deux-Sèvres.
Û, ÛE, UE, IEU, *m.* Lorraine.
U, *m.* Plancher-les-Mines, Poulet.
ŒUF, *m.* français.
OǓ, *m.* wallon.
UÉ, *m.* picard, Corblet.
NIEU, *m.* Pays messin.
OUAT, *m.* Tarentaise, Pont.
VI, breton.
COCO, *m.* français (terme enfantin).

(1) Une poule épuisée par la ponte est dite : *éponée*, Bessin, Joret.

COUCOU, *m.* Aveyron, Vayssier. — Hérault, Montel et Lambert, p. 45 (terme enfantin).

CACA, *m.* Reims, Saubinet.

COCÀ, *m.* wallon, Grandgagnage (terme enfantin).

QUICÀ, COCA, *m.* Pays messin, D. Lorrain (terme enfantin).

COQUET, *m.* Tarentaise, Pont. — Sallanches (Haute-Savoie).

CÂQUI, *m.* Morvan, Chambure.

CAQUIN, *m.* Beauce, Gâtinais (terme enfantin), com. par M. J. Poquet.

CACO, CACAGNIO, *m.* Forez, Gras.

COCAR, *m.* français (terme enfantin), Duez, 1678. — Pays de Bray, Decorde.

CODAKE, picard, Corblet.

AVERGOT, *m.* argot, suivant différents auteurs.

ARRAULTZ, ARROLZE, ARRAUTZ, basque.

VANDROUA, tsigane des pays basques, Baudrimont.

Noms étrangers de l'œuf :

Ovum, lat. — **Uovo**, it. — **Ovo**, port. — **Obu**, sarde septentrional, Spano. — **Ou**, sarde logodour., Spano. — **Ou**, *m.* **óue**, *f. pl.* roumain, Cihac. — **Cocò**, (nom enfantin) mil., Banfi ; Brescia, Melch. — **Cucco**, **Cocco**, (nom enfantin) it. — **Coccòn**, *m.* (terme enfantin) Parme, Mal. — **Orbiz**, argot de Val Soana, Nigra. — **Cacherello**, fourbesque italien. — **Egg**, angl. — **Ei**, all. — **Gackele**, **Kakelein** (terme enfantin), all. Grimm. — **Gaggi**, **Gäggi**, Suisse all. — **Vejce**, **Koko**, tchèque. — **Jaje**, **Jajko**, pol. — **Aṇḍa**, **áṇḍa**, sanscrit. — **Murgha**, persan.

19. L'œuf pondu par une poulette vierge ou par une poule adulte qui n'a pas reçu le coq depuis plus de trente jours, ne contient aucun principe de vie. On l'appelle :

OEUF BLANC, OEUF CLAIR, français.

20. L'œuf fécondé par le coq est dit :

Gallato, it. — **Galà**, Piémont, Zalli. — **Galeado**, gall., Piñol. — **Gallado**, portugais.

21. Le germe qui se trouve dans les œufs fécondés est appelé :

GERMILLON DE L'OEUF, *m.* français, Duez, 1678.

CHAUKE, wallon, Grandgagnage.

DZALADIS, *m.* Corrèze, com. par M. G. de Lepinay.
KILLOGEN VI, breton, com. par M. L. F. Sauvé.

Synonymes étrangers :

Galladura, esp. ; port.. — **Galeadura**, gall., Piñol. — **Sign del gall**, **Galladùra**, Parme, Mal. — **Ingallamento**, italien.

22. L'œuf fécondé dont le principe de vie a été anéanti soit par suite d'une mauvaise couvaison, soit par suite d'un orage ou de toute autre cause et qui ne tarde pas à se gâter et à se pourrir (1) est dit :

(ŒUF) COUVI, *m.* français.
COVUSSE, COVISSE, Lorraine.
COUI, Beauce, comm. par M. J. Poquet.
COVÉ, Loiret, comm. par M. J. Poquet.
COUAT, Tarn, Gary.
(UOOU) BATOU (2), BOTIÓ, BOTOREL, BOTOYROUOL, BOTOYROU, BUFOREL, Aveyron, Vayssier.
(ÈOU) CLACOUL, *m.* Corrèze, com. par M. G. de Lépinay.
(Ù) CLLABOT, *m.* Deux-Sèvres, com. par M. B. Souché.
BORHÉ, Vomécourt (Lorraine), L. Adam.
BOROT, Razey (Lorraine), L. Adam.
PUNAIS, PENAIS, Côte-d'Or, com. par M. H. Marlot.

Synonymes étrangers :

Covis, Piémont, Zalli. — **(Uovo) stantio**, it. — **Goro**, port. — **Huero**, esp. — **Grôlôn**, gall., Piñol. — **Brutei**, all. — **Broedey**, **Broey-ey**, holl. — **Addle**, anglais. — **Lagh**, persan.

23. L'œuf sans coquille que la poule pond accidentellement est appelé :

UNE HARDE, UN ŒUF HARDÉ, français.
ŒUF HARDRÉ, anc. français, *La maison rustique*, XVIe siècle.
ŒUF HARDLÉ, Bessin, Joret.
UNE FARDE, Amiénois, Jouancoux.

(1) On dit : Puer comme un œuf coui. Beauce et Gâtinais, com. par M. J. Poquet.
(2) Ce nom et les suivants viennent de ce que la matière de l'intérieur *bat*, remue dans l'œuf quand on le secoue.

ŒUF ADRÉ, Lorraine, L. Adam.
NIEU HÈDLEU, Pays messin, recueilli personnellement.
UOOU CLOUOSC, Aveyron, Vayssier.
ŒUF DE JAU, Berry, Laisnel de la Salle, I, 196.
ŒU ÉVÉ, Beauce et Gâtinais, communiqué par M. J. Poquet.

Synonyme étranger :

Wind-ey (1), hollandais.

24. La poule pond aussi quelquefois un œuf petit, tout rond, à coquille dure et qui ordinairement n'a pas de jaune. On l'appelle :

ŒUF DE COQ, *m.* français.
ŒUF DE JAU, COQUARD, *m.* Berry, Laisnel de la Salle.

25. Les petits œufs attachés ensemble dans le ventre de la poule et formant une sorte de chapelet portent le nom de :

SOURCE D'ŒUFS, *f.* français, Duez, 1678.

Synonymes étrangers :

Uovera, **Ovaia**, italien. — **Eierstock**, allemand.

26. « On appelle *huevo ceniciento*, en espagnol, *el ultimo que pone la gallina quando deja de poner.* » NEMNICH.

27. La coquille de l'œuf est appelée :

COQUE, COQUILLE, *f.* français.
CACROTTE, CARCOTTE, CARQUILLE, *f.* Centre, Jaubert.
COTILLE, *f.* Bouilly (Loiret), comm. par M. J. Poquet.
CROCH, Bayonne, Lagravère.
CREUGE, CREUSE, *f.* Côte-d'Or, com. par M. H. Marlot.
CRUQUE, *f.* Guernesey, Métivier.
CHQUOERF, HHQUOERF, Ban de la Roche, Oberlin.

(1) Selon Pline, certains œufs, *irrita ova* (que Littré traduit par œufs clairs) sont engendrés par le vent (quidam et vento putant ea generari; qua de causa etiam Zephyria appellantur). Pline, édit. Littré, vol. I, p. 418.

CLÈSC, *m.* Tarn, Gary.
ÉCALE D'ŒUF, *f.* français, Marin, *Dict. français-hollandais.*
TÈT D'ÉOU, *m.* Corrèze.
KLOZENN-VI, breton.

Synonymes étrangers :

Putamen, lat. — **Cascara, Cascaron**, esp. — **Eyerdop, Eyerschaal, Eyerschil**, holl. — **Eierschale, Eiertopf**, allemand.

28. Le blanc de l'œuf est appelé :

AUBIN, *m.* français, Marin, *Dict. français-hollandais.*
BLANC DE L'ŒUF, *m.* français.
GLAIRE, *f.* français, Duez, 1678.
CLARIÒ, GLARIO, CLAYRO, GLAYO, *f.* Aveyron, Vayssier.
GWENN-VI, breton.

Synonymes étrangers :

Chiara d'uova, it. — **Ciar d'oeuv**, mil., Banfi. — **Arbu**, *m.* sarde logod. Spano. — **Clara de huevo**, esp. — **Clara do ovo**, port. — **Glair**, angl. — **Eier-Klar, Eierweiss**, allemand.

29. Le jaune de l'œuf est appelé :

MOAILLE, anc. franç., *Revue critique*, 1870, 2e semestre p. 407.
MOYEU, *m.* JAUNE DE L'OEUF, *m.* français.
MOUJOTTE, *f.* Morvan, Chambure.
MOIEUL D'OEUF, ancien français, Diez.
MUIOL, MUGOL, MOIOL, ancien provençal, Diez.
BOJOLH, *m.* ancien provençal, Raynouard.
MY-OEUF, français du XVe siècle, Littré.
MELEN-VI, breton.

Synonymes étrangers :

Vitellus, lat. — **Rosso, Rosso d'uovo, Tuorlo**, it. — **Yema**, esp. — **Gemma do ovo**, port. — **Dotter, Eidotter, Eigelb, Eiergelb, Eidöl**, all. — **äggblumma, äggula**, suédois.

30. Examiner un œuf en le plaçant entre l'œil et le jour pour voir s'il est frais ou s'il est fécondé, se dit :

MIRER UN OEUF, français.

LEUMER DES US, picard, Corblet.
GLEUMER, Pays de Bray, Decorde.

31. Pour engager la poule à pondre dans un endroit déterminé, on y laisse un œuf qu'on sacrifie ou bien on y met un œuf artificiel en pierre ou en plâtre. Cet œuf est appelé :

NICHET, *m.* français.
NICHEUL, NICHEUR, *m.* ancien français, Duez.
NICHOUÉ, *m.* normand, Delboulle.
NICHEUX, *m.* anc. franç., Duez. — Pays de Bray, Decorde.
NICHOUÈRE, picard, Corblet.
NIZOU, *m.* Tarn, Gary.
ENIJA, ANIJOIR, *m.* patois gallot, com. par M. P. Sébillot.
NISAL, NISARIÈ, NISOLIÈ, NISODIÈ, NISOYROUOL, *m.* Aveyron, Vayssier.
NIADOU, NIODOU, NIAL, NIOLIÈ, *m.* Aveyron, Vayssier.
NIAL, GNAL, *m.* Lot, com. par M. J. Daymard.
NIAT, NIRON, *m.* Forez, Gras.
NIA, *m.* Montbéliard, Contejean.
NIAR, *m.* Alpes cottiennes, Chabrand et Rochas.
GNÉ, *m.* Val de Saire, Romdahl.
NIÔ, NIAU, *m.* Morvan, Chambure. — Côte-d'Or, com. par M. H. Marlot. — Pays messin. — fribourgeois, Grangier.
NIAOU, *m.* Deux-Sèvres, com. par M. B. Souché.
GNÂ, *m.* Loiret, communiqué par M. J. Poquet.
NYEU, *m.* ancien français, *La maison rustique*, XVIe siècle.
NIOUC, NIOU, NIO, *m.* Poitou, Rousseau.
NŒU, *m.* Fribourg, Grangier.
COUO-NI, COUO-NIOU, *m.* Castres, Couzinié.
COCLOTE, picard, Corblet.
POUNEDOU, GARDONIÉOU, *m.* Aveyron, Vayssier.
ATO, breton, com. par M. L. F. Sauvé.

Synonymes étrangers :

Indice, **Endice**, **Guardanidio**, it. — **Endes**, Parme, Mal. — **Endas**, Ferrare, Ferraro. — **Ende**, **Lende**, Monferrat, Ferraro. — **Andexo**, gall., Piñol. — **Nidal**, **Ponedero**, espagnol.

32. Couver se dit :

COVER, ancien français. — wallon.
COUER, Berry. — normand.
COUVER, français.
COUA, languedocien.
COUAI, Côte-d'Or, com. par M. H. Marlot.
GOUVER, Franche-Comté, Littré.
GONVER, Genève, Littré.
GROUÀ, Forez, Gras.
OVÀ, Plancher-les-Mines, Poulet.
GOURI, breton.

Synonymes étrangers :

Covare, ital. — **Cuèe**, Monf., Ferraro. — **Clocesc**, roumain, Cihac. — **Empollar**, esp. — **Brüten**, all. — **Broeyen**, hollandais.

Empêcher une poule de couver en l'enlevant du nid ou en la trempant dans l'eau se dit :

DÉCOUASSER, DÉGROUASSER, Centre, Jaubert.

33. « On appelle *accouveuses* les femmes qui font profession d'élever des petits poulets pour les vendre. »
Arrondissement de Mantes, CASSAN.

34. La couvée d'une poule s'appelle :

COUVÉE, *f.* français.
COUÉE, *f.* Berry.
CLOUCADO, *f.* POULZINADO, *f.* Aveyron, Vayssier.
POUZINA, *f.* Alpes cottiennes, Chabrand et Rochas.
POUCHINÉE, *f.* Bessin, Joret.
GORAD, breton.

Synonymes étrangers :

Covata, italien. — **Pollada**, espagnol. — **Broeysel**, hollandais.

35. La poule qui couve ou qui a des poussins est appelée : (1)

COUVEUSE, *f.* français.

(1) Elle *glousse* alors continuellement, d'où une partie de ses noms.

COUVERESSE, *f.* ancien français, *La maison rustique*, XVIe siècle.
COVRASSE, *f.* Pays messin, recueilli personnellement.
COVERASSE, *f.* Ban de la Roche, Oberlin.
COVIRE, *f.* Sallanches (Haute-Savoie), com. par M. J. Ducrey.
COUROSSE, *f.* Morvan, Chambure.
COURESSE, *f.* Saintonge, Jônain.
COURAÏSSE, *f.* Deux-Sèvres, com. par M. B. Souché.
COUEUSE, *f.* Rouvray-St.-Denis (Eure-et-Loir), communiqué par M. J. Poquet.
MÉE COUISSE, *f.* Centre, Jaubert.
COUASSE, *f.* Bouilly (Loiret), com. par M. J. Poquet.
POULE COUVOIRE, *f.* POULE COUVERESSE, *f.* normand, Delboulle.
COUVOÈRE, *f.* picard, Corblet.
COUAURE, *f.* envir. de Semur (Côte-d'Or), com. par M. H. Marlot.
COUANDAURE, *f.* Flavigny (Côte-d'Or), com. par M. H. Marlot.
CLOUCO, *f.* Tarn, Gary. — Toulouse, Poumarède. — Lot.
CLOUQUE, *f.* Bayonne, Lagravère.
KLOC'HEREZ, *f.* breton.
CLLUCHEUZE, *f.* Bessin, Joret.
*Th*ÜKA, *f.* (avec *th* anglais) Bas Valais, Gilliéron.
CLOUSSE, *f.* Reims, Saubinet.
CLUSSO, *f.* Alpes cottiennes, Chabrand et Rochas.
CLUSSI, CLOUSSI, *f.* Forez, Gras.
COUVION, *f.* (= poule qui veut toujours couver) norm., Delb.
K'LLOUPOTE (= poule qui cherche à couver) Les Fourgs, Tissot.

Synonymes étrangers :

Gallina covaticcia, Chioccia, it. — **Ciozza**, Parme, Mal. — **Ciosa**, Brescia, Melch. — **Cioss**, piémont., Zalli. — **Pitta**, mil., Banfi. — **Clueca**, esp. — **Choca**, port. — **Closhca**, roumain, Cihac. — **Klucke, Glucke, Kluck-henne, Bruthenne**, all. — **Klokhen, Broeyhen**, holl. — **Clucking-hen**, angl. — **Kluka Kluška**, russe. — **Kwoka, Kwoczka**, polon. — **Kvočka**, serbe ; petit russien ; croate. — **Kvačku**, bulgare. — **Cotló**, hongrois. — **Qolotchqa, Qoltchqa**, turc.

36. La cage d'osier en forme de dôme dont la base n'est pas fermée et pose à terre, sous laquelle on met les mères poules pour qu'elles ne conduisent pas au loin les poussins encore trop jeunes, est appelée :

MUE, *f.* français.
MUZ, breton.

CRUMEL, *m.* Castel-Sarrasin, Taupiac.
CRAOUMEL, *m.* Toulouse, Poumarède.
CHAIPOUNEUYE, CHAFFE, arrond. de Toul, L. Adam.
CHOPONI, Le Tholy (Vosges), L. Adam.
CHAPOUNÉ, Vosges, L. Jouve.
GAXET, *m.* Castres, Couzinié.

Synonymes étrangers :

Stiva, Stia, italien.

37. Du poussin qui sort de sa coquille, on dit :

ABICHER, Beauce, communiqué par M. J. Poquet.
ÉBÉCHER, Loiret, communiqué par M. J. Poquet.
BÉCHER, Deux-Sèvres, com. par M. B. Souché.
ÉCLORE, français.
ESPELI, Castres, Couzinié.

38. La cage dans laquelle on met les poulets pour les engraisser est appelée :

ÉPINETTE, *f.* français.
CHAPONIÈRE, *f.* ancien français, Duez.
GALIGNEYRO, *f.* Castres, Couzinié.
GALERO, *f.* Toulouse, Poumarède. — Castres, Couzinié.
BILLOTOUÈRE, *f.* Morvan, Chambure.
CALS, *m. pl.* Castres, Couzinié.
CHAIVE (cage pour transporter les poulets), wallon, Grandgagnage.

Synonymes étrangers :

Capponaia, Stiva, Stia, italien. — **Caponera**, espagnol.

39. Le lieu où juchent les poules est appelé :

POULAILLER, *m.* français.
GELINIER, *m.* ancien français, *La maison rustique*, XVIe siècle.
POULAILHÈRO, *f.* Tarn, Gary.
POULOILLÈ, GOLINIÈ, *m.* Aveyron, Vayssier.
GALIGNÉ, *m.* Toulouse, Poumarède.
DJELENIE, DJENELIE, *m.* Montbéliard, Contejean.
DZENELLÈRE, *f.* Bas Valais, Gilliéron.

JËRNÎRE, *f.* Pays messin, recueilli personnellement.
JALENEI, *m.* Forez, Gras.
POULIER, *m.* normand, Delboulle.
POUILLER, *m.* Mantes, Cassan.
POLÉ, *m.* Vosges.
POULERIE, *f.* Pays messin.
ORNIÈRE, *f.* argot, Franc. Michel.
DAGOTIER, *m.* argot, Leclair.
KRAOU AR IER, breton.

Synonymes étrangers :

Gallinarium, lat. — **Gallinaio, Gallinaro, Gallinaria, Pollaio**, it. — **Polè, Poli, Galinè**, Piém., Zalli. — **Puddaru**, Sic., Pitrè. — **Gallineria**, esp. — **Punièr**, Rovigno, A. Ive, p. xx.

40. L'espèce d'échelle qui sert de perchoir aux poules est appelé :

JOC, *m.* Namur, Grandgagnage.
JUC, *m.* ancien français.
JOUC, *m.* Alpes cottiennes, Chabrand et Rochas. — Aveyron, Vayssier. — Deux-Sèvres.
XOUC, *m.* Toulouse, Poumarède.
DZÔ, *f.* Bas Valais, Gilliéron.
DZOT, *m.* fribourgeois, Grangier.
JOUQUÉ, *m.* Landes, de Métivier.
JOUCODOU, *m.* Aveyron, Vayssier.
AXOUCADOU, *m.* Castres, Couzinié.
JACU, *m.* Pays messin, recueilli personnellement.
JUCHOIR, *m.* français.
POLI, *m.* Le Tholy (Vosges), L. Adam.
GALINAÈRE, *f.* Forez, Gras.
KLUD, breton.

Synonymes étrangers :

Gallinaria scala, lat. — **Giuccu**, sicilien, Pitrè. — **Gioch**, Piémont, Zalli. — **Veso**, Monferrat, Ferraro. — **Hoender hok**, **Hoender rek**, hollandais.

41. De la poule qui se perche sur le juchoir on dit :

JUCHER, SE JUCHER, français.
S'AJOUCA, provençal moderne.

S'AXOUCA, Castres, Couzinié.
JOUCA, AJOUQUA, Landes, de Métivier.
JOUKÎ, JOQUER, wallon, Grandgagnage.
JUQUER, picard.
ALLAIE A JOUC, poitevin, *Canard poitevin*, n° 5, p. 4.
HUCHER, normand.
GUEUCHER, Berry, Jaubert.
KLUDA, KLUJA, breton.

Synonymes étrangers :

Appolaiarsi, italien. — **Andè a giogh**, piémontais, Zalli.

42. Le nid qu'on prépare pour que les poules y pondent est appelé :

COUCOUNIEYRO, *f.* Aveyron, Vayssier.
NIC, *m.* Deux-Sèvres.

43. Le trou par où les poules passent pour entrer au poulailler ou pour en sortir est appelé :

PAULIRE, *f.* Pays messin, D. Lorrain.
POLÎRE, *f.* Pays messin, recueilli personnellement.
POLÈRE, *f.* Meurthe-et-Moselle, L. Adam.
GOLINIÈYRO, *f.* Aveyron, Vayssier.

44. Des poules qui se roulent dans la poussière, on dit :

S'ESPOUSSER, français du XVIe siècle, *La maison rustique*.
S'ALATRA, cévenol, Azaïs.
S'ESFARNOURA, provençal moderne, Azaïs.
S'ISSALATA, Castres, Couzinié.

45. Du coq qui tourne autour de la poule avec une aile traînante on dit :

FAIRE L'ALETO, Midi de la France, Azaïs.
OBER ASKELLIK (m.: à m. faire petite aile), breton, communiqué par M. L. F. Sauvé.

46. De la volaille qui mange on dit :

PIQUER, PICOTER, français.

PLUCOTER, Pays de Bray, Decorde.

47. De la poule qui gratte la terre on dit :

GRABELER, pays gallot, communiqué par M. P. Sébillot.
ÉGREVOTTAI, Les Fourgs, Tissot.
GRATTER, français.
SBARBEAR, Alpes cottiennes, Chabrand et Rochas.
DISKRAPAT, breton.

Synonymes étrangers :

Ruspare, Raspare, Razzolare, it. — **Escarbar**, esp. — **Esgarabellar**, gallicien, Piñol. — **Scrapée** (1), Monferrat, Ferraro.

48. La crête du coq est appelée :

CRESTO, *f.* Aveyron, Vayssier. — Castres, Couzinié.
CRÊTE, *f.* français.
CRÈSE, *f.* wallon.
CRÊT, *m.* genevois, Littré.
CRÔPE, *f.* Morvan, Chambure.
CRÔTE, *f.* Côte-d'Or, com. par M. H. Marlot.
KRIPENN, breton.

Synonymes étrangers :

Λόφος, grec ancien. — **Crista**, lat. — **Cresta**, it.; esp. — **Gresta**, Parme, Mal. — **Cricchia**, Sicile, Pitrè. — **Kamm**, all. — **çûlikâ**, sanscrit.

49. La substance charnue que les coqs ont sous le bec est appelée :

BARBE, *f.* ancien français, *La maison rustique*, XVIe siècle.
BARBILLONS, *m. plur.* français.
BARBOLO, *f.* Tarn, Gary.
MARJOLES, *f. plur.* Bessin, Joret.
BARO AR C'HOG, breton.

Synonymes étrangers :

Κάλλαια, grec ancien. — **Palea**, lat. — **Barbiglione**, ital. — **Barbèll**, milanais, Banfi. — **Läpplein**, allemand.

(1) Cf. **scorpì** = vieille poule (qui n'est bonne qu'à gratter). Alpes cottiennes, Chabrand et Rochas.

50. L'ongle pointu qui se trouve à la partie postérieure des pattes du coq est appelé :

ARGOT, *m.* ancien français. — français vulgaire.
ERGOT, *m.* ÉPERON, *m.* français.
ARIGOT, *m.* Berry, Littré.
ARTOT, *m.* champenois.
CRAMPIOT, *m.* Castres, Couzinié.

Synonyme étranger :

Spoor, hollandais.

51. Les plumes brillantes qui se trouvent sur la nuque et sur la partie supérieure du dos du coq portent le nom de :

CAMAIL (1), *m.* français, Chabouillé.

52. Le jabot des volailles est appelé :

PAF, FAFIÈ, *m.* Castres, Couzinié.
PAPAT, Lot, com. par M. J. Daymard.

53. La fiente des poules est appelée :

POULÉE, *f.* Oise, *Annuaire de l'Oise* pour 1831.
POULENÉE, *f.* picard, Corblet.
POULNÉE, *f.* Normandie, *Mém. de la Soc. d'agric. de Rouen*, 1763, *passim.*
POULIÉ, *m.* Bessin, Joret.
PENESSE, *f.* Montbéliard, Contejean.
PUNASSI, *f.* Forez, Gras.
GALINASSO, *f.* Toulouse, Poumarède. — Castres, Couzinié.
GLINNES, *plur.* Pays de Bray, Decorde.

(1) « Le choix du coq consiste à avoir un animal d'un rouge feu foncé, chamarré de noir, d'une belle taille, haut monté sur ses pattes, les ergots longs, les cuisses larges, l'œil vif, la voix forte, la crête large, rouge et bien pendante, les oreilles bien blanches, *le camail de couleur changeante et tirant sur l'or*, la queue belle, à deux rangs, recourbée et élevée au-dessus de la tête, ardent à caresser les poules, et à les exciter à manger. » Chabouillé.

Synonymes étrangers :

Pollina, it. — **Gallinèla**, Parme, Mal. — **Schita**, Brescia, Melch. — **Gallinaza**, esp. — **Gallinhaza**, port. — **Gainats**, roumain, Cihac. — **Geljase**, albanais, Cihac.

54. Interprétation du cri du coq :

COQUERICOC ! ancien français.
COQUERICO ! français.
COCORICO ! français.
CACARACA ! languedocien. — béarnais.
COQUEDIOÔT ! Guernesey, Métivier.
COQUELICU ! Poitou, *Canard poitevin*, n° 2, p. 3.
KÉDKELUJÙÛ ! Deux-Sèvres, com. par M. B. Souché.
KIKERIKI ! canton de Vaud, Callet.
COUCOURESCO ! Tarn, Gary.
COCOLIJÔ ! Pays messin, recueilli personnellement.
CACALIJÔ ! Pays messin, recueilli personnellement.
KÙKÙRUKU ! basque, Fabre.

Synonymes étrangers :

Cuccurucu ! it. — **Chicchirichì** ! it. — **Cuculucù** ! piémont., Zalli. — **Cucurucúu** ! mil., Banfi. — **Chetcheghèga** ! Parme, Mal. — **Cotcoèugoèuga** ! Parme, Mal. — **Quiquiriqui** ! esp. — **Cock-a-doodle-doo** ! angl. — **Doodle-doodle-doo** ! angl., Halliwell, *Nursery Rhymes*, p. 87. — **Kikeri** ! all., Wackern. — **Kikeriki** ! all. — **Kükülükü** ! Frise orientale, Grimm. — **Gigkerigki** ! tirolien, Grimm. — **Guck guck curith** ! all. du XVIe siècle, Grimm. — **Güggehü** ! Zurich, Wackern. — **Güggerihü** ! Schaffouse, Wackérn. — **Kakarýku** ! lithuanien.

55. Du coq qui fait entendre son coquerico on dit :

COQUETER, ancien français.
COQUELIQUER, ancien français, Littré *sub verbo* coq.
COQUERIQUER, français.
CHANTER, français.
KANA, breton.

Synonymes étrangers :

Κοκκύζειν, anc. grec. — **Cucurrire**, lat. — **Cacarée**, Monferrat, Ferraro. — **Cucuriguesc**, roumain, Cihac. — **Hrukjan**, gothique. — **Krähen**, all. — **Kraayen**, holl. — **Crow**, angl. — **Gala**, suédois ; island. — **Kukorekati**, russe. — **Kokorykać**, polonais. — **Kokrhyhati**, tchèque.

56. Le chant du coq est appelé :

LE COQUERICO, français.
LOU GOLÉS, Aveyron, Vayssier.
LOU GARLES, Castres, Couzinié.

Synonymes étrangers :

Cucurito, Chicchiriata, italien.

57. Interprétation du cri de la poule, qui vient de pondre (1), ou qui veut pondre, ou qui est effrayée, ou qui est émotionnée d'une manière quelconque :

COQ ! COQ ! français, Leroux, *Dictionnaire comique.*
COT ! COT ! Ouest, Bujeaud, *Chants de l'Ouest*, I, 44.
CODAKE ! picard, Corblet.
CA ! CA ! Béziers, Montel et Lambert, p. 517. — Aveyron, Vayssier.
GOUTICOUTASCOU ! *Revue des langues romanes*, 1877, p. 87.
COT ! COT ! COT ! CODÈTE ! Environs de Paris.
KÉDKEDAC ! KÉDKEDAC ! Deux-Sèvres, com. par M. B. Souché.

Synonymes étrangers :

Cotcodè ! Parme, Mal. — **Coccodò** ! it. — **Coconà** ! piémont., Zalli. — **Gack** ! **Gack** ! all., Wackern. — **Gageragerагågg** ! Schaffouse, Wackernagel.

58. De la poule qui fait entendre ces cris, on dit :

CAQUETER, français.
COQUETER (2), français, Desormeaux, *Tableau de la vie rurale.*
CAQUELER, arrondissement de Toul, L. Adam.
CAUQUELER, arrondissement de Nancy, L. Adam.
CAQUIË, CAQUIEU, Pays messin, recueilli personnellement.
CACASSER, Saintonge, Jônain.

(1) Lorsque la poule a pondu son œuf elle sort fièrement de son nid et elle annonce l'heureux évènement par un coquetage que répètent toutes les habitantes du poulailler, comme une princesse qui vient d'accoucher reçoit les félicitations de toutes les dames qui composent sa cour. » Desormeaux, *Tableau de la vie rurale.*

(2) On trouve aussi **coqueter** dans ce proverbe : La poule qui **coquette** est celle qui a fait l'œuf. (Iulliani, *Les proverbes divertissans.* Paris, 1659.)

CODAQUER, normand, Delboulle. — Pays de Bray, Decorde.
CADAQUER, QUÉDAQUER, Côtes-du-Nord, c. par M. P. Sébillot.
QUEDÂQUER, Guernesey, Métivier.
GRÂHIÉ, Pays messin, Jaclot.
GRAUHELA, La Bresse (Vosges), L. Adam.
CRÉTLÉ, Bessin, Joret.
CRACASSER (se dit du cri de la poule épouvantée), Deux-Sèvres, com. par M. B. Souché.
CRAQUÉILLÉ, Pays messin, Jaclot.
COCOLEJA, COSCOLEJA, CACAREJA, COSCORELEJA, Aveyron, Vayssier.
RAGACHAT, RAKLAT, breton, com. par M. L. F. Sauvé.

Synonymes étrangers :

Καχκάζειν, grec ancien. — **Cacarée**, Monferrat, Ferraro. — **Carcarejar**, port. — **Fè cocònà**, piémont., Zalli. — **Cacarear**, esp. — **Cacarexar**, gallic., Piñol. — **Codcodacesc**, roum., Cihac. — **Kodkodákati**, **Kodkodati**, **Kokodati**, tchèque. — **Kudahtati**, russe. — **Kakelen**, **Kwekken**, **Kwakken**, holl. — **Gacken**, **Gackzen**, **Kakern**, **Gackeln**, allemand.

59. Le caquetage de la poule est appelé :

CACASSEMENT, ancien français, Duez.
GARRANGA, basque labourdin, Van Eys.

60. De la poule qui chante comme le coq on dit :

CHANTER LE COQ, français.
CONTA LOU GOLÉS, Aveyron, Vayssier.
CANTA LOU GARLES, Castres, Couzinié.
FAÏ LOU QUÉQUÉRÉQUET, Lot, com. par M. J. Daymard.
S'ESCOGOSSA (s'efforcer de chanter comme le coq), Aveyron, Vayssier.

61. Du cri que la poule fait entendre quand elle couve ou quand elle a des poussins on dit :

CLOQUER, français, Chabouillé.
CLOUQUÀ, Aveyron, Vayssier.
CLOUQUEYA, Bayonne, Lagravère.
CLLUQUÈR, Guernesey, Métivier.
CLOUPPER, Pays de Bray, Decorde.
CLUCHIÉ, Bessin, Joret.
GLOUKSER, CLOUKETER, wallon, Grandgagnage.
SKLOKA, breton.

CIOQUELA, SIOQUELA, Plancher-les-Mines, Poulet.

CLOUCI, CLOUSSI, Tarn, Gary.

K'LLEUSSI, les Fourgs, Tissot.

GLOUSSER, français.

CLOSSER, CLOUSSER, ancien français.

CLOCHER (1), ancien français.

CLOUCHA, provençal moderne, Diez.

CLUSSAR, Alpes cottiennes, Chabrand et Rochas.

CROUSSER, Saintonge, Jônain.

CROSSER, Centre, Jaubert.

COAXYË, Bagnard, Cornu.

ACOUROUCA, cévenol, Azaïs.

CLOUPER (se dit du gloussement de la poule qui veut couver), normand, Delboulle.

K'LLOUPAI (même sens), Les Fourgs, Tissot.

Synonymes étrangers :

Κλώζειν, grec ancien. — **Glocire**, latin. — **Abbioccare**, **Crocciare**, **Chiocciare**, it. — **Ciozzar**, Parme, Mal. — **Croccà**, mil., Banfi. — **Crotèe**, Monferrat, Ferraro. — **Cloquear**, esp. — **Acocorar**, gallic., Piñol. — **Clocaesc**, **Cloncaesc**, **Cloncanesc**, **Gloncanesc**, roumain, Cihac. — **Clocian**, **Clwcian**, gallois, D'Arb. de Jubainville. — **Klucken**, **Glucken**, **Gluksen**, all. — **Klokken**, holl. — **Cluck**, angl. — **Klokka**, **Klukka**, **Skrocka**, suédois. — **Klukke**, **Strukke**, danois. — **Klekia**, island.— **Klochtat**, **Klohati**, russe. — **Klukać**, **Kwokać**, **Kokać**, polon. — **Klugĕti**, **Kluksĕti**, lithuanien. — **Kwokati**, **Krakorati**, tchèque. — **Klotšit**, albanais. — **Kotla**, **Kotag**, **Kotyol**, **Kotyog**, hongrois.

62. Du cri que font entendre les poussins on dit :

PIAULER, français.

PIÔLÂ, Forez, Gras.

PIOULER, Berry, Littré. — Genève, Littré.

PIASSER, Poitou, Rousseau.

PIOUTRER, Bouilly (Loiret), communiqué par M. J. Poquet.

PIPIA, GWIC'HAT, CHINTAL, breton, com par M. L. F. Sauvé.

Synonymes étrangers :

Pipire, lat. — **Pigolare**, **Pipilare**, it. — **Piolare**, napolitain. — **Piar**, esp.; port. — **Pipen**, all. — **Peep**, anglais.

(1) Ce mot se trouve dans ce proverbe traduit de l'italien : Qui naît de poule il faut qu'il cloche. (Iulliani, *Les proverbes divertissans*. Paris, 1659.)

63. On appelle l'action de piauler :

LE PIOUPIOU (1) DES POULETS, français, Laurent Joubert, *Erreurs populaires*. 1579, p. 256.

LE PIPI DES POULETS, français.

PIAULEMENT, *m.* français.

PIASSEMENT, *m.* Poitou, Rousseau.

Synonymes étrangers :

Pipulum, Pipulus, latin. — **Pip**, allemand.

64. Comment on parle aux poules et aux poussins pour les faire venir près de soi :

PETITES ! PETITES ! français, Duez. — Deux-Sèvres, communiqué par M. L. Desaivre.

PÉTI ! PÉTI-I-I-I ! Pays messin, recueilli personnellement.

PÎTIA ! PÎTIA ! Pays messin, recueilli personnellement.

PTI ! PTI ! (pour appeler les poussins) Lot, c. par M. J. Daymard.

PTITO ! PTITO ! (pour appeler les poules) Lot, communiqué par M. J. Daymard.

TITO ! TITO ! Castres, Couzinié.

COQUETTES ! COQUETTES ! français, Duez.

POULOU ! POULOU ! Aveyron, Vayssier.

PIOULI ! PIOULI ! Montbéliard, Contejean.

PIOT ! PIOT ! normand, Delboulle.

PIOUT ! PIOUT ! Côte-d'Or, com. par M. H. Marlot.

PTITES ! PIOU ! PIOU ! Allier, com. par M. E. Olivier.

PIPI ! Montbéliard, Contejean.

COUTI ! COUTI ! *ou* COUTINOU ! COUTINOU ! Aveyron, Vayssier.

PIT ! PIT ! breton, com. par M. L. F. Sauvé.

PITOU ! PITOU ! com. breton, par M. L. F. Sauvé.

Synonymes étrangers :

Cóca-cocá ! Parme, Mal. — **Cochi** ! **Cochi** ! Imola, Ferraro. — **Curra** ! **Curra** ! it. — **Curre** ! **Curre** ! it. — **Cora** ! **Cora** ! mil., Banfi. — **Billi** ! **Billi** ! (2) it. — **Bille** ! **Bille** ! it. — **Belli** ! **Belli** ! piémontais, Zalli. — **Belle** ! **Belle** ! it., Duez. — **Bûgûle** ! **Bûgûle** ! Brescia, Melch. — **Picci** ! **Picci** ! Parme, Mal. — **Pio** ! **Pio** ! Toscane, Ferraro. — **Ciccia** ! Monferrat, Ferraro. — **Prucc** ! **Prucc** ! Monferrat, Ferraro. — **Ani** ! **Ani** ! ital. — **Pili** ! **Pili** ! Parme, Mal. — **Pipi** ! **Pipi** ! piémont., Zalli. — **Pip** ! **Pip** ! allemand.

(1) « Les poulets font **piou** ! **piou** ! » Castres, Couzinié.

(2) Par suite on appelle, en italien, des caresses, des **billi-billi**.

65. Comment on parle aux poules pour les chasser d'un endroit ou pour les faire rentrer au poulailler :

CHOU ! CHOU ! ancien français, Duez. — Environs de Lorient, recueilli personnellement. — Pays de Bray, Decorde.

CHÔ ! Pays messin, D. Lorrain.

CHOUÉ ! CHOUÉ ! picard, Corblet.

DCHEÚ ! Ban de la Roche, Oberlin.

A JOUC ! A JOUC ! (pour les faire rentrer au poulailler) Alpes cottiennes, Chabrand et Rochas.

GUCHE ! GUCHE ! (pour les faire rentrer au poulailler) Centre, Jaubert.

DICHOU ! DICHOU ! breton, com. par M. L. F. Sauvé.

Synonymes étrangers :

Scioia ! **Scioia** ! italien. — **Sciu** ! Toscane.

66. La personne qui fait profession de vendre des poules et des œufs est appelée :

POULAILLER, COQUETIER, *m.* français.

COQUATIER, *m.* Centre, Jaubert.

COQUASSIER, *m.* Aunis, L. E. Meyer.

COUCOUNIÈ, *m.* COUCOUNIEYRO, *f.* Aveyron, Vayssier.

COCONNIER, *m.* picard, Corblet.

KEUKONGNIER, *m.* picard, l'*Astrologue picard* pour 1849.

CROQUIÉ, *m.* Bessin, Joret.

COSSON, *m.* Pays messin, recueilli personnellement.

GAXETIÈ, *m.* Castres, Couzinié.

Synonymes étrangers :

Gallinarius, lat. — **Gallinajo**, it. — **Gallinero**, esp. — **Gallinheiro**, port. — **Polajè**, piémont., Zalli. — **Gainar**, roumain, Cihac.

67. « On appelle *coquatrix* le poulailler ou la charrette dans laquelle on apporte la volaille à la vallée de misère à Paris. »

Marin, *Dictionnaire français-hollandais*, 1728.

68. — PATHOLOGIE GALLINE.

ANFALÉE. — Se dit de la poule dont le jabot ou *fale* est gonflé par le grain qu'elle a mangé en trop grande quantité (Bessin, Joret).

Dans le même sens dans le Pays de Bray on dit : *engavé* (Decorde).

GOUTTE, *f.* — Certaine maladie des volailles. — On dit aussi : *les gouttes.*

GRATELLE, *f.* ou POURPRE, *f.* — Certaine maladie des volailles : (*diskrab*, en breton).

Synonyme étranger :

Curi de gaina, roumain, Cihac.

MUGUET JAUNE. — Diphthérie ou croup des volailles.

PÉPIE, *f.* — Maladie consistant en une pellicule blanche qui vient au bout de la langue des volailles et qui les empêche de manger, de boire et de faire entendre leurs cris.

Synonymes :

PIPIE, *f.* Bessin, Joret. — Lyon, Molard. — Pays de Bray, Decorde.
PEPIDO, *f.* Castres, Couzinié.
PIBIT, PIFIK, breton, com. par M. L. F. Sauvé.

Synonymes étrangers :

Pituita, lat. — **Pipita**, it. — **Puvilla**, Imola, Ferraro. — **Pfia**, Monferrat, Ferraro. — **Paviè**, Ferrare, Ferraro. — **Puvia**. piémont., Zalli. — **Puida**, **Puvida**, mil., Banfi. — **Pepita**, esp.; gallic., Piñol. — **Pevide**, **Pivide**, port. — **Pfips**, **Pips**, all. — **Pip**, holl.; angl. — **Popita**, croate. — **Pipoti**, **Pipeci**, petit russien. — **Pipeć**, **Pipcia**, pol. — **Tsifna**, roumain, Cihac. — **Zipf**, all., Poët. — Τζίφνα, grec mod. — **Tipec**, **Pipec**, tchèque. — **Tipunu**, russe.

69. Pour manger les œufs à la coque, on se sert d'un instrument appelé :

COQUETIER, *m.* français.
COQUILLARD, *m.* ancien français.
COUCOUTIÉ, *m.* Castres, Couzinié.

Synonymes étrangers :

Huevera, espagnol. — **Egg cup**, anglais.

70. Les œufs mi-cuits (1) avec leur coquille, sont appelés :

(1) Quand ils sont tout à fait cuits ils prennent le nom d'**œufs durs**, en français ; **viou kalet**, en breton.

ŒUFS A LA COQUE, ŒUFS MOLLETS, ŒUFS A LA MOUILLETTE, franç.
VIOU TANO (œufs clairs), breton.

Synonymes étrangers :

Uovi da bere, it. — **Eier aus der Schale**, Weicheier, all. — **Soft egg**, angl.

71. « On appelle *œufs à la risquipète* des œufs à la coque cuits dans les cendres, *à la risque qu'ils pettent.* »

Pays de Bray, DECORDE.

72. Les œufs cuits sur le plat sont appelés :

ŒUFS SUR LE PLAT, ŒUFS AU MIROIR, français.
VIOU MILLOUAR, breton.

Synonymes étrangers :

Huevo estrellado, espagnol. — **Ochsenaugen**, **Gesetzte Eier**, allemand.

73. Les œufs battus, mêlés ensemble sont appelés :

ŒUFS BROUILLÉS, français.

Synonymes étrangers :

Uova sperse, it. — **Huevos revueltos**, esp. — **Jumara**, **Shumara**, roumain, Cihac. — **Gerührte Eier**, **Rühreier**, allemand.

74. Les œufs cassés dans l'eau bouillante sont appelés :

ŒUFS POCHÉS, français.

Synonymes étrangers :

Uova affogate, **Uova sperdute**, italien. — **Gedopte eyeren**, hollandais.

75. On appelle les œufs battus et cuits dans la poële avec du beurre :

OMELETTE, *f.* français.
AMELETTE, *f.* ancien français.
ALUMELLE, *f.* ALUMETE, *f.* français du XIVe siècle, Littré.
MOULÉTO, *f.* Tarn, Gary.
MELETA, FRICIAIA, *f.* Menton, Andrews.
MELETTE (1), *f.* Lyon.

(1) « Je vous y assure, mes gônes, me velà aussi flape qu'une melette. »
Chignol et Gnafron, 1er juin 1878 (Lyon).

ALUMENN VIOU, breton.

Synonyme étranger :

Frittata (1), italien.

« *Trouchado, f.* omelette faite avec des œufs, de la mie de pain et du sucre. » Castres, COUZINIÉ.

« *Omelette à la Célestine* = Eyerkuche, der dicker als gewöhnlich gemacht wird. » POËTEVIN, *Dict. franç.-all.*, 1756.

76. Avaler en retenant son haleine le contenu d'un œuf frais après l'avoir percé aux deux bouts, se dit :

GOBER (2) UN ŒUF, HUMER UN ŒUF, français.
BOILER UN ŒUF, Morvan, Chambure.
BOILAI, Côte-d'Or, com. par M. H. Marlot.
SURBI UN OOU (3), Nice, Toselli.
BERLER UN ŒUF (4), Yonne.
SUPER UN ŒUF, Côtes-du-Nord, communiqué par M. P. Sébillot.

Synonyme étranger :

To suck, anglais.

77. L'homme s'occupant des détails du ménage qui concernent habituellement les femmes, comme de surveiller et compter les œufs et les poules, de mettre les poules à couver, de les tâter pour voir si elles vont pondre bientôt, en un mot qui perd son temps à des bagatelles et à des niaiseries est appelé par dérision :

TÂTE POULE, *m.* français.
TÂTÂ-DZENEILLE, *m.* Canton de Vaud, Callet.

(1) « Rivoltar la frittata = 1. tourner l'omelette ; 2. renverser un discours. » Italien, Duez.

(2) On trouve dans Littré *humer un œuf*, mais on n'y trouve pas *gober un œuf*, expression cependant très-française.

(3) Je trouve cette locution dans le proverbe niçois de Toselli : « Es fassil couma de surbi un oou. »

(4) *Faune populaire*, t. II, p. 93.

TATE MES GLAINES, *m.* picard, Corblet.

TÂTEUX DE POULE, *m.* (homme pointilleux) normand, Delboulle.

CATI DES POÏÈTS, *m.* (fainéant) wallon, Grandgagnage.

COQUEFREDOUILLE (1), *m.* Franche-Comté, Perron, p. 131.

METTEUR DE POULES A COUVER, *m.* français, Marin, 1728.

MÉTOÛ DE POULE A COUÉ, *m.* Bessin, Joret.

NIJOU DE POULES, ANIJOTOU DE POULES, *m.* Côtes-du-Nord, com. par M. P. Sebillot.

COCOPONÉTE, *m.* (nigaud, tâtillon) Bessin, Joret.

PONEAU, *m.* Morvan, Chambure.

CHAN (2) PONÂ, CHAN COVIS, *m.* Pays messin, D. Lorrain.

CHAN CÔQUEGNON, *m.* Pays messin, recueilli personnellement.

JEAN COCOTTE, *m.* Lorraine. — Morvan.

COUCOUNIÉ, *m.* Corrèze, com. par M. G. de Lépinay.

COQUATIÉ, *m.* Morvan, Chambure.

CACARACA, *m.* (= jocrisse) Provence, Fortia de Piles, *Nouv. dict. français*, Paris, 1818, p. 34.

JORÈNE, DJORÈNE (1° poule ; 2° personne sans souci), Plancher-les-Mines, Poulet.

GAOUGALLINO (c'est-à-dire coq-poule ; c'est le mari benêt de la légende populaire qui savonne, cuisine, fait les lits, trait la chèvre, couve les œufs et les vers à soie), Pays comtadin. J. de la Madeleine, *Le marquis des Sassafras* (roman) (3).

JOCRISSE QUI MÈNE LES POULES PISSER, français.

Synonymes étrangers :

Tuccagalinne, Monferrat, Ferraro. — **Hennentaster, Hennengreifer, Hännengretel**, all. — **Hennetaster, Jan Hen**, hollandais.

C'est sans doute à la même idée que se rattachent les deux verbes suivants :

DJERINÍ (agir avec lenteur, tuer le temps), Plancher-les-Mines, Poulet.

(1) Je pense que dans ce composé *coque* signifie *œuf* ; *fredouiller* pourrait bien avoir le sens de *tâter, tâtonner* (?) — En tout cas M. Perron donne le mot *coquefredouille* comme synonyme de *tâte poule*.

(2) Chan = Jean.

(3) Je profite de l'occasion que j'ai de faire cette citation pour recommander la lecture de ce remarquable roman de mœurs.

DZEURNOTAI (flaner, muser), Les Fourgs, Tissot.

78. Les locutions suivantes qui signifient : *se pavaner, faire le beau, s'énorgueillir, être coquet et galant*, rappellent les mœurs du coq :

COQUETER (faire le galant), français.
LEVER LA CRÊTE (devenir orgueilleux), français.

Synonymes étrangers :

Caminar come un gallo tronfio, it. — **Fè 'l galet**, piémont., Zalli. — **Fa el gall, Sgallettare**, Parme, Mal. — **Gallée**, Monferrat, Ferraro. — **Sgalesà**, Brescia, Ferraro. — **Alzar la cresta**, Trieste, Cassani. — **Coquetear** (coqueter), esp. — **Gallearse** (se redresser, se mettre en colère), esp. — **Levantar la cresta**, esp. — **Tener mucho gallo** (se montrer hautain), esp. — **A se inchiorcoshez, A se cocoshez, A se cocoshesc**, roumain, Cihac. — **Kokošiti se**, tchèque. —**Kokoshiti se, Kokotiti se**, serbe, croate.

On lit dans Juvénal (IV, 70) « *Cristæ illi surgunt.* »

De ces mêmes idées viennent les adjectifs :

COQUET, *m.* COQUETTE, *f.* français.
COKESANT, *m.* COKESANTE, *f.* (= guilleret, égrillard, coquet) wallon, Grandgagnage.
COQUARD, *m.* (homme présomptueux et arrogant) ancien français, Duez.
COQUARDE, (*f.* femme orgueilleuse et présomptueuse) ancien français, Duez.

79. « Puorta la testa drecea couma un gal. » Nice, TOSELLI.

80. « Fier comme un coq qui vient de cocher une poule. »
Français.

« ... Le compagnon retira le plus gaillardement qu'il peut, son espingle du jeu, suivant la glose ordinaire, prise de la rue du Feurre où il est écrit de la propre main de Maugis d'Aigremont : *Omne animal a coïtu tristatur, præter gallum et scholasticum f....... gratis.* NOËL DU FAIL, édit. Assézat, I, 292.

81. « *Cocher* = faire le coq ; se dit d'un libertin. »
Centre, JAUBERT.

« *Haanig* en hollandais, signifie *lascif.* »

« *Gallito* en espagnol signifie jeune homme hardi auprès des femmes. »

« *Correr gallo* en espagnol se dit d'un jeune homme qui coure les filles pendant la nuit. »

82. « *Galloria* = resjouissance excessive et demesurée comme le *recoquillement* dv coq. » Italien, DUEZ, *Dict. ital.-franç.* 1678.

« *Gallare, galloriare, galluzzare,* tressaillir de joie. »
Italien.

83. « Jaloux comme un coq. »
Côte-d'Or, com. par M. H. MARLOT.

84. « En Lorraine on appelle *jau* un garçon à allures décidées et même d'une manière générale un garçon. »

« *Jaulet* = petit coq, jeune adolescent. » Centre, JAUBERT.

85. « Loukis à vos poiettes ji lais aller mes coqu'rais. » — Regardez à vos poules, je lâche mon coq. Wallon, DEJARDIN.

« Gardez vos poules, nos coqs sont lâchés. » — Gardez vos filles, nous ne sommes pas responsables de nos garçons.
Locution française.

« N'aï që de gals, vëzi, gardo tas galinos. » Languedocien.

« C'est à toi de prendre garde à ta poule, tu sais bien que mon coq est aux champs. »
Beauce et Gâtinais, communiqué par M. J. POQUET.

« Prends garde à ta poule, mon coq est à l'abandon. »
Beauce et Gâtinais, communiqué par M. J. POQUET.

« Dezpunet ho ier, rak me lezo va c'hileien da redek. » — Ramassez vos poules, car je vais laisser mes coqs courir.
Breton, com. par M. L. F. SAUVÉ.

86. « Lâchez vous pouilles, les coqs ne seront me long à venin. » — Lâchez vos poules, les coqs arriveront bientôt.
Meuse, CORDIER, *Coumédies.*

87. « Courageux, hardi comme un coq. » Loc. française.

« On dit d'un homme capable de se défendre, qu'il est bien ergoté. »
Beauce ; Gâtinais, com. par M. J. Poquet.

« Batailleur comme un coq. » Français.

« Poltron comme une poule. » — « Avoir un cœur de poule. »
Locutions françaises.

« Chicken-hearted. » — Cowardly, fearful. Anglais, J. C. H.

S'enfuir se dit : *faire la poule* (en ancien français, Duez) ; *gallinegiare* (en italien).

« On dit d'un homme qui a peu d'énergie que c'est une *poule mouillée* (français) ; en italien on l'appelle *gallina bagnata.* »

« On appelle un homme faible et efféminé, qui n'a aucune vigueur dans ses actions *une poule laitée.* » Leroux, *Dict. com.*

88. « The house is full of fowls, but there's not a cock to crow. » — Said of useless people. Proverbe telugu, Carr.

« *Koz iar*, méchante poule ; *koz kaboun,* méchant chapon ; répondent à l'expression française de *poule mouillée.* »
Breton, com. par M. L. F. Sauvé.

89. « *Pollito* = poussin, jeune homme sans expérience. »

« Er hat Gedanken (ein Gedächtniss) wie ein Huhn. »
Prusse, Frischbier.

« Er hat unterm Hühnersitz gestanden. » — Er ist sehr dumm.
Prusse, Frischbier.

« Engendré d'un coq et d'une oie. » — Sot et malin.
Pays de Bray, Decorde.

90. « Être rouge comme un coq. » Français.

« *Acocté* = rouge comme un coq. » Bessin, Joret.

« Sies rouge couma la cresta d'un gal. » Nice, Toselli.

« Ru he benn evel eur c'hog. » — La tête rouge comme un coq.
Breton, com. par M. L. F. Sauvé.

91. « Faire une moue comme une poule sur son jucher. »
Bourgogne, Chauvelot, *Scènes de la vie de campagne.*

92. « I fait des yeux comme une poule qui perce un sas. »
Côtes-du-Nord, communiqué par M. P. Sébillot.

93. « Être content comme une poule qui a trouvé un ver. » — Être au comble de la joie. Wallon, Dejardin.

94. « Rire comme une poule qui a trouvé un couteau. »
Côte-d'Or, com. par M. H. Marlot.

« Contint comme eine glaigne qu'avale un cleu. »
Picard, Corblet.

95. « Etouné quem' ine poule qui a trouvé in dièment en grattant du fumier. » Saintonge, Chapelot, *Contes balzatois*.

96. « Was zum Hahne werden soll, röthet bald den Kamm. »
Allemand, Medikus.

97. « Gallicinium. » — Heure à laquelle chante le coq vers la fin de la nuit. Latin.

« Le premier chant du coq se fait entendre vers deux heures du matin. Il sert d'horloge à la campagne. Pour préciser l'heure d'un évènement arrivé la nuit, on dit : le coq avait ou n'avait pas chanté. » Creuse, communiqué par M. F. Vincent.

« Del prumier gau. » — Au premier chant du coq.
Ancien provençal.

« A jau-chant. » — Au premier chant du coq.
Creuse, communiqué par M. F. Vincent.

« Al canto del gallo. » — Au chant du coq, à minuit passé.
Espagnol.

« Al primer gallo. » — Au premier chant du coq. Espagnol.

« Il gallo è l'oriuolo della villa. » — Le coq est l'horloge de la campagne. Italien, Pescetti.

« A la prima voce di gallu è sempre notte, a la segonda u jornu s'abbicina, a la terza pelupiu è l'alba chiara. » Corse, Mattei.

98. « Prêtre et coq chantent à jeun. »
Proverbe russe, *Eléments de la langue russe*, 1791.

99. « Non vi canta nè gallo, nè gallina. » — C'est un lieu désert.
Italien, PESCETTI.

« Eg hoyrde korkje Hund, elder Hane.» Norvégien.

100. « Ein guter Hahn kräht auch zweimal. » Allemand.

101. « Lou gal avant de canta, batte tre fes de li ala. » — Le coq avant de chanter bat trois fois de l'aile. Il ne faut pas parler sans avoir réfléchi à ce que l'on veut dire. Nice, TOSELLI.

102. « Trop tôt chante votre coq. » — Vous vous vantez trop tôt.
Proverbe breton, SAUVÉ.

103. « ... Quarante francs ! dit le libraire en jetant un cri de poule effrayée. »
BALZAC, *Un grand homme de province à Paris.*

104. « Un sa ride senza scaccanà. » — « Ha e scaccanate cumme e galline. » Proverbes corses, MATTEI.

105. « On appelle *clouco* (mot à mot poule couveuse) une personne qui se plaint toujours et pour le plus petit malaise. »
Aveyron, VAYSSIER.

« On donne le nom de *cloc'her* (couveur), *kloc'herez* (couveuse), aux personnes qui se dorlotent, sont toujours à geindre et ne peuvent se résoudre à quitter leur banc pour se mettre au travail. »
Breton du Finistère, com. par M. L. F. SAUVÉ.

106. « C'est un petit bec qui n'a pas la pépie. » — Se dit d'une fille bavarde. POËTEVIN, *Dict. franç.-all.*

« Il n'a pas la pépie. » — Il bavarde volontiers. Loc. franç.

« *Coquard* = bavard ; *coquarde* = bavarde. » Anc. franç., DUEZ.

« C'est Caquet Bon Bec, la poule à ma tante. » — C'est une bavarde. *Comédie des proverbes.*

« *La poule à ma tante* = une bavarde. » DUEZ.

« *Caqueter* = bavarder, jacasser. » Français.

« Elle caquette comme une poule qui vient de pondre. »
Beauce, communiqué par M. J. POQUET.

107. « Dui dònni e 'na gaddina fannu un mircatu. » — Deux femmes et une poule ça fait un marché. Sicile, PITRÈ.

« Do fomne e du poli, fa 'l mercat de Pralboi. » — Deux femmes et deux poulets, font le marché de Pralboi.
Bergame, REINSBERG.

108. « Es wird kein Hahn darnach krähen. » — Personne n'y trouvera à redire, ne s'en offusquera. Allemand.

« Daar kraait noch haan, noch hen. » Hollandais.

109. « Plumer la poule sans la faire crier. » Français.

« Je sçavois bien manger la poule sans faire crier le coq. »
Glossaire de l'ancien théâtre français.

« Non pelar tanto la gallina che strilli. » Italien.

« Piumè la galina senssa fela criè. » Vénitien.

« Man muss die Henne rupfen ohne dass sie schreit. »
Allemand.

« Hij weet de hen te plukken, zonder dat sij schreeuwt. »
Hollandais.

110. « Più bugiardo che un gallo. » — Perciocchè la notte e' canta senza distinzione a ogni ora. Italien.

111. « Pendant l'Avent les coqs *affolent* et chantent à toutes les heures, sans rime ni raison ni bon sens. »
Mme DE CERNY, *Saint-Suliac et ses traditions*, p. 43.

112. « En aoust les gélines sont sourdes. » A cette époque de l'année elles ne font pas entendre leur caquetage. NUCÉRIN

113. « Quand la poule est déplumée, le coq ne veut plus chanter. » Le Père JÉRÔME, *Recueil de Fadaises*. 1826, p. 88.

114. « Grão a grão enche la gallinha o papo. » Portugais.

« Grano à grano hinche la gallina el papo. » Espagnol.

115. « Gaddina chi camina, s'arricogghi cu la vozza china. » —

C'est le contraire du proverbe : pierre qui roule n'amasse point de mousse. Sicilien, PITRÈ.

« A gallina chi cammina si ricogli cu la vozza china. » Calabre.

116. « Être comme un coq en pâte. » — N'avoir rien à désirer, être comme le coq qu'on engraisse avec une *pâtée* faite exprès pour lui.

« Être coq de bagage. » — Être à son aise, être comme un coq en pâte. Locution française (1), LEROUX, *Dictionnaire comique*.

« Être kma l'pu su l'ouardzou. » — Être comme le coq sur l'orge. Les Fourgs, TISSOT, *Les Mœurs*, p. 162.

« Pareva proprio un galletto sù una bica di grano. » Italien, PESCETTI.

« Der Hahn im Korbe sein. » Allemand.

117. « Lu plus urous d'achesto monde soun lu gal dei mouiniè, lu can dei bouccié e lu fatour de li mounega. » Nice, TOSELLI.

« Trè cose godono, il gallo del mugnaio, il gatto del beccaio, e'l garzon dell'hoste. » Italien, PESCETTI.

« Gallo di mugnaio, gatto di beccaio, garzone d' oste, ortolano di frati e fattor di monache. » Italien.

« Een bagijnen-pater — Een visschers kater — En molenaars haan ; — Als deze drie van honger sterven, — dan zal de wereld vergaan. » Hollandais.

118. « Nonnains, moisnes, prestres et poullets
Ne sont jamais pleins ne saoulez. »
Proverbe du XVIe siècle, LEROUX DE LINCY.

« Lu preire, frate, mounega e lu poulas, de mangeà non si trovoun mai las. » Nice, TOSELLI.

« Ragazzi e polli non si trovano mai satolli. » Italien.

(1) Cette locution n'est plus usitée aujourd'hui.

« Donne e polli non son mai satolli. » Italien.

« I putei g'ha sempre el beco in moia come le galine. »
Vénitien.

119. « On dit à un enfant : regarde ce raisin, comptes-en les grains. — L'enfant dit : un, deux, trois, etc. — Ce n'est pas cela, *compte-les donc comme une poule.* — L'enfant comprend bien vite et les mange. »
Eure-et-Loir, communiqué par M. J. Poquet.

120. Laissez faire la poule qui est à l'outau (à la maison) ; si elle ne pique tôt, elle pique tard ; elle sait bien où il y a à piquer. » Proverbe franc-comtois, Perron.

« Gallina que stà en majoun, tougiou mastega. » Nice, Toselli.

« La gallina che es en cà, se non pitta à pittà. » Nice, Toselli.

« Gallinetta va per casa, o ch' ella becca, o ch' ella ha beccato. » — Per far intendere che non è da prendersi fastidio nel veder una donna mangiar poco a tavola. Italien.

« La gallina che stà en cà, se no l'ha becat, la becarà. »
Venise, Pasqualigo.

« Gallina ch' un becca, ha biccatu. » Corse, Mattei.

« Gallina che non pizzola, ha pizzolato. » Italien.

« La gajnna che semper stà per ca, l'impieniss el so goss. »
Milanais.

121. « Quand on tient la poule il faut la plumer. »
Proverbe français.

122. « Oude hanen zijn moeijelijk te plukken. » — Les vieux coqs sont difficiles à plumer. Les personnes qui ont de l'expérience sont difficiles à tromper. Hollandais.

123. « *Plumer la poule* = vivre de pillage et d'exactions. »
Locution française ancienne.

« Hen-nez 'zo eur displuner iar. » — Celui-là est un plumeur de poules (c'est un voleur).
Breton du Finistère, com. par M. L. F. Sauvé.

« *Aguige ornie* = maraudeur, goujat. »
Ancien argot, Francisque Michel.

« *Casse garie* = maraudeur, goujat. »

Ancien argot du Midi, Francisque MICHEL.

124. « Er geht wie ein Hühnerdieb. » — Er vermag seinem Nächsten nicht offen in's Auge zu sehen. Prusse, FRISCHBIER.

125. « On appelle *chair ou peau de poule*, une peau qui n'est pas lisse et qui a des élevûres pareilles à celles qui paraissent sur la peau d'une poule plumée. On dit, *figurément*, d'une chose qui fait frissonner, qu'elle *fait venir la peau* ou *la chaire de poule*. »

FERAUD.

« *Beni car de poulo* = avoir la chaire de poule. »

Aveyron, VAYSSIER.

« Avoir la chair de poule = avoir froid. » Loc. française.

« *Kro'henn iar* (peau de poule) s'emploie en breton dans le même sens qu'en français. On appelle aussi *drein ier* (épines de poules) une sorte d'éruption produite par le froid. »

Finistère, com. par M. L. F. SAUVÉ.

« Fa vegni sù la pell de capon. » — Far fare la pelle accaponata, metter subito spavento e freddo. Milanais, BANFI.

« Sentiss a vegni su la pell de capon. » — Sentirsi accaponar la vita ; di subita paura, ribrezzo, freddo. Milanais, BANFI.

Cf. le mot mulhousien **Gänshutt** qui (d'après Dollfus) a cette même acception de *chair de poule*.

126. « On appelle plaisamment *gants en cuir de poule* des gants de qualité inférieure qui se déchirent aisément. »

Voy. L. RIGAUD, *Dict. d'argot*.

127. « Divant di v'ni â bèche, les coqs si pitet. » — Avant d'en venir au bec, les coqs se donnent des coups de patte.

Wallon, DEJARDIN.

128. « Il a les mains faites en chapon rôti. » — Il a les doigts crochus ; il aime à prendre, à dérober. Locution française.

« Zyne fingers zyn zoo kron als haane-pooten. » — Ses doigts sont crochus comme des pattes de coq. Hollandais, MARIN.

129. « C'est passé comme un cocq sur brèse. »

Proverbe du XVe siècle, LEROUX DE LINCY.

« Er ist darüber gelaufen, wie der Hahn über die Kohlen. »

Allemand.

130. « Et krabbet keine henne umsonst. » — Une poule ne gratte pas pour rien. Neumark, REINSBERG.

« Auch die Henne kratzt nicht vergeblich. »
Lithuanien, SCHLEICHER.

131. « Ogni gallina raspa (*var*. ruspa) a se. » Italien.

132. « La neige qui tombe en février — la poule l'emporte avec le pied. » — C'est-à-dire il n'en tombe pas beaucoup.
Basses-Pyrénées, *Statistique de la France*.

133. « Il faut que la poule aide à gratter au coq. »
Franche-Comté, PERRON.

« Come disse il gallo alla gallina : e bisogna fare a giova, giova. » Italien, PESCETTI.

134. Fa come il gallo, canta bene e ruspa male. » — Il fait comme le coq, il chante bien et gratte mal. Il presche bien et fait de mauvaises œuvres. Italien, DUEZ.

« Far come il gallo, cantar bene e razzolar male. » Italien.

« Galena d'Seneca canta ben e raspa mal. » Piémont, ZALLI.

135. « Tanto sparpaglia una gallina, quanto radunan cento. »
Italien, PESCETTI.

« Eine Henne kann mehr auseinander scharren als sieben Hähne. »
Allemand, MEDIKUS.

« Der Hahn kann nicht so viel zusammentragen, als die Henne verscharren mag. » Allemand, MEDIKUS.

136. « Hierom en daarom gaan de hoenders barrevoets. »
Hollandais.

137. « An, obsecro, hercle, habent quoque gallinæ manus ? — Nam has quidem gallina scribsit. » PLAUTE, *Pseudolus*, I, 1, 52.

« Ik kan dat rabbel-schrift niet leezen, het zyn maar haanepooten, kriewel letters. » — Je ne saurais lire ce griffonnage, ce ne sont que des pieds de mouches. Hollandais, MARIN.

« Hei schröwt wie e Docter — als wenn de Hahn klaut. »
Prusse, FRISCHBIER.

« Kriggel kraggel Hahnkefoot » — Gekritzel, schlechte, unleserliche Schrift. Prusse, FRISCHBIER.

138. « Ein Huhn hat so viele Flügel, als ein Falke, und kann doch nicht so hoch fliegen. » Allemand, MEDIKUS.

139. « D'où vient que l'homme s'ennuye tost à la luitte amoureuse, iamais la femme et qu'un coq suffira à treize poules mais une femme à quatorze hommes ? » L. JOUBERT, 1600.

« Un coq suffit à dix poules, mais dix hommes ne suffisent pas à une femme. »
Proverbe basque, Franc. MICHEL, *Le pays basque*, p. 38.

« A un bon coq il faut sept poules. » — Se dit d'un jeune homme qui fréquente plusieurs jeunes filles à la fois.
Beauce et Gâtinais, communiqué par M. J. POQUET.

« Au bon coq il faut sept poules, à une bonne femme il faut sept hommes. » Loiret, com. par M. J. POQUET.

« Un gallo basta a dieci galline. » Italien, DUEZ.

140. « Qui n'a qu'un gal n'a pas de gal. » — Il faut avoir plus d'un coq (ou plus d'un enfant mâle).
Proverbe languedocien, *Armana de Lengado* pour 1877.

141. « Gâou dé carrière, doulour (*ou* diâblé) d'oustâou. » — Coq de rue, douleur (*ou* démon) de maison. Maris aimables et galants dehors, désagréables chez eux. Vaucluse, BARJAVEL.

142. « Le coq et le serviteur — un seul an sont en vigueur. »
Proverbe français, LEROUX DE LINCY.

143. « ... Jusqu'à l'heure de ma mort, je serai jeune comme un coq de deux ans. » BALZAC, *Les paysans*.

144. « A la gallina vieija fou un gallet giouve e ardit. »
Nice, TOSELLI.

145. « Quand on parle avec la poule on voit venir le coq. »
L. CLADEL, *Le Bouscassié*, 1869, p. 203.

146. « Oqouos pas l'omour que cal — quando lo poulo bo bers

lou gal. » — Ce n'est pas un amour qui convient quand la poule fait les avances au coq. Espalion (Aveyron), AFFRE.

« L'affairé va mau quand la galino cerquo lou gau. »
Provençal moderne.

« When the hen gaes to the cock the birds may get a knock. » — Quand la poule recherche le coq les poussins peuvent en pâtir.
Proverbe écossais, REINSBERG.

« Wenn die Henne zum Hahn kommt, vergisst sie der Küchlein. »
Allemand.

« Naar Honen kommer til Hanen, glemmer den Kyllinggerne. »
Danois.

147. « Eur c'hog mad na ve morse lard. » — Un bon coq n'est jamais gras. Breton.

« Un bon coq n'est jamais gras. » Français.

« Gallo bom nunca foi gordo. » Portugais.

« Ein schlechter Hahn der fett wird. » Allemand.

« Een goede haan was nooyt vet. » Hollandais.

« Au printemps tous les coqs sont maigres. » — Se dit à propos des jeunes mariés. Beauce et Gâtinais, com. par M. J. POQUET.

148. « Ein guter Hahn der wird im Alter fett. »
Elbing, Prusse, FRISCHBIER.

149. « Il a des mollets de coq. » — Se dit de quelqu'un qui n'a pas de gras dans les mollets. Locution française.

« Hen-nez heu deuz divisker iar-gok. » — Celui-là a des jambes de poule-coq (de poule qui chante le coq). Ses mollets sont maigres.
Breton du Finistère, com. par M. L. F. SAUVÉ.

150. « As fat as henne's on the forehead. » — C'est-à-dire très maigre. Anglais, COTGRAVE, sub verbo *maigre comme une pie*.

151. « Un coq pas plus gros que mon poing, vient à bout d'une poule grosse comme un four. » Proverbe breton, SAUVÉ.

152. « Ce n'est pas à la poule à chanter devant le coq. » — Une femme ne doit point se mêler de décider en présence de son mari.
FERAUD.

« La poule ne doit pas chanter avant le coq. »
LEROUX, *Dictionnaire comique.*

« La poule ne doit pas chanter avec le coq. »
Dictionnaire portatif des proverbes.

« Quand le co a canté la glaine doit se taire. » Picard.

« I ne feut poënt que chès glaines cantent pus heut que chés cos. » Picard, CORBLET.

« Ocouo bo mal — quond lo golino fo lou gal. »
Rouergue, DUVAL.

« Trista es la majoun doun la gallina canta e lou gal sta au cantoun. » — Sét à dire, coura la frema coumanda lou marit.
Nice, TOSELLI.

« Chelle feumelle lo — elle chante le co. » — Cette femme veut être la maîtresse. Picard, CORBLET.

« Le meineage vai ma quand la poula chantan may que le ja. » — Le ménage va mal quand les poules chantent plus haut que le coq.
Alpes cottiennes, CHABRAND et ROCHAS.

« Onde està o gallo, nam canta a gallinha. »
Portugais, PEREYRA.

« Trista è quella casa dove le galline cantano e'l gallo tace. »
Italien.

« Si po di ch' una casa é ben mischina, — duve c'è gallu e canta a gallina. » Corse, MATTEI.

« In quella casa è poca pace — ove gallina canta e gallo tace. »
Italien.

« Em casa de Gonçalo — mais pode a gallinha que o gallo.. »
Portugais, PEREYRA.

« Hvor Hanen kagler, Honen galer, Manden tier, Quinden taler, der gaaer det ilde til. » Danois.

« Naar Hona vil fyre Hanen gala, og Kona vil fyre Mannen tala, daa heve dat inkje dat rette Lag. » Norvégien.

« Lat Hanen gala og inkje Hona. » Norvégien.

« Det hus är icke utan qval, der hanen kacklar och hönan gal. » Suédois.

« Wo die Henne kräht und der Hahn schweigt, da geht's lüderlich zu. » Allemand.

« Wenn das Weib red't vor dem Mann, und die Henne kräht vor dem Hahn, und die Katz' flieht vor der Maus, so gibt's selten gut Wetter im Haus. » Suisse allemande.

« Het is in huis een groot verdriet, daar't hennetje kraait, en't haantje niet. » Hollandais.

« 't is in het huis geheel verdraeid, daer't haenetje zwygt, en't henneke kraeit. » Flamand.

« It 's a sad house where the hen crows louder than the cock. » Anglais.

« När hönan will för hanen gala ä kvinnan för mannen tala, dä kan inte gå i lås. » Skanie (Suède), REINSBERG.

153. « Mauvaise est la poule si pour le coq elle n'est. » Proverbe breton, SAUVÉ.

154. « La gallina che stà au gallinié, es signe che vou ben au gal. » Nice, TOSELLI.

« A galina che ghe piase el galo, ghe piase anca el so ponaro (*pollaio*). » — La donna casalinga fa onore al marito ; e fa onore anco a sè. Venise, PASQUALIGO.

155. « C'est on biau-l-ojeau qu' lou pu, mais quand on l' va trou soua y pu. » — C'est un bel oiseau que le coq, mais quand on le voit trop souvent il déplaît (l'uniformité devient fatigante). Les Fourgs, TISSOT.

156. « Être le coq du village. » — Être le plus riche, être le personnage le plus important du village, être le garçon le mieux tourné et le mieux vu des filles.

« Être le coq, être le coq de la paroisse, être le coq du bourg. » — Même sens. LEROUX, *Dictionnaire comique*.

« Hen-nez eo kog ker. » — Celui-là est le coq du village, c'est-à-dire le plus fort. Breton.

« Killok ar barres. » — Coq de la paroisse. Se dit du garçon qui a le plus de succès auprès des jeunes filles. Breton.

« Ser el gallo del pueblo. » Espagnol.

« Gallito de lugar. » Espagnol.

157. « I n' fâ nin deux coqs so in ancinî. » — Il ne faut pas deux coqs sur un même fumier. Wallon, DEJARDIN.

« Non istanno bene due galli in un cortile. » Italien.

« Non istanno bene due galli in un pollajo. » Italien.

« Dui galli a un pullaghiu ci stanu male. » Corse, MATTEI.

« Do gali in un punáro i se beca. » Venise, PASQUALIGO.

« Du gall in t' un polár. » — Due ghiotti ad un tagliere. Parme, MALASPINA.

« Esse doi gaj ant' un gioch. » — Esser due ghiotti ad un tagliere, cioè amare ed appetire in due una medesima cosa. Piémont, ZALLI.

« Mali stannu du' gaddi 'ntra un puddaru. » Sicile, PITRÈ.

« Nun su' boni du' gaddi 'ntra un bagghiu. » Sicile, PITRÈ.

« Dos galls en un galliner no cantan bé. » Catalan moderne.

« Zwei Hahnen auf einem mist vertragen sich nicht. » Allemand.

« Zwei Hähne taugen nicht auf einem mist. » Allemand.

« E Chatz und e Muus, zwee Güggel im e Huus, en alte Ma und e jungs Wiib bliibet sälte-n ohne Chiib. » — Eine Katze und eine Maus, zwei Hähne in einem Haus, ein alter Mann und ein junges Weib, bleiben selten ohne Gekeif. Suisse allemande, REINSBERG.

« Twee hanen in een huis, de kat met de muis, een oud man en een jong wijf geeft eeuwig gekijf. » Hollandais.

158. « Quand on chaponne un coq on pratique fréquemment l'usage suivant : la crête du nouveau chapon vient d'être coupée très près du crâne et une plaie longue et béante laisse couler un sang abondant ; la fermière étanche ce sang avec une pincée de

cendre, puis délicatement enlève les ergots des pattes de sa victime et les *plante* sur le crâne, entre les lèvres de la plaie. L'opération est terminée. La nature fera le reste, et dans quelques mois vous verrez une ou deux petites cornes blanches qui émergeront timidement de la plaie cicatrisée. Quelle forme prendront ces cornes ? Seront-elles droites ou recourbées ? J'en ai vu de droites plantées sur le crâne, comme un paratonnerre ; j'en ai vu de courbées en avant, comme la huppe du colin de Californie ; j'en ai vu, enfin, qui ressemblaient aux cornes de béliers. Bref, attendez-vous, à voir les formes les plus invraisemblables. »

L'Acclimatation, 23 décembre 1877.

159. « Il est d'usage de couper la crête des poulets qu'on vient de chaponner. Le but est de les distinguer des coqs ; d'ailleurs, la crête si on la laissait ne tarderait pas à se flétrir. »

160. « Gallo senza cresta è un cappone ; uomo senza barba è un minchione. » Italien.

« El galo senza gresta l'é un capon — è l' uomo senza barba xe un cogion. » Venise, PASQUALIGO.

161. « Ecarter les jambes comme un jaou châtré. »

Deux-Sèvres, B. SOUCHÉ, *Proverbes*, etc.

162. « Gras comme un chapon. »

163. « Oncques chapon n'aima gelines (1). »

Proverbe ancien français, NUCÉRIN.

« Bien savez, li cox chaponez est as gelines mal venus. »

XIVe siècle, LITTRÉ, *Supplément*.

164. On fait quelquefois couver les œufs par des chapons :

« Pour rendre un chapon propre à l'incubation, la fille de basse-cour doit lui arracher les plumes de dessous le ventre, le lui frotter avec des orties, et exciter ainsi en lui une démangeaison qui ne se calme que lorsqu'il se tient assidument dans un nid rempli d'œufs.

(1) « Les chapons, ayant été mis hors du droit commun par la barbarie des hommes, sont toujours mal venus des poules. Elles les attaquent dans la basse-cour, et elles ne les souffrent jamais à côté d'elles sur les juchoirs. » Desormeaux, *Tableau de la vie rurale*.

— Quelques-unes de ces mères artificielles s'y tiennent vingt et un jours de suite, mais elles n'ont ni l'ardeur ni la constance des mères véritables, qu'il faut arracher de dessus leurs œufs pour qu'elles ne meurent pas de faim. »

DESORMEAUX, *Tableau de la vie rurale.*

165. « *Ghelinous m.*, *ghelinouse f.* = frileux, frileuse. » — Ces mots viennent de *ghelines*, poules castrées, poulardes, sans doute parce qu'elles sont plus sensibles au froid que les autres.

Saintonge, JÔNAIN.

166. « Il n'est que jeune poule à pondre et vieille à couver. »

XVIe siècle, *La Maison rustique.*

« Gallina giovane per fare uova, e vecchia per covare. »

Italien, PESCETTI.

« Galina zovene per far vovi, veccia per coarli. »

Venise, PASQUALIGO.

167. « Glousser n'est pas pondre.» Prov. franç., REINSBERG.

« Clouqueya n'ey pas ha l'oueü. » Béarn, REINSBERG.

« Toute galine qué caçaléje, fâi pa lou mâi d'iôou. » — La poule qui glousse continuellement n'est pas celle qui pond le plus.

Vaucluse, BARJAVEL.

« Cacaréar y no poner huevos. » — Caqueter et ne pas pondre. Se dit des faiseurs de projets chimériques. Espagnol.

« Hennen, die viel gackern, legen wenig Eier. » Allemand.

« Manches Huhn gackert, und legt doch nicht.» Allemand.

« Het hoen, dat het meest kakelt, geeft de meeste eijers niet. »

Hollandais.

168. « Er kann weder gackeln noch Eier legen. » — Il n'est bon à rien. Proverbe allemand, GRIMM, *Wœrterbuch.*

169. « Fette Hennen legen nicht. » Allemand.

170. « Une poule qui pond trois œufs s'écorche. »

Poitou, L. DESAIVRE, *Croyances*, etc.

171. « La poule qui caquette est celle qui a fait l'œuf. »

Français.

« C'est la poule qui chante qui a fait l'œuf. » Français.

« Lè premére g'line que caquele ast celle qu'eu ponu. »
Arrondissement de Lunéville, L. ADAM.

« La gallina che schiamazza è quella che ha fatto l'uovo. »
Italien.

« Gallina chi canta ha fattu l'ovu. » Corse, MATTEI.

« La prima galina ch'a canta, a l'è cola ch'a l'â fait l'euv. »
Piémont.

« La galena ch strid l' è quélla ch ha fait l'ôv. »
Rome, REINSBERG.

« Se la galina tasesse, nissun savaria che la ga fato el vovo. »
Vénitien.

« La gaddina si tacissi — quannu fa l'ovu 'un si sapissi. » — Si la poule se taisait, on ne saurait pas quand elle a fait l'œuf.
Sicilien, PITRÈ.

« Dersom Honen ikke kaglede, vidste man ikke hvad hun havde giort. » — Wenn die Henne nicht gackerte, wüsste man nicht, was sie gemacht hat. Danois, REINSBERG.

« Om inte hönan kacklade, vistte man icke (inte) att hon hade värpt. » — Wenn die Henne nicht gackerte, wüsste man nicht, dass sie gelegt hat. Suédois, REINSBERG.

172. « La poule perd ses œufs — en trop chantant après avoir pondu. » Proverbe breton, SAUVÉ.

173. « Femme maligne et poule qui pond — font grand bruit à la maison. » Franche-Comté, PERRON.

174. « Noire geline pond blanc œuf. » Ancien français.

« La gallina nera fa l'uovo bianco. » Italien.

« D'uovo bianco spesso pulcin nero. » Italien.

« Miraculu di San Cunnuttu ! la gaddina niura fa l'ovu biancu ! » — Se dit aux personnes qui s'émerveillent d'une chose toute simple.
Sicilien, PITRÈ.

« The black hen layeth a white egg. » Anglais.

175. « Wenn man der Henne nicht bald ein Nest macht, so legt sie unter die Nesseln. » Allemand, MEDIKUS.

176. « Kluge Hühner legen die Eier bei 's Nest. »
Prusse, FRISCHBIER.

177. « Kluge Hühner legen auch in die Nesseln. » — Personne n'est infaillible, tout le monde peut se tromper. Allemand.

« Ok de kloge Hehner gahne (legge) ön e Nettle on verbrenne söck den Arsch. » Prusse, FRISCHBIER.

« A schlåu Hûn lät au in de Nässel unn verbürnt sich d'n Oirsch.» — Même une poule rusée pond dans les orties et se brûle le cul.
Thuringe, REINSBERG.

« Eene wijze hen legt wel een ei in de brandnetels. »
Hollandais.

« En kloker höna kan också värpa i nässlorna. »
Suédois.

« De kloge höns kan og göre i e Nalder. » Jutland, REINSBERG.

« En klog höne kan og göre i persille. » — Même une poule sage pond dans le persil. Jutland, REINSBERG.

178. « Wie bald hat ein huhn ein ei verlegt ! » Allemand.

179. « Auch ein gut huhn legt bisweilen ein windei. » — Il peut arriver à une poule sage de pondre par extraordinaire une harde. Personne n'est infaillible. Allemand, MEDIKUS.

180. « Die henne die zu früh gackert legt auf den tag ein windei. » Allemand, MEDIKUS.

Cf. la chienne trop pressée qui met au monde des petits aveugles. *Faune populaire*, t. IV, p. 60, § 3.

181. « Sadge coum' uno galino que pound defouoro. » — Sage comme une poule qui pond dehors. Rouergue, DUVAL.

182. « Schlechte henne, die in des nachbars haus legt. »
Allemand.

« Solche hühner, die daheim essen und anderswo legen, soll man am bratspiesz ziehen. » Allemand, MEDIKUS.

« You keep on « cluck-cluking » here, and lay your eggs in another village. » — Addressed to a hen. Is applied to a man who promises a favour to one and bestows it on another.

Bannu, THORBURN.

« Tu es intéressé comme une poule qui va pondre en ville. » — C'est ce que dit une mère à son fils en lui reprochant son manque d'économie. Beauce, communiqué par M. J. POQUET.

183. « Quand une poule a envie de perdre son œuf, il faut qu'elle le perde. »

PERRON, *Proverbes de la Franche-Comté*, p. 67.

184. « Les poules pondent par le bec. » — Il faut bien les nourrir pour avoir des œufs. Proverbe français.

« Las poulos pouonou pel bec. » Aveyron, VAYSSIER.

« Le galline fanno l'uova dal becco. » Italien.

« El vovo vien dal beco. » Venise, PASQUALIGO.

« A la poule serre lui le poing et elle te serrera le cul. »

Proverbe espagnol.

« Die hühner legen eier durch den kropf. » Allemand.

185. « Gallina bagnata non è buona per chioccia (1). » — L'inerte e poltrone non è mai buono per accasarsi, perchè rendera infelice la sua famiglia. Proverbe arabe-maltais, VASSALLI.

186. « On appelle *poule mouillée* un homme lâche, timide, peureux. » Français.

187. « Il est frisé comme une poule mouillée. » — Se dit pour se moquer d'un homme qui a les cheveux plats.

LEROUX, *Dictionnaire comique.*

188. « Quand une personne a froid et serre ses membres les uns contre les autres, on lui dit : vous enflez le dos comme une poule mouillée. »

Beauce et Gâtinais, communiqué par M. J. POQUET.

(1) Lorsque l'on veut faire passer à une poule l'envie de couver on la trempe dans l'eau.

189. « Bagnàa come on poresin. » — Trempé comme un poussin.
Milanais, BANFI.

190. « La gallina coua mau, fuora doù sieu nido. »
Nice, TOSELLI.

191. « Vous ne vous remuez non plus qu'une épousée qu'on atourne, ni qu'une poule qui couve. »
Glossaire de l'ancien théâtre français.

192. « ... Que sans cela il avoit beau le saluer et présenter placets, qu'il n'y feroit rien non plus que le coq sur les œufs. »
NOËL DU FAIL, édition Assezat, I, 258.

« On dit d'un homme qui veut tenter l'impossible, qu'il ne fera rien pas plus qu'un coq sur des œufs. »
Beauce et Gâtinais, communiqué par M. J. POQUET.

193. « Onde a gallinha tem os ovos, la se lhe vam os olhos. »
Portugais, PEREYRA.

« Ali ten a galiña os ollos, onde ten os seus ovos. » — La poule a toujours les yeux sur la place où se trouvent ses œufs.
Proverbe gallicien.

194. « Sobre un huevo pone la gallina. » — Il y a commencement à tout.
Espagnol.

195. « Ses poies c'est des awes. » — Ses poules sont des oies; il exagère son importance.
Wallon, DEJARDIN.

« All his geese are swans. »
Anglais.

« The hen he has caught has four legs. » — Exaggeration.
Proverbe telugu, CARR, § 1049.

196. « Seine Hühner legen Eier mit zwei Dottern. » — Se dit des personnes qui disent avoir tout meilleur que les autres.
All.

« Seine Eier haben allzeit zwei Dotter. »
Allemand.

« Zijne hennen leggen altijd eijers met twee dojers. »
Holl.

« Mangen bilder sig ind, at hans æg er bedre end en andens hone. » — Plus d'un s'imagine que ses œufs sont meilleurs que ceux des poules des autres.
Proverbe danois.

197. « A gallinha de minha visinha he mais gorda que a minha. » — Se dit des envieux. Portugais, PEREYRA.

« La gallina de mi vecina mas gorda está que la mia. »
Espagnol.

« La gallina de mi vecina mas huevos pone que la mia. »
Espagnol.

198. « La gaddina fa l'ovu e lu gaddu grida. » — C'est moi qui peine et c'est toi qui te plains. Sicile, PITRÈ.

« La gallina ha fatto l'uovo e lo gallo scacateia. » Napolitain.

« La gaddina fa l'ovu, a lu gaddu cci bruccia lu culu. »
Sicile, PITRÈ.

Cf. le proverbe sicilien : « La crapa figghia e lu beccu suda. » — Pitrè.

199. « Las poulos de janbié — poundoun sul garbié. »
Proverbe gascon, TAUPIAC.

200. « Des poulets de janbié — cado plumo bal un dinié. »
Proverbe gascon, TAUPIAC.

201. « Non v'è gallina nè gallinaccia — che di gennajo uova non faccia. » Italien.

« Non è si piccola ponzina, — che da marzo non sia gallina. »
Italien.

« A la Cannilora, ogni gaddina veni ad ova. » Sicile, PITRÈ.

202. « Il ne faut pas mettre tous ses œufs dans un même panier. » — *Panier* signifie ici *corbeille* dans laquelle on fait couver les œufs par une poule. Proverbe français.

« I n'fât nin mette tos ses oûs d'oins l'même banstai. » Wallon.

« Mette tos ses oûs dins l'même chènât. » Wallon.

« Men moet niet al de eijeren onder éène hen leggen. »
Hollandais.

203. « Esse â nid dè coq. » — Être au nid du coq. Se trouver au dépourvu, ne rien avoir sous la main. Wallon, DEJARDIN.

204. « Couver les œufs d'autrui. » LEROUX DE LINCY.

205. » Lu viddanu addeva la gaddina e lu riccu si la mancia. »
Proverbe sicilien du XVIIe siècle, PITRÈ.

206. « No nacio' el pollo para si solo. » — Sic vos non vobis.
Proverbe espagnol.

207. « Il pond sur ses œufs, il couve ses œufs. » — Se dit de celui qui est riche et à son aise, quand il n'a pas besoin de travailler. LEROUX, *Dictionnaire comique.*

208. « I n' fât nin joker so séz oûz. » — Il ne faut pas rester à couver sur ses œufs, c'est-à-dire il faut agir.
Wallon, GRANDGAGNAGE.

209. « Havere pulcin di gennaio. » — Avoir un poussin en janvier, c'est-à-dire avoir des enfants en sa vieillesse.
Italien, DUEZ,

210. « Aus gebratenen Eiern kommen keine Hühner. »
Allemand.

« Eier in der Pfanne geben Kuchen, aber keine Küchen. »
Allemand.

211. « Il ne faut pas compter l'œuf dans le cul de la poule. »
Proverbe français.

« Vât mi l'oû ès s'main qu'ès cou dè l'poïe. » — Vaut mieux l'œuf dans la main qu'au cul de la poule. Wallon, DEJARDIN.

« Er kümmert sich um ungelegte Eier. » — Il se préoccupe d'œufs qui ne sont pas pondus. Proverbe allemand.

« Ungelegte Eier geben ungewisse Küchlein. » Allemand.

« Aus ungelegten Eiern werden spät junge Hühner. »
Allemand.

« Er verkauft die Eier, ehe sie die Henne gelegt hat. »
Allemand.

« Een ongelegd ei, een onzeker ei. » Hollandais.

« Hij teelt sijne kiekens eer de eijers gelegd zijn. »
Hollandais.

« Count not your chickens, before they are hatched. »
Anglais.

« Soon enough to cry *chuck !* when it's oot o' the shell. »
Écossais, REINSBERG.

« Af ugjort Æg hommer ingen Kylling. » Danois.

« At sælge Honsene for Æggene ere lagte. » Danois.

212. « Un œuf aujourd'hui vaut mieux qu'un poulet demain. »
Français.

« Il vaut mieux aujourd'hui l'œuf que demain la poule. »
Français.

« Mieux vaut promptement un œuf que demain un bœuf. »
Français.

« E meggio oggi l'uovo che doman la gallina. » Italien.

« Megghiu oj l'ovu, chi dumani la gaddina. » Sicile, PITRÈ.

« E megliu l'ovu a la manu che a gallina au tempu. »
Corse, MATTEI.

« Besser heut' ein Ei, als morgen ein Küchlein. » Allemand.

« Heden een ei is beter dan morgen eene hen. » Hollandais.

« An egg is better to day, than a pullet to morrow. » Anglais.

213. « Chi hà polli, ha pipite. » — Qui a des poulets a des pépies. Celui qui est riche a des inconvénients causés par sa richesse.
Italien, PESCETTI.

« Chi vuol l'uovo deve soffrire lo schiamazzo della gallina. »
Italien.

« Wer viele Eier hat, hat viele Schalen. » Allemand.

« Der Hühner Gackern leidet man um der Eier willen. » All.

« Wer Eier haben will, muss der Henne Gackern ertragen. »
Allemand.

« Die de eijeren wil hebben, moet het kakelen der hennen verdragen. » Flamand.

214. « Wer viele Eier hat, hat viele Kuchen. » — On a tout quand on est riche. Allemand.

215. « *Ma poule, ma poulette, ma cocote, mon poulet*, sont des termes de caresse. » Français.

Dans une comédie de Vadé, l'*Impromptu du cœur* (1785), des femmes appellent un enfant : Mon p'tit cochon de lait, mon poulet d'ivoire.

« Dic igitur me tuum passerculum, gallinam, coturnicem. »
PLAUTE, *Asin.*, 3, 3, 76.

« *Apouchiner* = soigner avec tendresse, donner les soins qu'une poule donne à ses poussins. » Lille, P. LEGRAND.

216. « Ahuri comme eune glaine qui a trente-six pouchins. »
Boulonais, communiqué par M. E. DESEILLE.

« Embarrassé comme une poule qui n'a qu'un poussin (*var.* trois poussins). » Proverbe français.

« Embarassé comme une poule qui mène des canets[1]. »
Loiret, communiqué par M. J. POQUET.

« Se carrer comme une poule qui n'a qu'un poulet. »
Deux-Sèvres, com. par M. B. SOUCHÉ.

217. « C'est un fouillis où une poule ne retrouverait pas ses poussins. » BALZAC, *Ursule Mirouet.*

218. « E comme un pulcin nella stoppa. » — Il est comme un poulcin dans l'estouppe, c'est-à-dire il ne saurait sortir du discours qu'il a commencé, ny se résoudre. Italien, DUEZ.

« È piu intrigato ch' un pulcin nella stopa. »
Italien, PESCETTI.

« E cume u piulu in la stoppa. » Corse, MATTEI.

219. « Chi vol un bel pulzin — meta un vovo picinin. »
Venise, PASQUALIGO.

(1) Rien de plus curieux que l'embarras d'une mère poule à laquelle on a confié des canets et qui voit ceux-ci aller à l'eau sans pouvoir les y suivre.

« Die grössten Hühner legen die kleinsten Eier. »
Allemand, FRISCHBIER.

220. « Tout toûne à cul d'pouion. » — Toút tourne à cul de poulet. Rien ne réussit. Pas de chance. Wallon, DEJARDIN.

221. « Il vaut ce que nos poules font, sauf les œufs. » — C'est un homme de rien. Franche-Comté, PERRON, *Proverbes*, p. 131.

« Du sullst Alles kriege, wat de Hehner legge, man de Eier nich. »
Prusse, FRISCHBIER.

222. « Se vos toun oustau net — noun y laisses intrà capelan ni poulet. » Gard, communiqué par M. P. FESQUET.

« De moeino, ni de pingeon — n'attafeï din ta mayson. »
Dauphiné, REINSBERG.

« Ehans, poules et coulombs — ensalissent las maisouns. »
Gascogne.

« Tre cose imbrattan la casa, le galline, le donne, i polli. »
Italien, PESCETTI.

« Ragazzi e polli imbrattan le case. » Italien.

« Cani, polli e putti imbrattan per tutto. » Italien.

« I zitelli e le galline imbruttanu a casa. » Corse, MATTEI.

223. « *Faire le cul de poule* = 1° serrer tous les bouts des doigts ensemble (1); 2° avancer les lèvres la bouche étant fermée. »

« Mettre sa goule en çhu de poule. » — Faire la moue.
Saintonge, JÔNAIN.

« Poëtevin (dans son dictionnaire français-allemand, 1756) traduit ainsi *cul de poule :*

Cul de poule = ein Stück Fleisch das neben den Wunden bisweilen heraus wächst. »

« A un enfant qui fait la moue on dit : Ta bouche ressemble au derrière d'une poule qui vient de ch.... »
Beauce et Gâtinais, communiqué par M. J. POQUET.

(1) C'est ce que font par exemple les enfants pour recevoir la férule.

224. « C'est comme dè stron de poie, i n'y a d'tote sôrt divins. » — C'est comme de la fiente de poule, il y a de toute sorte (de choses) dedans. Se dit d'une société hétérogène, d'un mélange hétérogène.
Wallon, DEJARDIN.

225. « Tu craches aussi gros qu'un étron de couasse (*couveuse*). » — Se dit à quelqu'un qui a un gros rhume et crache épais.
Loiret, communiqué par M. J. POQUET.

226. « On dit à un enfant morveux que son nez et sa bouche ressemblent au derrière d'une poule qui a la foire blanche. »
Beauce, communiqué par M. J. POQUET.

227. « .... Elle est éveillée avec notre coq, mais elle se couche avec les poules. »
BALZAC, *Les Paysans*.

« Vous allez coucher quand les poules vont au jouc. »
Glossaire de l'ancien théâtre français.

« Se coucher en chappon. » — Se coucher de bonne heure.
Français, DUEZ.

« Andar a letto come i polli *o* all' ora de' polli. » Italien.

« Acostarse con las gallinas. » Espagnol.

« Wer mit den Hühnern zu Bette geht, kann mit den Hahnen aufstehen. »
Allemand, MEDIKUS.

« Zu kämpfen, *früh aufzustehen*, mit den Seinigen das Mahl einzunehmen und das in Noth gerathene Weib zu schützen : diese vier Dinge lerne man vom Hahn. »
Sentence sanscrite, BOEHTLINGK.

228. « Auch die henne weisz, wann sie auf die schlafstange fliegen soll. »
Lithuanien, SCHLEICHER.

229. « Il a une mine à faire trembler la volaille. » — Il a mauvaise mine. Il est pâle et maigre.
Beauce, communiqué par M. J. POQUET.

230. « Le nous regardait d'un ar à fére cheure les poules d'au joug. »
Canard poitevin, n° 13, p. 10.

« Avoir des contes à faire cheure les poules d'au jouc. »
Deux-Sèvres, B. SOUCHÉ.

231. « Laûr de fà rider i capû (cappone). » — Cose da far ridere le telline. Dicesi di cosa ridicola al maggior segno.

Brescia, MELCHIORI.

232. « Egli e come un voler cacciar la chioccia dal pagliaio. »

Italien, PESCETTI.

233. « Les filles ressemblent aux poulets qui s'aprivoisent au grater. » *Glossaire de l'ancien théâtre français.*

234. « Le galine si piglian con *belle belle,* non con *iscioscio.* »

Proverbe italien, ARRIVABENE, p. 432.

« Men vangt het hoen met *tijt* — *tijt* — *tiiten*, En niet met gooijen en met smijten. » Hollandais.

235. « Fille qui trotte et géline qui vole, de légier sont adirées. » — Fille qui trotte et poule qui vole sont facilement enlevées.

Français du XVe siècle, LEROUX DE LINCY.

« Femmine e galline per ander troppo si perdono. »

Italien, PESCETTI.

« A molher et a gallinha, por andar se perde asinha. »

Portugais.

« La muger y la gallina, por mucho andar se pierden ayna. »

Espagnol.

« Vrouwen en hennen, als zij ver van huis gaan, dolen licht. »

Hollandais.

« Het kuiken, dat niet komen wil, als de klokhen klokt, mag wel door den havik verslonden worden. » Hollandais.

236. « Gallina spavicchiata ogni po di rumore la spaventa. »

Proverbe corse, MATTEI.

237. « Un coq est bien fort sur son fumier. » Français.

« Muito pode o gallo no seu polleiro. » Portugais, PEREYRA.

« Every cock is valiant on his own dunghill. » Anglais.

« Der Hahn ist Kœnig auf seinem Miste. » Allemand.

« Der Hahn ist kühn auf seinem Mist. » Allemand.

« Der Hahn kräht am kühnsten auf eigenem Mist. »

Allemand.

« Een haan is stout op zijn' eigen' erf. » Hollandais.

« Een haan kraait best op zijn' eigen' mesthoop. » Hollandais.

« Hanen er Herren paa sin Modding. » Danois.

« I heimahaug er hanin kunnugastr. » Islandais.

238. « Cada gallo en su gallinero. » — Chacun chez soi. Espagnol.

239. « Pour fremer ch' poulailler ch' est s' y prendre ein peu tard, d'attendre eq' chés poulets soient mingés par chés renards. » Proverbe picard.

240. « Cachiz vos poies, vocial li mâdrai. » — Cachez vos poules, voici la fouine. Mettez tout en sûreté, voilà un malfaiteur. Wallon, DEJARDIN.

241. « Au poulailler sont les fouines. » Proverbe français du XVIe siècle, LEROUX DE LINCY.

« La volpe tira al pollaio. » Italien.

« Ad ogni vurpi piace lu puddaru. » Sicile, PITRÈ.

242. « Petite geline semble longe pucyne. » Ancien français, LEROUX DE LINCY, Appendice, III.

« Galina nanarela par sempre polastrela. » — La poule petite semble toujours jeune. Venise, PASQUALIGO.

Cf. *Faune populaire*, t. V, p. 144, § 106.

243. « Gallina, nera, ocha bianca. » Italien, PESCETTI.

244. « Viva a gallinha e viva con sua pevide. » — Vive la poule encore qu'elle ait la pépie. Souffrons, mais tâchons de vivre. Proverbe portugais, PEREYRA.

« Viva la gallinha aunque con su pepita ! » Espagnol.

245. « Chi est extrait de gélinette il ne peut qu'il ne gratte. » Ancien français, NUCÉRIN.

« Qui naist de poule il aime à gratter. » Anc. français, DIEZ.

« Fë de poïe grètte. » — Enfant de poule gratte.
Pays messin, recueilli personnellement.

« L'ci qui vint d'poie i grette, l'ci qui vint de chin i hawe. » — Ce qui vient de la poule gratte, ce qui vient du chien, aboie.
Proverbe wallon.

« Chi di gallina nasce, convien che raspi. » Italien.

« Chi di gallina nasce, convien che razzoli. » Italien.

« Chi de galina nas, de galina canta. » Bergame.

« I pulzini va drio la cioca (*chioccia*). » — I figli seguon l'esempio dei genitori. Venise, PASQUALIGO.

« Gallina não nasce, que não esgaravate. » Portugais.

« As the old cock crows, so crows the young. » Anglais.

« The young cock crows as he has heard the old one. »
Anglais.

« He that comes o' the hens maun scrape. »
Écossais, REINSBERG.

« Was von der Henne kommt, das gackert. » Allemand.

« Was zum Huhne geboren ist, scharrt nimmer vor sich (d. h. vorwärts). » Allemand.

« Huhn und Hahn scharren, ob ihnen schon die Klauen verschnitten wären. » Allemand, MEDIKUS.

« Cattivo uovo, cattivo pollastro. » Italien.

246. « Wie die Henne, so die Eier. » Allemand.

« Bös Ei, bös Küchlein. » Allemand.

247. « Gallina ch' ha betu bierà. » — Se dit au figuré.
Corse, MATTEI.

248. « Insegnar i polli a beccare. » Italien.

« D'er inkje verdt aa laera Hanen gala. » — Il est inutile d'apprendre au coq à chanter. Norvégien, REINSBERG.

« Du willst den Hühnern die Schwänze aufbinden. » — Tu veux apprendre aux poules à porter la queue relevée. Allemand.

249. « Les poucins mènent les gélines. »
Français du XVe siècle, LEROUX DE LINCY.

« L'uovo ne vuol saper più della gallina. » Italien.

« Das Ei will klüger sein als die Henne. » Allemand.

« Het ei wil altijd wijzar wezen dan de hen. » Hollandais.

« Het ei wil de hen leeren. » Hollandais.

« Ægget vill lära hönan värpa. » Suédois.

« E Eg wil vaere kloger som e Höne. » Danois.

« The egg made faces at the chicken. » — Mocking and mimicking a superior. Proverbe telugu, CARR, § 783.

250. « Assez sotte pour s'amouracher d'un garçon plus jeune qu'elle et autant fait pour lui convenir que *notre coq pour planter des pois !* » HENRY GRÉVILLE, *Les Mariages de Philomène.*

251. « Der passt ooch dazu wie de Henne zum Segen. »
Saxe-Altenburg, REINSBERG.

252. « Der Arme behält seine Hühner, der Reiche seine Töchter nicht lange. Allemand.

253. « De poulles et de pauvreté — on est bientôt engé. »
Français, COTGRAVE.

« Manneg Dættrer og manneg Höns gi'r en arm Bunde. » — Beaucoup de filles et beaucoup de poules appauvrissent le paysan.
Jutland, REINSBERG.

254. « A Barricourt (Ardennes) les poules meurent de faim pendant la moisson. » — Le pays est stérile.
MEUGY, *Statistique de l'arrondissement de Vouziers.*

« Dans les terres de la Rochette (canton de Melun) une poule ne trouve pas à vivre en août ! » — Sol ingrat.
A. FOURTIER, *Dictons de Seine-et-Marne.* 1873.

« *Montseugny*, la capitale de la misère. Les poules y crèvent de faim au temps des moissons. »
Franche-Comté, PERRON, *Prov.*, p. 118.

255. « Elle est comme la poule la seule à ne pas savoir ce qu'il y a dans son œuf. »
Proverbe jurassien, TOUBIN, *Récits jurassiens.*

256. « Conosco i miei polli al raspare ò alla calza. »
Italien, PESCETTI.

« Non m'insegnar conoscere i polli miei. » Italien.

« Conosco i miei polli sensa calza. » Italien.

257. « Les enfants et les poules, rien de pareil pour diviser les voisins. » Loiret, communiqué par M. J. POQUET.

258. « Del canto se conosse la galina. » Vénitien.

259. « Vuol saper che fosse prima o l'uovo o la gallina. »
Italien, ARRIVABENE, p. 439.

260. « On appelle *vol de chapon* la distance que peut parcourir en volant une poule en partant des limites d'une propriété. C'est donc le pourtour de la maison et du jardin y attenant, aussi le *vol du chapon* signifie-t-il encore *le voisinage.* » FÉRAUD.

261. « Die Hähne krähen, man sieht geflochtene Zäune, man riecht die Fladen, das Dorf ist nicht weit. »
Lithuanien, SCHLEICHER.

262. « Chi vuol trovar la gallina, scompiglia la vicinanza. » — Che vale, che in cercando, o volendo il suo si scomoda si crede, che l'abbia. Italien.

263. « A moi le coq ! » — A moi le pompon, à moi la victoire.
Saintonge, JÔNAIN.

« Zyn haan is koning. » — Son coq est roi ; à lui la victoire, la supériorité. Hollandais.

Ces locutions sont empruntées aux combats de coqs.

264. « Il est incapable de faire du mal à un poulet. »
Français.

« ... Lui, il ne casserait pas un œuf à une poule ! »
A. CAISE, *La Jeunesse d'une Femme.*

265. « N'avoir pas plus de fiel qu'un poulet. » Français.

266. « N'avoir pas plus de force qu'un poulet. » Français.

267. « Tordre le cou à quelqu'un comme à un poulet. »
Français.

268. « ..... Les deux cousins n'ont jamais couvé dans le même panier. » — C'est-à-dire ils sont mal ensemble.
Poitou, P. Caillet, *Michelle.*

269. « Ils se ressemblent comme deux œufs. » Français.

« Si ch' n'est point le même glaine qui l'z a pondus, ch'est le même qui l'z a keuvés. » — S'ils ne sont pas frères, ils ne se ressemblent pas moins d'une manière extraordinaire.
Picard, Corblet.

« Me semblo tout poundut. » — Il me ressemble entièrement.
Castres, Couzinié.

« Ce sont deux poulets dans le même ventre. » — C'est-à-dire ils se ressemblent comme deux œufs. Arabe, Kazimirski.

270. « S'il y a pondu, il n'y a pas couvé. » — Il n'a pas été longtemps parti. Pays de Bray, Decorde.

271. « Je m'en fiche comme de deux œufs. » Français.

272. « Une belle chose est un œuf. » Nucérin.

« Plus beau qu'un œuf dans un parterre de verdure et de fleurs. » C'est-à-dire : très beau. Locution arabe, Kazimirski.

273. « Qui vole un œuf vole un bœuf. » Français.

« Qui pano un io — panara un bio. » Quercy.

« Quello che rubbo l'uovo sapra rubbare anche la gallina. »
Arabe-maltais, Vassalli.

274. « Je ne lui ai dit ni œuf, ni bœuf. » — Je ne lui ai dit ni grosse ni petite injure. Leroux, *Dictionnaire comique.*

275. « Un uoou polat n'es pas qu'un uoou polat. » — Un œuf pelé n'est qu'un œuf pelé. Rouergue, Duval.

276. « Donner un œuf pour avoir un bœuf. » Français.

« Cal pas plontge un uoou — per obure un buoou. » — On ne doit pas regretter un œuf s'il s'agit d'avoir un bœuf.
Espalion (Aveyron), Affre.

« A le volte si dà un uovo per un bue. » Italien.

« Regalà un uovo per ricevere una gallina. »
Arabe-maltais, VASSALLI.

277. « D'un vudeù s'aspera un bou, d'una gallina un ou. »
Nice, TOSELLI.

278. « Keine Henne ist theurer als die geschenkte. »
Allemand, MEDIKUS.

279. « Un uovo del principe si pagherà con un pollo d'India. »
Arabe-maltais, VASSALLI.

280. « E' vorrebbe l'uovo e la gallina. » Italien.

« Vrer j oéuv, la galénna e el cul cald. » — Voler la moglie ebbra e la botte piena. Desiderare più comodità ad una volta anche dove non è fattibile. Parme, MALASPINA.

« Kaum hat man ihm einen Hahn gegeben, so greift er schon nach dem Hammel. » Lithuanien, SCHLEICHER.

281. « Vorrebbe l'uovo mondo. » — Il voudroit l'œuf tout espluché, il luy faut mascher qu'il n'ait qu'à l'avaller. Ital., DUEZ.

« Vorrebbe l'uovo mondo e suvvi il sale. » Ital., ARRIVABENE.

« Fuler, wöllst e Ei ? Ja, wenn et gepellt (geschellt) wäre. »
Prusse, FRISCHBIER.

« Da Faulpelz, hast du ein Ei ! Ist 's aber auch geschält ? «
Lithuanien, SCHLEICHER.

282. « Se l'uovo avesse le anse, l'alzerebbero due persone. » — L'aiuto, anche in cose leggiere, è ben utile.
Arabe-maltais, VASSALLI.

283. « Il ne donnerait pas un gros œuf pour un petit. » — C'est un avare. LEROUX, *Dictionnaire comique.*

284. « 'Ωόν τίλλεις » — Tu veux faire une chose impossible.
Grec ancien.

« Tondre sur un œuf. » — Être avare. Français.

« Vouloir tondre sur un œuf. » — Chercher midi à quatorze heures. Français.

« Troubo pèl o l'uou. » — Il trouve du poil à un œuf, il est pointilleux. Rouergue, DUVAL.

« Veuls tu faire loups innocens — et que les eufs soient velus ? » — Veux-tu tenter des choses impossibles ?
Œuvres d'Eustache DESCHAMPS, édit. Queux de Saint-Hilaire, I, p. 206.

« Conoscere il pel nell' uovo. » — Scorgere ogni minuzia, e quasi veder lo 'nvisibile, e dicèsi di chi è di acutissimo ingegno.
Italien.

« Cercare (*var.* trovare) il pello nell' uovo. » Italien.

285. « Nu comme un œuf. » Français.

286. « Il partiroit un œuf en deux. » — C'est un avare.
Ancien français, LITTRÉ.

287. « La femme et l'œuf — un seul maistre veut. »
Français, LEROUX DE LINCY.

288. « Quand il cuit des œufs, il donne le bouillon aux pauvres. » — C'est un avare. Proverbe wallon, DEJARDIN.

289. « Più largo ch' un gallo. » — Si dice d' uomo avaro, e tenace. Italien.

290. « Es estreç couma lou cuoù d'una gallina. » Nice, TOSELLI.

291. « Je suis aussi réjouy de voir cela que si on me fricassoit des poulets. » *Glossaire de l'ancien théâtre français.*

292. « Je t'en ponds ! » — Se dit ironiquement pour refuser quelque chose. LEROUX, *Dictionnaire comique.*

293. « Soignez vos glaines. » — Se dit à une femme qui se mêle de ce qui ne la regarde pas. Picard, CORBLET.

« Envoyer quelqu'un au *grat* (1). » — L'envoyer promener, le chasser. *Dictionnaire portat. des proverbes.*

(1) *Grat* = endroit où les poules grattent pour trouver leur pâture.

294. « Va donner du foin aux poules. » — Se dit à quelqu'un qui vous ennuie. Deux-Sèvres, com. par M. B. SOUCHÉ.

295. « J'aimerais mieux embrasser le derrière d'une poule. » — Se dit quand on veut vous faire embrasser une personne qui ne vous plaît pas. Loiret, communiqué par M. J. POQUET.

296. « Ça n'est pas vrai qu'une poule tette, elle a le bec trop long. » — Réponse d'une personne à qui on veut conter un mensonge. Eure-et-Loir ; Loiret, com. par M. J. POQUET.

297. « Hututu l'mère ed' nos glaines. » — Phrase pour indiquer qu'on doute de la véracité d'un récit ou d'une assertion.
Picard, CORBLET.

298. « Quand tu verras cela les poules porteront des béquilles. »
Eure-et-Loir, communiqué par M. J. POQUET.

« Quand tu verras cela les poules porteront des hottes et les coqs des sabots. » Loiret, communiqué par M. J. POQUET.

299. « Fer creure que les poies pounet so les sâs. » — Faire croire que les poules pondent sur les saules. Faire croire des choses absurdes. Wallon, DEJARDIN.

300. « Cela viendra quand les poules auront des dents. »
Français.

Cf. le sanscrit **Kâkâdanta**, dent de corneille, chose qui n'existe pas.

301. « Wann die Hühner vorwärts scharren. » — Quand les poules gratteront d'arrière en avant, c'est-à-dire : jamais.
Allemand.

302. « Quand les poules pisseront. » — C'est-à-dire : jamais.
Français.

« La femme doit parler — quand les poules vont pisser. »
Français.

« Le donne e i ragazzi debbon parlare quando le galline pisciano. »
Italien.

« Kannst rede, wenn de Henn pösst on de Hahn farzt, on denn kannst segge : Herr, öss erlaubt ok e Woortke to rede ? » — Zu Kindern die unberufen mitreden. Prusse, FRISCHBIER.

303. « Ce qui est merveilleux dans la nature, c'est :
In lapin qui piche toudis et qui ne boët jamoës ;
Eine glaigne qui boët toudis et qui ne piche jamoës ;
Et pis ein beudet qui kie des crottes carrées [1]. »

Picard, CORBLET.

304. « La poule a-t-elle pondu ? — Oui, elle a pondu un œuf sans cotille que tu peux manger. » — Réponse facétieuse à la question : la poule a-t-elle pondu ? Loiret, com. par M. J. POQUET.

305. « Quand un gamin se prélasse orgueilleusement sur un cheval on lui dit : Le cheval a donc couché dans le poulailler ? — Pourquoi ? — Parce qu'il a une merde de poule sur le dos. »

Beauce, com. par M. J. POQUET.

306. « Quand un enfant se plaint d'un bobo léger on lui dit qu'on va chercher de l'urine de poule pour le guérir. »

Côte-d'Or, com. par M. H. MARLOT.

307. « Elle passerait sur des œufs sans les casser. » — Se dit d'une personne fluette et légère. Français.

« Marcher sur des œufs. » — Marcher avec précaution, marcher sur des épines. Français.

« Andar come sobre huevos. » — Marcher très légèrement, sur la pointe des pieds. Espagnol.

« Florinde ressemble à l'épousée de Massi, elle passeroit sur quatre œufs sans qu'elle en cassât demi douzaine. »

Comédie des Proverbes.

« On dit de quelqu'un dont la démarche est lourde : s'il marchait sur une douzaine d'œufs il n'en casserait pas treize. »

Eure-et-Loir et Loiret, com. par M. J. POQUET.

308. « Dar beccare a' polli del prete. » — Modo basso, che vale morire. Italien.

309. « Manger la poule et l'œuf. » — Manger son bien en herbe.

« Il est comme li malade di Giblou, i mougne li pouie et l'oû. » — Il est comme le malade de Gembloux, il mange la poule et l'œuf. Ce n'est pas un malade sérieux. Namur, DEJARDIN.

[1] Cf. *Faune populaire*, t. IV, p. 219, § 63.

310. « Durera-t-o, Pacaud ? n'avoir qu'ine poule et mangher tous les jhours deux œufs (1). » Saintonge, JÔNAIN.

311. « Remettre à quelqu'un ses œufs dans son panier. » — Lui dire son fait, le rembarrer, le rétorquer.
Montbéliard, CONTEJEAN.

312. « Acconciare l'uovo nel pianeruzzo. » — Accomodare i suoi fatti. Italien.

313. « Plein comme un œuf. » — « Plein comme un œuf pondu. »
Locutions françaises.

314. « E' non è come l'uovo fresco, nè d'oggi nè di ieri. » — Si dice di chi è uomo d'età. Italien.

315. « E' non c'è uovo che non guazzi. » — E' non si truova niuno senza vizio o mancamento. Italien.

316. « Rompere l'uovo in bocca. » — Guastar i disegni ad alcuno e fig. si usa quando i disegni altrui fossero presso alla conclusione. Prevenire in dir cosa che altri prima avesse in pensiero di dire.
Italien.

« Guastar l'uovo nel paniere. » Italien.

317. « Don't look on his dunghill, but on your plate. »
Bannu, THORBURN.

318. « Man musz mit ihm umgehen wie mit einem schallosen Ei. » — On doit prendre des précautions avec lui comme avec un œuf hardé. Il est susceptible, chatouilleux. Allemand.

« Man musz mit ihm umgehen, wie mit 'nem rohen Ei. »
Prusse, FRISCHBIER.

319. « Il ne sçauroit tourner un œuf. » — Egli è un' ignorante.
Français, DUEZ.

« ... de telle façon qu'elle ne tourneroit pas un œuf, par manière de dire, sans demander conseil. »
Glossaire de l'ancien théâtre français.

(1) On sait que la poule ne pond pas plus d'un œuf par jour. On dit de l'œuf que c'est la journée d'une poule.

« D'un écervelé on dit qu'il n'a pas autant de cervelle qu'il en faudroit pour cuire un œuf. » *Ducatiana*, t. II, p. 477.

320. « Ei non ha tanto caldo, che cuoca un uovo. » — Vale : che non ha veruna autorità. Italien.

321. « Il est fait comme deux œufs, comme quatre œufs. » — Se dit d'un homme mal fait ou mal vêtu.

LEROUX, *Dictionnaire comique*.

« Il me semble bien ainsi comme une omelette de deux œufs. »

Glossaire de l'ancien théâtre français.

« Il est bâti comme quatre œufs et un morceau de fromage. »

Comédie des proverbes.

322. « O-mai studies, o plu poù n'en sabes ; fas couma lu où, che o mai bujoun o plu dur venoun. » Nice, TOSELLI.

323. « Il n'est viande si nette qu'un œuf mollet. »

Français du XVIe siècle, LEROUX DE LINCY.

324. « Rompre ne doibt un œuf mollet
Avant que ton pain soit bien prest. »

XVIe siècle. Gab. MEURIER, *Trésor des Sentences* (cité par LEROUX DE LINCY).

« Gens de Beauvais, avant de casser vos uès (*œufs*) taillez vos mouillettes. » — C'est-à-dire, avant d'entreprendre quelque chose, prenez vos précautions. LEROUX DE LINCY.

« Innantis de mandigare s'ou a friscu, ammentadi de ti affittare su pane. » — Prima di mangiare l'uovo alla cocca, ricordati di affiettare prima il pane. — Prov. che, a più del senso letterale, significa di preparare in ogni impresa quei mezzi opportuni che conducono al fine. Sardaigne, SPANO.

325. « Ab ovo usque ad mala. » — Depuis l'œuf jusqu'aux pommes. Depuis le commencement du repas jusqu'à la fin. Au figuré se dit de n'importe quoi complètement achevé. Latin.

326. « Pri tri dinari di spezii si perdi la gaddina. »

Sicilien, PITRÈ.

« Ein faules Ei verdirbt den ganzen Brei. » Allemand.

« Een vuil ei bederft een geheel zuipen. » Hollandais.

327. « Mes puja l'farciment que l'gall. » — La sauce vaut mieux que le poisson. Catalan moderne.

328. « On dit souvent qu'une personne qui mangerait tous les matins à jeûn un œuf cru, mourrait infailliblement dans l'année. »

329. « Un œuf n'est rien, deux font grand bien, trois est assez, quatre est trop, cinq donnent la mort. »

XVIe siècle, LEROUX DE LINCY.

330. « On boit sur un œuf — comme sur un bœuf. »

XVIe siècle, LEROUX DE LINCY.

« A boire, je vais manger mon œuf — à boire, je mange mon œuf — à boire, j'ai mangé mon œuf. »

Pays messin, recueilli personnellement.

331. « On ne fait pas une omelette sans casser des œufs. »

Français.

« Me cha kei Pfanntäsch machen ohni dasz me muez Eier breche. » — Même proverbe que le précédent. Suisse all., REINSBERG.

332. « Il aime mieux deux œufs qu'une prune. » — Il n'est pas dégoûté. Français.

333. « Mieux vaut euf donné que euf mangié. »

Ancien français, LEROUX DE LINCY.

334. « There was but one egg, and it was addled. »

Bannu, THORBURN.

335. « Besser ein halbes Ei, als eine ledige Schale. »

Allemand.

« Better half an egg, than an empty shell. » Anglais.

336. « Megghiu furmaggiu e pani n' casa mia, ca gaddini e faciani 'n casa d'autru. » Sicile, PITRÈ.

« Più vale un pan con amore che un cappone con dolore. »

Italien.

« Migliori sono minuzzoli di pane con amore che polli grassi con dolore. » Italien.

« Better an egg in peace than an ox in war. » Anglais.

« Dry bread is better with love, than a fat capon with fear. »
Anglais.

337. « A faute de chapon — pain et ognon. » Anc. français.

« Si tu te trouves sans chapon — sois content de pain et d'oignon. »
Français, Cotgrave.

« If you have not a capon, feed on onion. » Anglais.

« On a appelé facétieusement *chapon* : 1° le morceau de pain qu'on met tremper dans le potage pour remplacer la poule absente; 2° le morceau de pain frotté d'ail qu'on met dans la salade qui, si l'on était riche, serait accompagnée d'un poulet rôti.

Le premier a été appelé quelquefois *chapon de Normandie,* et le second *chapon de Provence.* »

338. « Vieille géline — engraisse la cuisine. »
Ancien français.

« Gallina vecchia fa buon brodo. » — Si dice di chi ama donna attempatetta. Italien.

« E una dona un po avanzata, ma gallina becchia fa bon brodu. » — La dame est un peu mûre, mais les vieilles poules font le bon pot au feu. Corse, Mattei.

« Alte hennen geben fette suppen. » Allemand.

« Eene oude hen geeft vette zoden. » Hollandais.

339. « Lou boujoun de gallina stà set an en lou ventre. » — Le bouillon de poule reste sept ans dans le ventre. Nice, Toselli.

« Pillole di gallina e sciroppo di cantina. » — Si vous voulez être bien portant, mangez du poulet et buvez du vin. Italien.

340. « Essere a pollo pesto (1). » — En être au bouillon de poule, être bien malade. Italien, Duez.

« Pigliare il pollo senza pestarlo. » — Être bien portant.
Italien.

(1) « *Pollo pesto* = une volaille pilée et cuite en consommé, un consommé de poule. » — Duez.

341. « Coscie di pollastri, ale di capponi, e spalle di castroni, questi son trè buon bocconi. » Italien, PESCETTI.

342. « Chappon de huit mois — manger de rois. »
Ancien français.

343. « Veau mal cuit et poules crues — font les cymetières bossues. » Ancien français, NUCÉRIN.

344. « On appelle *deux chapons de rente*, deux choses, ou deux personnes d'inégale valeur, de taille différente, parce que de ces *chapons* il y en a d'ordinaire un gras et l'autre maigre. »
LEROUX, *Dictionnaire comique.*

345. « Come i polli di mercato, un buono e un cattivo. »
Italien.

« Cmè i capôn d'Langhirân, un grâss e un magher. »
Parme, MALASPINA.

346. « Qui chapon mange, chapon lui vient. » — Les biens viennent plutôt à ceux qui en ont déjà, qu'à ceux qui en manquent. FÉRAUD.

347. « On dit de celui qui porte le nom d'une terre, et qui n'en touche pas les revenus, qu'il en porte le nom, mais *n'en mange pas les chapons*, ou qu'*un autre en mange les chapons.* »
FÉRAUD.

348. « On dit d'un homme qui risque le tout pour le tout qu'il veut être riche marchand ou pauvre poulailler. » FÉRAUD.
« O rich marcant, o pover polajè. » Piémont, ZALLI.

349. « Quem sò come o seu gallo — sò sella o seu cavallo. » — Celui qui mange seul son coq, n'a personne pour l'aider pour seller son cheval. Portugais, PEREYRA.

350. « Wenn er redet, kräht der hahn auf dem kirchthurme. » — Quand il parle, le coq coquerique sur le clocher. Se dit d'un taciturne. Allemand, MEDIKUS.

351. « *Portar polli*, porter le poulet, faire le macquereau, ou la maquerelle, parce que sous prétexte de porter des poules à une

femme ces gens-là y portent souvent des lettres et des commissions d'amour [1]. » Italien, DUEZ.

« *Polastriera* = 1° une poulaillière, 2° une maquerelle, ou porteuse de poulets. » Italien, DUEZ.

« *Pollacchina*, porteuse de poulets, ou maquerelle, par allusion de *pollo* un poulet d'amour » Italien, DUEZ.

« *Pollaco*, un macquereau, par allusion de *pollo*, qui signifie un poulet d'amour. » Italien, DUEZ.

« *Appollonia, monna Appollonia*, une macquerelle, une femme qui porte le poulet, par allusion de *pollo*. » Italien, DUEZ.

« *Non può stare in terra d'Imperio, egli è Pollaco,* il ne peut demeurer sur les terres de l'Empire, il est Polonois, et par allusion de *Pollaco à pollo*, qui signifie le poulet, que les macquereaux portent, c'est-à-dire, il est macquereau. » DUEZ.

« Galliaro = entremetteur. » Italien, DUEZ.

En français, poulet a d'abord signifié *message d'amour*, puis simplement *message, lettre quelconque.* En voici un exemple amusant :

« Un ami généreux me prévint et j'appris par un poulet que j'étais un dindon. » CABOT, *Sous un bec de Gaz*, comédie.

352. Pronostics de pluie :

« Si, quand il pleut, les poules vont à l'abri,
Dites que la pluie s'en va finie ;
Si elles restent dehors et se laissent mouiller,
Ne pensez pas que la pluie va cesser. »

Côte-d'Or ; Haute-Saône ; Seine-Inférieure, *Stat. de la France.*

« Lorsque les poules se couchent tard, c'est signe de pluie pour le lendemain. » Cher, *Stat. de la France.*

« Si le coq chante le soir,
La pluie lui court au derrière. »

Gironde, *Stat. de la France.*

(1) Littré *sub verbo* poulet, donne une autre explication de l'origine du sens donné à ce mot.

« Quand les poules se pouillent à la remise, c'est signe de pluie. »
Fribourg, *Romania*, 1877, p. 90.

« Quando canta il gallo al pollaio, aspetta l'acqua al grondaio. »
Italien.

« Co el galo canta de matina la piova s'avizina. »
Trieste, CASSANI.

« Quando as gallinhas se coçam e catam com o bico, é signal de chuva. » Portugal, CONSIGLIERI PEDROSO.

« Un segno di non tarda pioggia è dato dal gallo, quando di giorno canta in numero dispari ; imperocchè è noto che il gallo canta a riprese. » Sicile, CASTELLI.

« Wenn der Hahn nach dem Mittagessen kräht, so regnet es an demselben Tage. » Basse Autriche, BLAAS.

353. « Beaucoup d'étoiles visibles la veille des Rois dénotent sécheresse et chaleur pendant l'été et beaucoup d'œufs au poulailler. » Morbihan, *Stat. de la France*.

354. « Quand les poules commencent à se déplumer par la tête, c'est signe de grand hiver. » PERRON, *Proverbes*, p. 22.

« Quand les poulets se déplument par la tête, semez tôt ; par la queue, semez tard. » Haute-Saône, *Stat. de la France*.

« Quand les jos décaheulent en été on èrè i longe enhenné. » — Quand les coqs perdent leurs plumes en été on aura un long automne.
Arrondissement de Nancy, L. ADAM.

«Quant la garie s'escoüe — boüé samoüe.» — Quand la poule perd sa queue — bouvier sème.
Gers, BLADÉ, *Prov. et Dev.*, p. 167.

« Quant lou pout regacho per la cûo, boè, saumo de douro e quant regacho pou cot, te presses pas trop. » — Quand le coq mue par la queue, bouvier, sème de bonne heure, et quand il mue par le cou ne te presse pas trop. Armagnac, BLADÉ, *Prov. et Dev.*, p. 22.

« If the cock moults before the hen, we shall have weather thick and thin ; but if the hen moults before the cock, we shall have weather as hard as a rock. » Norfolk, GLYDE, p. 154.

II.

1. « La gallina nell' atto che beve, ringrazia Iddio. » — On sait qu'en buvant la poule lève la tête vers le ciel.

Arabe-maltais, VASSALLI.

2. « Villaribus gallinis et religio inest. Inhorrescunt edito ovo, excutiuntque sese et circumactae purificant, ac festuca aliqua sese et ova lustrant. » — Les poules de basses-cours ont même des pratiques religieuses ; elles se hérissent après avoir pondu, elles se secouent et en tournant alentour, se purifient, elles et leurs œufs avec un fêtu de paille. PLINE, édit. Littré, t. I, p. 410.

3. « Celui qui met sa tête dans le son sera becqueté par les poules. » Prov. arabe, DAUMAS, *Le Grand Désert.*

« Chi si mescolerà col cruschello, le galline lo rasperanno. »

Arabe-maltais, VASSALLI.

4. « Die zich als een kieken aansteld, zal vroeg of laat van den havik weggerukt en verslonden worden. » Hollandais.

5. « Never put the kite to watch your chickens. » Anglais.

6. « Qui suit les poules apprend à gratter. » Français.

7. « Ich gäb' eine Perle für ein Gerstenkorn, sagte der Hahn. »

Allemand.

8. « Fie upon hens, quoth the fox, because he could not reach them. » Anglais.

9. « Vom Föhle (Fühlen) ward kein Hennke legge. »

Prusse, FRISCHBIER.

10. « Der er flere brogede Hunde end Praestens ; thi Degnen har ogsaa nogle. » — Il y a plus d'une poule bigarrée qui n'est pas celle du prêtre car le sacristain en possède aussi.

Proverbe danois, REINSBERG.

« Fleiri eru rakkar svartir, enn rakkin prestsins. » — Il y a plus d'une poule noire qui n'est pas celle du prêtre. Prov. islandais.

11. « Sa puddha de su preideru sa prima die est de su mere sa 2 nostra, sa 3 mia. » — La gallina del prete, il 1 giorno è del padrone, il 2 nostra, il 3 mia. Le serve dei preti a principio dicono la roba esser del padrone, ed in fine se l'appropriano.

Sardaigne, SPANO.

12. « Ça qui pas jin gagnin poule, dipis yé voi caca blanc yé dit : ça dizé. » — Celui qui n'a jamais eu de poule prend la fiente blanche pour des œufs.

Proverbe créole ou dolos, *Magasin pittoresque*, 1840, p. 26.

13. « *L'uovo del giorno è il grande.* » L'adagio motteggia laconicamente il dominio che ha l'interesse sopra taluni, i quali in comprando un uovo di gallina, per averlo un pochetto più grandicello di un altro, si contentano di prendere lo stantio di più giorni, è non il recente della giornata se questo lor pare alquanto minore.

Arabe-maltais, VASSALLI.

« Ei ist ei ! sagte jener und nahm das grösste. » — Un œuf n'est jamais qu'un œuf dit cet autre en prenant le plus gros.

Prusse, HOEFER.

14. « Poule en mangeant le mil pense aux poux de bois. » — La poule est friande des poux de bois. On n'est jamais content.

Proverbe créole ou dolos, *Magasin pittoresque*, 1840, p. 26.

15. « Une poule aveugle peut quelquefois trouver son grain. »

Français.

« Eine blinde henne findet wohl auch ein korn. » Allemand.

« Ein blindes Huhn findet auch wohl eine erbse. » Allemand.

« Blind höna hittar också ett korn. » Suédois.

16. « Plo grasso la golino — que n'o pas besoin de lo besino. » — Bien grasse est la poule qui n'a pas besoin de sa voisine.

Rouergue, DUVAL.

« 'Un è tanta grossa la gaddina — ch' 'un ha bisognu di la vicina. »

Sicile, PITRÈ.

17. « E venuto per l'uovo e vi ha lasciata la gallina. »

Italien.

« Mancher wartet des ei 's und lässt dabei die henne laufen. »
Allemand.

« Men ziet op het ei, en laat het hoen loopen. » Hollandais.

« Het hennenei grijpen en het ganzenei verwaarlozen. »
Hollandais.

« Men ziet naer een hennenei en laet het ganzenei varen. »
Flamand.

18. « Per tener l'uovo, la gallina e le penne, spesso si perde l'uovo, la gallina e le penne. » Italien, PESCETTI.

19. « Fare il guadagno di Monna Ciondolina che dava tre galline nere grandi per averne due nane e cappellute perchè erano brizzolate. » Italien.

20. « Gallina mugellese, ha cent anni e mostra un mese. » — Se dit d'une femme qui se dit beaucoup plus jeune qu'elle n'est.
Italien.

« Galina miaroela. » — Se dit dans le même sens.
Milanais, BANFI.

21. « Come la gallina di Monte Cuccoli che mangiava l'uovo avant lo facesse. » — Elle mangeait son œuf avant de l'avoir pondu. Manger son blé en herbe. Italien.

« La gallina di madonna Bartola. Si beccava l'uovo in culo. »
Italien, PESCETTI.

22. « Il gallo di donna Checa. » — Serviva alle galline di tutta la contrada. Italien, PESCETTI.

« El gall d' madonna Chèca. » — Donnajo, femminiere, gallo di Monna Fiore, che come dice il Pananti con dugento volea far all' amore. Parme, MALASPINA.

23. « La gallina di Biondo che chiamavasi la scrocchina. » — Dicesi per annunciare uno scroccone. Italien.

24. « Aver magnà el cùl del gall. » — Être bavard, ne pas pouvoir garder un secret. Parme, MALASPINA.

« Hei heft von e Hehnernarsch (*var.* Hehnerplapper) gefreete. » — Er plaudert viel, verräth ihm anvertraute Geheimnisse.
Prusse, FRISCHBIER.

25. « Wir haben noch ein Huhn zu pflücken. » — Nous avons un compte à régler ensemble.

Cf. « To pluck a crow with one. » Anglais.

26. « Ri-t-en, Jean, on te frit des œufs. » — Se dit pour se moquer de celui qui rit. LEROUX, *Dictionnaire comique.*

« Je lui ai dit, Roy Jean [1] on te frit des œufs. »
Comédie des proverbes, 8e édition, 1726.

27. « Rebiffé comme la poule à Gros-Jean. »
Glossaire de l'ancien théâtre français.

28. « Le voilà damné comme la poule à Simon. » — Il est honnis, repoussé partout. Locution française.

29. « Die Hühner haben ihm das Brot genommen. » — Er ist traurig, betrübt. Prusse, FRISCHBIER.

« Er sieht aus als wenn ihm die Hühner das Brot genommen hätten. » Prusse, FRISCHBIER.

30. « Faire un coq à l'âne. » — Passer d'un discours à l'autre ; répondre hors de propos, parler d'une chose tandis que l'interlocuteur parle d'une autre. Français.

Sur le mot *coq à l'âne* voyez *Romania*, 1878, p. 237.

« Salir con su pata de gallo. » Espagnol.

Cf. « Van den os op den ezel vallen. » Hollandais.

31. « Ach gehen sie doch nicht so krumm, sagte der Hahn zum Regenwurm ! » — Ne soyez donc pas si tortu en marchant dit le coq au ver de terre. Le coq oublie la courbure de son propre dos. Allemand, FRISCHBIER.

32. « Nur nicht ängstlich ! sagte der Hahn zum Regenwurm und frasz ihn auf. Bange machen gilt nicht ! sprach der Regenwurm und kam wieder heraus. » — Le coq dit au ver de terre qui s'efforçait de rentrer dans son trou : ne te chagrine pas, nous ne sommes pas

(1) Il est très possible que *roy Jean* soit une faute d'impression pour *ris Jean.*

encore prêts de nous séparer. Et là dessus il l'avale. — A quoi bon se chagriner ! dit le ver de terre qui après avoir traversé l'estomac du coq venait de sortir par l'autre bout.

Allemand, voy. FRISCHBIER, *Preuss. Sprichwörter* et Edmund HOEFER, *Wie das Volk spricht*, 1876, p. 73.

33. « Errare humanum ! sagte der Hahn und trat die Ente. » — Errare humanum, dit le coq en cauchant la cane !

Allemand, HOEFER.

34. « Nimm die Füss' in Acht, oder ich trete dich ! sagte der Hahn zum Hengst. » Allemand, HOEFER.

« Trettet keiner den anderen, sagt der Hahn zum Pferd. » — Attention, ne nous marchons pas sur les pieds ! dit le coq au cheval.

Allemand, HOEFER.

35. « Le fils d'un homme riche s'était imaginé qu'il était devenu coq et toute la journée il criait : kikiriki ! kikiriki ! — En vain son père avait-il consulté les plus célèbres médecins et promis une riche récompense à celui qui guérirait son fils de sa folle imagination. En quelque lieu qu'il se trouvât le jeune homme entonnait tout-à-coup son kikiriki, ce qui faisait honte à son père, qui ne trouva d'autre solution que de l'enfermer. Un mendiant polonais entendit parler de ce fait et se présenta à l'homme riche, promettant de délivrer le jeune homme du Ruach (esprit) qui le possédait, au moyen de formules cabalistiques. Le père accepta joyeusement la proposition. Notre rabbi (il se faisait passer pour tel) se fit enfermer avec le jeune fou et l'aborda en faisant entendre un joyeux kikiriki. — Comment, toi aussi tu es coq ! — Kikiriki ! répondit le Polonais, et les voilà tous deux à coqueriquer à qui mieux mieux et à être amis intimes. — Or, la fête du Kippour approchait. Écoute, dit un matin le Polonais, au pauvre fou, cette semaine il ne faut pas coqueriquer, sans cela on viendrait nous chercher et on nous égorgerait (comme victimes propitiatoires). — Tu as raison. Taisons-nous. — Ce jour-là, le Polonais alla trouver le père et lui dit que son fils était guéri, et que lui, ayant affaire au loin, demandait à prendre congé. L'homme riche le fit attendre une journée entière et comme il n'entendit pas une seule fois coqueriquer son fils, il le crut guéri et récompensa richement le Polonais qui s'en alla aussitôt. La semaine se passa ; le jeune homme ne fit pas entendre un seul kikiriki, pendant tout ce temps. Le jour du

Kippour, on se rendit solennellement à la Synagogue et l'homme riche y emmena son fils dont il était tout fier. Mais voilà qu'après la cérémonie, on entendit crier très haut : kikiriki ! kikiriki ! c'était le jeune fou qui, voyant tout danger passé pour les coqs, reprenait son rôle avec ardeur. — Depuis ce temps on dit en proverbe, quand un sot semble faire preuve d'intelligence pendant quelque temps, puis retombe dans son ancienne bêtise : voilà le kikiriki qui revient ! » Conte juif-allemand, A. TENDLAU.

36. « I gn'y avoait eine foës ein curé qu'étoait voëzin d'ein maricheu ; et pis ch'maricheu il avoait ein coq qui randichoait dins le courtil d'ech' prébyterre, et pis i dégrattoait chés leguemes, du matin au vépe. Ch'curé i meninchoait ch'maricheu ed li tuer sin gratteu de coq ; ch' maricheu n'ein fesoait que rire. Ein jour, ch' curé ein colère, il o tué che coq, tout d'bocin. Cakainc, s'mékaine, al l'o pleumé et pis al l'o mis dins sin pot au fu pour foaire d'ol soupe. Ch'curé s'ein vo dire ess' messe. Ch'maricheu il l'o reincontré i li demandit : « Quoé qu'o dit de nouvieu, monsieur le curé ? — O dit, qui dit che curé, que *trop gratter cuit*... tachez ed comprendre si oz avez du comprendoëre. » — Che maricheu qui ne voyoait pus sin coq, il l'o charché ed tout coin, ed tout bord, pour el trouvoér. Il o comprins à la fin que sin coq il avoait le co copé et pis qui cuisoait. I vo trouver el mékaine d'ech' curé dins ch' prébiterre. — « Cakaine, qui li disit, monsieu le curé i n'o poent de vin pour dire s'messe, allez n'y ein porter dins ch' l'église. » Pendant qu'Cakaine al vo porter du vin à sin moette, ch'maricheu i preind ch' pot au fu ocché qu'sin coq y cuisoait et pis il l'porte dins s'moézon. S'ein r'venant d'ol messe, monsieu l'curé i dit à ch'maricheu : maricheu, quoé qu'o dit de nouvieu ? — O dit que *trop parler nuit*, monsieu le curé ; tachez à vo tour ed compreindre. — Ch'maricheu, il o mingé sin coq à part li comme ein goinffre et pis i n' n'o ieu enne indigession. Comme il étoait malade, monsieu l'curé il l'o venu vir. — Quoé qu'ch'est qu'oz avez donc, ch'maricheu ? — J'ai, qui dit, monsieu l'curé, que *trop minger incommode*. — Et pis v'lo c'ment qu'oz o foait ch'proverbe : « Trop gratter cuit, trop parler nuit, trop meinger incommode. » Ponthieu, J. CORBLET.

« Un chanoine avait le goût des fleurs et les cultivait lui-même dans un jardin attenant à sa demeure. Ce goût devint pour lui une source de chagrins. La basse-cour d'un voisin regorgeait de poules fort mal gardées. Chaque jour, pendant que le religieux chantait l'office, ses plates-bandes étaient ravagées. La vieille gouvernante armée d'un balai, les faisait fuir, mais elles revenaient sous la protection d'un terrible coq, qui résistait en se dressant fièrement et en battant de l'aile. On eut recours à la ruse, et le coq, pris au piège, fut sacrifié, plumé et mis au pot. — Le chanoine, en se rendant à l'église, rencontre son voisin et lui dit, avec un demi-sourire : « Maître Simon, *trop gratter cuit.* » — Maître Simon comprit très vite : *Trop gratter*, se dit-il, c'est mon coq, et mon coq est à la broche ou dans la marmite du chanoine. Pendant que la gouvernante venait à bout cette fois de chasser les poules du jardin, maître Simon pénétra dans sa cuisine, remporta chez lui le coq et tous les assaisonnements, et put dire, d'un air patelin, au chanoine revenant de l'office : *Trop parler nuit.* »

Sancerrois, *Compte-rendu de la Société du Berry*, 1866, p. 394.

Ces contes semblent avoir été imaginés pour expliquer le proverbe : *Trop gratter cuit, trop parler nuit.*

37. Dans certains contes il est question d'un roi qui est dans la plus grande perplexité parce que sa femme le tourmente pour lui arracher un secret qu'il doit garder. Un jour il entend (car il comprend le langage des bêtes) un coq qui dit : moi qui ai cent femmes, je les mène comme je veux, le roi n'en a qu'une et il n'en peut venir à bout.

Sur ce cycle de contes, voyez un long article de Benfey dans *Orient und Occident*, II, p. 137 et suivantes.

38. Sur les contes qui expliquent pourquoi une poule noire peut faire des œufs blancs voyez *Literaturblatt f. germ. u. rom. Philologie*, nov. 1880, p. 423, 27e ligne.

39. Dans certains contes, le coq, sur le point d'être mangé par le renard, se sauve par différentes ruses. Voyez Lespy, *Proverbes du Béarn*, p. 102 ; Halliwell, *Nursery Rhymes*, p. 25 ; le *Magasin pittoresque* de 1865, p. 183 (on y trouve la trad. d'un conte livonien) ; Thorburn, *Bannu*, p. 222 ; Loys Brueyre, *Contes de la Grande-Bretagne*. Paris, 1875, pp. 369-370 ; Cénac-Moncaut, *Litt. pop. de la Gascogne*. Paris, 1868, p. 223.

40. « Jà ne chante le coq, si viendra le jour. »

Ancien français, NUCÉRIN.

« Es wird Tag, wenn auch der Hahn nicht kräht. » Allemand.

« Hoewel men den haan niet hoorde kraaijen, zal het toch wel dag worden. » Hollandais.

« Dagen kommer vel, om end hanen ikke galer. » Danois.

« Si fara giorno col gallo, e si farà giorno senza gallo. » — Si vive, avendo marito, e si vive senza marito, dicono quelle che si mostrano indifferenti al matrimonio.

Arabe-maltais, VASSALLI.

« Though the cock crow not, morning will dawn. »

Bannu, THORBURN.

« If it were not for my cock and chafing dish, how would the world go round? » — A story is told of an old woman who fancied that the crowing of her cock woke the whole village, and that all the inhabitants were dependent on her for fire.

Proverbe telugu, CARR, § 1255.

41. « Dove molti galli cantano, non si fa mai giorno. »

Proverbe italien.

42. « Cocks are supposed to be quite night-blind, on which account they often deceive us about the approach of dawn, by crowing too soon. » Bannu, THORBURN.

43. Sur la poule recevant un pois sur la tête, s'imaginant que le ciel est tombé sur elle, partant pour en informer le roi et emmenant avec elle une série de compagnons de voyage, voyez : Chambers, *Popular Rhymes of Scotland*, 1870, p. 59; Halliwell, *Nursery Rhymes*, p. 151 ; Loys Brueyre, *Contes de la Grande-Bretagne*, p. 377.

44. « Gallinæ filius albæ. » — Le fils de la poule blanche, se dit de quelqu'un prédestiné à être heureux. Latin, JUVÉNAL.

« Figliulo della gallina bianca. » Italien.

Cf. « Figliulo dell' oca bianca. » — Homme heureux. Italien, Duez.

45. « Ὄρνιθος γάλα ζητεῖς. » Grec ancien.

« Lac gallinaceum. » Latin, PLINE.

« Latte di gallina. » — Chose rare, chose impossible.
Italien, Pescetti.

« Aver latte di gallina. » — Essere nell' abbondanza.
Italien.

« Per cuntentallu ci vurebbe u latte di gallina. »
Corse, Mattei.

« Enfant de gogo nourri de lait de poule. » — Se dit d'un enfant élevé délicatement. Leroux, *Dictionnaire comique.*

Cf. *Faune populaire,* t. II p. 410.

46. « Cougnotre lai-s-auouai dai dzeurnai da dai boutaillai d'bos. » — Connaître les eaux (les urines) des poules dans des bouteilles de bois. Se dit d'un nigaud qui fait l'entendu, qui croit connaître ce qu'il ne connaît pas, et même l'inconnaissable.
Les Fourgs, Tissot, *Les Mœurs.*

47. « Chi mangia merda di galletto diventa indovino. » — Detto a gabbo di chi vuol far la professione di sapere le cose future.
Italien.

48. « Quand quelqu'un a déjà beaucoup bu on l'engage à vider son verre en lui disant : si tu ne vides pas ton verre, ça fera mourir tes poules. » Loiret, com. par M. J. Poquet.

49. « Fouetter (ou fesser) ses poules, signifie boire beaucoup, porter bien son vin. » Leroux, *Dict. comique.*

50. « Quand les poules montent sur un bâtiment et y grattent, présage de famine. » Côte-d'Or, com. par M. H. Marlot.

51. « Une poule qui *chante le coq,* c.-à-d.: qui se met à chanter comme le coq, est un présage de malheur pour la maison. Généralement on croit qu'elle annonce la mort de son maître. Aussi on a l'habitude de la mettre immédiatement à mort. »
Croyance générale en France.

« Quand la poulo fa lou gaou — foou qué sé mangé à l'oustaou. »
Provençal moderne.

« Poule qui chante et coq qui danse — méritent la potence. »
Franche-Comté, Perron.

« El fille qu'al siffe, et glaine qu'al cante el co — crient'nt qu'o leur racourchiche el co. » — Une fille qui siffle et une poule qui chante le coq, méritent d'avoir le cou coupé.

Picard, CORBLET.

« Fille qui subèle (qui siffle), vache qui beille (beugle comme le taureau), poule qui chante le coq — sont trois bêtes qui méritent la mort. » Ille-et-Vilaine, com. par M. Ad. ORAIN.

« Femme qui huffelle, poïe qui chante et vache qui torelle, c'est tot çou qui n'i a d'pu mâvas. » — Femme qui siffle, poule qui chante (comme le coq) et vache qui saute, c'est tout ce qu'il y a de plus mauvais. Wallon, DEJARDIN.

« Frema che subla e gallina che fa lou gau — es preludi de gran mau. » Nice, TOSELLI.

« Dgerainne que tchainte — préte que dainse, — fanne que s'anivre — ne sont pe digne de vivre. » — Poule qui chante, prêtre qui danse, femme qui s'enivre, ne sont pas dignes de vivre.

Suisse romande, KOHLER, *Les Paniers*, etc. Porrentruy, 1849, p. 19.

« Dzerna ke tsantet — prêtret ke danchet — fenna que sâ lo latin — y on jamais fé bouenna fin. » — Poule qui chante, prêtre qui danse, femme qui sait le latin n'ont jamais fait bonne fin.

Tarentaise, PONT.

« Rien de plus sinistre que le cri de la poule qui chante *jaulon* (chante le coq). Il faut la tuer sur le champ, si on ne veut pas s'exposer à un malheur, la mort même. Cette poule pondrait le cocatru (appelé vulgairement œuf de coq) et du cocatru naîtrait un serpent redoutable pour tout le monde. »

Poitou, L. DESAIVRE, *Bull. de la Société de Statistique des Deux-Sèvres*, 1876, p. 116.

« On tue la poule qui chante le coq et on jette sa tête par dessus la maison pour conjurer le mauvais présage. »

Environs de Montargis, com. par M. L. MALON.

« La poule qui chante le coq est mise à mort aussitôt. C'est le moyen de détourner la mauvaise chance qu'elle présage ainsi. Une espièglerie à l'usage des enfants et des domestiques, c'est de persuader qu'ils ont entendu la poule chanter en coq, lorsqu'ils sont affriandés d'une fine volaille. »

Normandie, Amélie BOSQUET, *La Normandie merveilleuse*.

« Une poule qui *chante le jau* est immédiatement mise à mort.

On dit plaisamment en parlant d'une femme qui prend un ton trop masculin en chapitrant son mari : elle se fera tordre le cou, elle chante trop le jau. » Berry, LAISNEL DE LA SALLE, II, 238.

« Quando uma gallinha canta como o gallo, deve logo matar-se porque e' un agoiro muito máo. (Cf. o proverbio : gallinha, que canta como o gallo, poe o dono a cavallo ; isto é : faz que elle morra.) » Superst. port., PEDROSO, *Cont. para u. mythol. port.*

« The crowing of a hen indicates some approaching disaster. »
Angleterre, *Notes and Queries*, 10 janv. 1880.

« Whistling lasses and crowing hens are no canny. »
Proverbe écossais.

« Wenn die Mädchen pfeifen — und die Weiber keifen — und die Hühner krähen — dann ist Zeit, ihnen den Hals auszudrehen. »
Prusse, FRISCHBIER.

« In China the crowing of a hen is considered ominous of something unusual about to happen in the family to which it belongs. In order to ascertain whether this event is propitious or unpropitious, the relative position of the fowl, while crowing, is to be observed. If the hen crows while her head is toward the outside, or the front of the premises it is an unpropitious prognostication, foreshadowing poverty or ill luck of some kind ; whereas, if her head is pointing toward the rear of the premises while crowing, it is an omen of good, indicating a more prosperous state of the family. Few families will keep a *crowing* hen, even should she betoken future good, as extraordinary omens like this are deemed undesirable. The infortunate fowl is either sold or killed as soon as possible after she has commenced to crow. »
Chine, DOOLITTLE, *Social life of the Chinese*, II, p. 328,
cité par DENNYS, *Folkl. of the China.*

Sur la poule qui chante le coq voyez encore De Gubernatis, *Myth. Zool.*, II, p. 299; Richard Andree, *Ethnographische Parallelen*, 1878, p. 13; Antonio de Nino, *Usi abbruzzesi*, 1879, p. 46.

52. « Quand les coqs chantent au milieu de la nuit, il y aura du brouillard le matin. » Deux Sèvres, SOUCHÉ.

« Si le coq chante à minuit, il faut remuer les cendres ou faire une croix dans la cheminée pour qu'il n'y ait pas de brouillards le lendemain. » Lot (Bas-Quercy), comm. par M. J. DAYMARD.

« Un coq qui chante avant minuit présage un mariage s'il coquerique un nombre de fois pair, une mort s'il coquerique un nombre de fois impair. » Environs de Lorient, recueilli personnellement.

« Un coq qui chante entre le coucher du soleil et l'heure de minuit annonce la mort d'un parent ou d'un ami de la maison. »
Allier, communiqué par M. ERN. OLIVIER.

« Ar c'hog a gan, goude ma ve eet d'he c'hlud a ra gwall gelou d'he dud. » — Le coq qui chante à peine rendu au perchoir — à ses maîtres annonce de fâcheuses nouvelles. — Il n'y a pas lieu pourtant de s'effrayer si on l'entend pendant les Avents; à cette époque de l'année tous les coqs sont affolés et chantent aussi bien la nuit que le jour. Finistère, com. par M. L. F. SAUVÉ.

« Quando um gallo canta ao sol posto, é signal de morte. »
Sup. port., PEDROSO, *Cont. para uma mythologia port.*

« Quando um gallo canta antes da meia noite, é signal de navio á barra, ou que alguma filha foge de caza. »
Sup. port., PEDROSO, *Cont. para uma mythologia port.*

« Quando um gallo canta quatro vezes antes da meia noite, é signal de morte. »
Sup. port., PEDROSO, *Cont. para uma mythologia port.*

« A cock crowing on the roost before midnight was heard with dread. It was looked upon as an omen of death, if when, on inspection, it was found that the bird's feet, comb, and wattles were cold, he was looking towards the quarter where the death would take place. » Écosse, GREGOR.

« It is said that if a cock should crow about ten or eleven o'clock in the evening, he is not allowed to remain on the premises long, being killed or sold, as such crowing denotes future evil to the family of the owner. »
Chine, DOOLITTLE, *Social life of the Chinese*, II, p. 328.
cité par DENNYS, p. 34.

« Amongst the superstitions in Persia, that which depends on the crowing of a cock is not the least remarkable. If the cock crows at a proper hour, they esteem it a good omen ; if at an improper season, they kill him. I am told that the favourable hours are at nine, both in the morning and in the evening, at noon, and at midnight. »

MORIER, *Journey through Persia*, p. 62, cité par DENNYS, p. 34.

« If all were my enemies, i should have crowed in the night and should have been killed. » — Si j'avais eu tout le monde pour ennemi, on n'aurait pas manqué de dire que je coqueriquais pendant la nuit et j'aurais été mis à mort. Quand le coq se fait entendre au milieu de la nuit, les nègres qui y voient un mauvais présage, le tuent. — Le sens du proverbe est que quand on n'a que des ennemis on peut être accusé des choses les plus invraisemblables.

Proverbe oji, RIIS.

53. « A Jaù-chant, c'est-à-dire au premier chant du coq tous les êtres infernaux, diables, loups-garoux, moutons noirs, etc., disparaissent et n'ont plus de puissance sur la terre. (1) »

Creuse, VINCENT.

« Au château de Sogren, des spectres effrayants, apparaissent fréquemment dans les ruines du château et leurs ombres inquiètes ne peuvent goûter aucun repos. Elles sont condamnées en expiation de leurs crimes à être les gardes des trésors volés, enfouis dans les voûtes de leur ancien domicile. La croyance populaire est qu'à l'heure de minuit, des fantômes armés de pied en cap, se montrent au haut de ces masures et y font la ronde jusqu'à ce que *le chant du coq les force à rentrer dans leurs prisons souterraines* pour y gémir sur les monceaux d'or mal acquis. »

Suisse romande, QUIQUEREZ, *Souvenirs et traditions*.

« Dans une légende morvandelle une jeune fille est enlevée pendant la nuit, par subterfuge, par des démons déguisés en chevaliers. Tout-à-coup elle entend le chant d'un coq et s'écrie qu'elle est sauvée : non, disent les démons, car ce coq est le produit d'un œuf emprunté et qui n'a pas été rendu ; son chant ne peut te délivrer de nos mains. »

A. MARLIÈRE, *Stat. de l'arr. de Clamecy*. Clamecy, 1859, in-4, p. 466.

(1) La première partie de la nuit semble être aussi réservée aux esprits aux îles Marquises (Océanie) :
« La première veille ou première partie de la nuit est l'*heure des revenants (ma mata-vahine-hae).* » Mathias Garcia, *Les îles Marquises*. Bruxelles, 1843, in-18.

« Dès que le coq, chassant la nuit au battement de ses ailes, appelle le jour de sa voix éclatante, les lions agiles sont incapables de lui tenir tête, de le regarder en face. »

LUCRÈCE (collection Nisard) *De nat. rerum*, liv. IV, 712.

54. « Si par mégarde on laissait manger du pain bénit à un coq il serait possédé du diable. »

Env. de Lorient, recueilli pers.; Vosges, com. par M. X. THIRIAT.

« Quand on jette du pain bénit aux coqs ils deviennent enragés et crèvent les yeux des enfants. »

Finistère, com. par M. L. F. SAUVÉ.

55. « ... J'assistai à la cathédrale à la *missa del gallo*, messe du coq, ainsi appelée parce qu'on la dit à l'heure où les coqs annoncent l'arrivée du matin, le jour de Noël. »

DEMBOWSKI, *Deux ans en Espagne*. Paris 1841, p. 287.

56. « Si on a arraché une plume de coq pendant qu'il s'accouple et que l'on glisse cette plume dans un balai, les femmes qui l'emploieront seront prises d'envies continuelles d'uriner pendant tout le temps qu'elles s'en serviront. Ce désagrément ne cessera que lorsque s'apercevant enfin de la supercherie elles enlèveront la plume malfaisante. » Poitou, L. DESAIVRE, *Croyances*, 1881.

57. « Les poules pondent quelquefois un œuf tout petit, tout rond, à coquille ordinairement dure. On croit généralement en France que cet œuf (1) est pondu par un coq (2) et enterré par lui dans le fumier (3). Il en sort un serpent appelé *basilic* qui est redoutable. S'il vous aperçoit avant d'être vu, vous êtes un homme perdu, mais si vous le voyez le premier, il meurt aussitôt. »

« On appelle *coulouobre* ou *coulobre*, *m.* le serpent ailé qui sort d'un œuf de coq. » Aveyron, VAYSSIER.

« Un œuf de coq couvé par une cane ou par une oie produit un serpent. » Finistère, com. par M. L. F. SAUVÉ.

(1) Quelquefois l'œuf hardelé est aussi regardé comme ayant été pondu par un coq.

(2) Par un coq vierge, selon Desormeaux, *Tableau de la vie rurale*.

(3) Les couleuvres déposent fréquemment leurs œufs dans le fumier et ce fait a dû avoir une influence sur l'origine de la superstition.

« L'œu de jau produit la cocadrille. Pour charmer l'œuf, c.-à-d. : pour neutraliser son influence maligne, on fourre dans le fumier un bâton de l'arbre appelé *charme*. » Centre, JAUBERT.

« O gallo, estando sete annos numa caza, poe um ovo d'onde sáe uma serpente. Se esta fita primeiro o dono da caza, este morre. Se é o contrario que se dá, é a serpente que morre. »
PEDROSO, *Trad. pop. port.*

« Os gallos em chegando a velhos poem um ôvo, d'onde nasce um sardão (*sic*) que mata o dono da casa. »
Portugal, CONSIGLIERI PEDROSO.

« Il gallo che arrivi all'età di sette anni fa un uovo; lo cova, e ne fa nascere il basilisco. » Sicile, CASTELLI.

« When a cock reached the age of seven years he was believed to lay a small egg from which issued, if hatched, a most deadly serpent called a *cockatrix*. » Écosse, W. GREGOR, *Notes*, p. 140.

« Wird ein hahn sieben jahre alt, so legt er ein ei, aus dem ein drache ausschlüpft. » Tyrol, *Zeit. f. d. Myth.*, t. II, p. 421.

« Wenn der Hahn zwölf Jahre alt wird, legt er ein Ei, scharrts in den Sand, und aus dem Ei wird dann ein Lindwurm. Die Lindwürme hüten alle Schätze, so in der Erden vergraben sind, doch im Märzen, wenn die Sonne die Erden wieder mit ihren Strahlen durchdringt und erwärmt, da hat der Lindwurm keine Gewalt über seinen Schatz. Es drängt diesen herauf zum Sonnenlicht, er musz sich sonnen, und da ist die Zeit, wo man die Schätze heben kann. Wer aber ungeschickt damit umgeht, ist verloren, der Lindwurm verschlingt ihn und giebt ihn nimmer heraus. »
LECHRAIN, *Leoprechting*.

« On appelle en arabe l'*œuf de coq* ou l'*œuf stérile* l'œuf que le coq est censé pondre une fois dans sa vie, ou une fois par an (Kazimirski, *Dict. arabe*) ou une fois par jour (F. Johnson, *Dictionary persian*, etc.). »

« Métaphoriquement *œuf de coq* signifie : chose impossible à avoir. » Arabe, KAZIMIRSKI.

« Ehe der Hahn ein Ei legen wird. »
Lithuanien, SCHLEICHER.

Sur l'œuf de coq, le cocodrille, etc. voyez encore *Faune popul.*, t. III, p. 41, § 33, 34, 35 ; Laisnel de la Salle, *Croyances du centre de la France*, I, p. 197.

58. « Quand une poule fait des œufs sans coque, on pend la peau de ses œufs à la crémaillère. On voit encore assez souvent de ces peaux pendues à la cheminée. »

Franche-Comté, *Démocratie franc-comtoise*, oct. 1878.

« Legt ein Huhn schalenlose Eier und man hängt das Eihäutchen in das Kamin, so legt es dann Eier mit Schalen. »

Canton de Berne, ROTHENBACH, p. 36.

59. « Les œufs de poule pondus entre les deux Notre-Dame (15 août — 8 septembre) ne se gâtent jamais. »

Allier, com. par M. Ern. OLIVIER.

60 « Les œufs de poule pondus le Vendredi-Saint ne se gâtent jamais et préservent de la fièvre. »

Vosges, A. MONTÉMONT, *Voyage*, p. 98.

« Les œufs pondus le Vendredi-Saint sont marqués avec du charbon et comme ils sont naturellement bénits on ne les met jamais sous la couveuse. » Morvan, CHAMBURE.

« Un œuf de poule pondu le Vendredi-Saint, jeté dans un incendie allumé par la foudre, l'éteint aussitôt. »

Vosges, com. par M. X. THIRIAT.

« Les œufs pondus le Vendredi-Saint préservent les enfants de la colique. » Canton d'Escurolles, TEXIER.

« Si l'on met couver un œuf pondu le Vendredi-Saint, le plumage de la volaille qui en sort change de couleur tous les ans. »

ROUVEROY, *Le petit marchand forain*, p. 147.

« L'œuf du Vendredi-Saint garantit contre toute rupture du corps. En Flandre on conserve les œufs pondus durant le service divin et on prétend qu'un incendie s'éteint quand on y jette ces œufs. »

REINSBERG, *Tradition pop. de la Belgique*, I, 236.

« Déjeuner avec deux œufs pondus le Vendredi-Saint, préserve de la fièvre. » *Idem*, p. 247.

« Les œufs pondus le jour de la Pentecôte sont conservés à l'égal de ceux pondus le Jeudi-Saint. » *Idem*, p. 352.

« Wenn man ein Ei, das am Gründonnerstage gelegt ist, am Charfreitage in die Tasche steckt und damit zur Kirche geht, so kann man die Hexen tanzen sehen. »

Oldenbourg, STRACKERJAN, § 223.

« Die Eier welche die Hühner am Charfreitag legen, sind die stärksten. » Canton de Berne, ROTHENBACH.

61. « Uovo dell' ascensione. » — L'uovo nato in tal di è creduto dalle donnicciuole rimedio salutifero a tutti i mali, e dicono che mai non si corrompe. Italien.

« L'uovo dell' Ascensione non lo salvarebbe. » — L'œuf de l'Ascension ne le sauverait pas, c'est-à-dire : il n'y a point de remède pour lui. Italien, DUEZ.

« Quem tiver gallinhas, deve espreita-las em quinta-feira de Ascensão, para vêr as que poem ovos do meio dia para a uma hora. Os ovos postos então devem guardar-se, porque nunca apodrecem e são um grande preservativo contra todas as doenças. »

Portugais, CONSIGLIERI PEDROSO, *Cont. para uma mythologia portuguesa.*

Sur l'œuf de l'Ascension voyez encore De Gubernatis, *Mythologie Zool.*, II, p. 307.

62. « As gallinhas pretas poem ovos de duas gemas, que teem grande virtude para certas doenças. »

Sup. port., C. PEDROSO, *Cont. para uma mythologia port.*

63. « Pour qu'un enfant parle de bonne heure il faut lui faire manger le premier œuf pondu par une jeune poule. »

Deux-Sèvres, SOUCHÉ.

64. « Passar um ovo quente, apenas acaba de ser posto, pelos olhos, tem a virtude de aclarar a vista. »

Portugais, PEDROSO, *Cont. para uma mythologia port.*

65. « La crête saignante d'un coq frottée sur les gencives douloureuses d'un enfant, qui fait ses dents, favorise leur sortie. »

Dr BESSIÈRES, p. 85.

66. « La fiente de poule est employée en cataplasme contre les maux de dents, pour combattre principalement l'inflammation du visage et prévenir la formation des abcès. »

Finistère, com. par M. L. F. SAUVÉ.

67. « Prenez un œuf fraîchement pondu, placez-le dans une fourmilière, sans que personne ne vous voie (condition essentielle pour la réussite) et récitez dévotement à genoux un *pater* et un *ave*. On se guérit de la fièvre au moyen de cette opération. »

Canton de Chef-Boutonne, BEAUCHET-FILLEAU.

68. « Eine kindbetterin darf nur suppe von einem ganz schwarzen huhn bekommen ; ist ein weiszes oder farbiges federchen oder fläumchen daran, so darf man die suppe nicht geben. »

Appenzell (Suisse), *Zeitsch. f. d. Myth.*, 1856, p. 1.

69. « Wenn man einem Bruthuhn zwischen 11 und 12 Uhr Eier unterlegt, gibt es nie Küchlein. » Canton de Berne, ROTHENBACH.

70. « Si l'on met couver des œufs le vendredi les poules n'ont pas de fiel. » Saintonge, MICHEAU.

71. « Si l'on veut avoir des mâles il faut faire mettre les œufs sous la couveuse *par un homme*, le vendredi. »

Lot (Bas Quercy), com. par M. J. DAYMARD.

« Pour avoir des coqs il faut mettre à couver le vendredi, pour avoir des poules il faut mettre à couver le jeudi. »

Deux-Sèvres, SOUCHÉ, *Proverbes.*

« Pour n'avoir que des coqs il faut mettre à couver le vendredi avant le lever du soleil. » Loiret, com. par M. L. MALON.

« Para ter mais gallinhas do que frangos, ao dispôr os ovos no ninho, deve dizer-se :

Em nome de S. Salvador
Que nasçam todas gallinhas,
E um só gallador. » Portugal, PEDROSO, *Trad. port.*

Sur le moyen d'avoir à volonté des poules ou des coqs voyez encore W. Gregor, *Notes*, p. 141.

72. « Pour qu'une couvée réussisse, le nombre d'œufs qu'on donne à une couveuse doit être impair. »

Deux-Sèvres, SOUCHÉ ; L. DESAIVRE.

« A hen ought to be set on and odd number of eggs ; if not, many, if not all of them, become addled. »

Écosse, W. GREGOR, *Notes*, p. 141.

« Ova subjici impari numero debent. »

PLINE, édit. Littré, t. I, p. 416.

« L'ova di la ciuccata vonn'essiri spari. » — È pregiudizio popolare molto radicato che le uova che si mettono a covare sotto una gallina debbano essere sempre di numero dispari, altrimenti non riusciranno. Sicile. PITRÈ.

73. « Pour qu'une couvée réussisse, il faut mettre les œufs dans le nid en se servant alternativement de la main droite et de la main gauche. » Environs de Lorient, recueilli pers.

74. Il est d'usage dans un grand nombre de pays de mettre un morceau de fer dans le nid des poules pour empêcher les œufs d'être gâtés par l'influence atmosphérique en temps d'orage. Il est difficile de savoir si l'influence protectrice de ce fer est réelle ou si l'on a affaire à une superstition pure.

« Pour que les couvées réussissent, on met du buis et du fer en croix sous les nids. » *Démocratie franc-comtoise*, octobre 1878.

« Pour que les œufs ne se gâtent pas sous la couveuse, on met à côté des morceaux de ferraille disposés en croix. »
Finistère, com. par M. L. F. SAUVÉ.

« Si incubitu tonuit, ova pereunt ; et accipitris audita voce vitiantur. Remedium contra tonitrus, clavus ferreus sub stramine ovorum positus, aut terra ex aratro. » — S'il vient à tonner pendant l'incubation, les œufs périssent ; ils se gâtent aussi par le cri de l'épervier. Le remède contre l'action du tonnerre est de mettre sous la paille, où sont les œufs, un clou de fer ou de la terre provenant d'une charrue. PLINE, édit. Littré, t. I, p. 416.

75. « En Kabylie, la femme qui fait couver une poule ne manque jamais de dire sept fois, pour empêcher que le tonnerre ne détruise les poussins dans l'œuf : Ne crains rien, petit poulet, il y aura du tonnerre. »
HANOTEAU, *La Kabylie et les coutumes kabyles*, t. I, p. 430.

76. « On ne doit pas laisser couver sous la tuile la nuit qui précède la Saint-Jean, cela porte malheur au maître de la maison. »
Deux-Sèvres, B. SOUCHÉ, *Proverbes*, etc.

« A Bouilly, beaucoup de ménagères se lèvent dans la nuit du 23 au 24 juin pour ôter les couveuses de dessus leurs œufs, au moment où va sonner le premier coup de minuit, tant elles redoutent ce dicton :

Si Saint-Jean trouve poule couant
I aura mort de bête ou de gens. »

Loiret, communiqué par M. J. POQUET.

Même superstition en Eure-et-Loir.

77. « Pour avoir des poulets forts et vigoureux, il ne faut pas mettre couver les poules un jour de la semaine dans le nom duquel entre la lettre *r* comme mardi, mercredi, vendredi. Si on le faisait, les poulets ne pourraient jamais engraisser. »

Bouilly (Loiret), com. par M. J. POQUET.

78. « Si l'on veut avoir une bonne couvée il faut avoir soin de ne donner à la poule des œufs à couver qu'après le soleil couché, parce qu'alors on ne craint point les sorciers ni les vents. »

Sologne, LÉGIER.

79. « Vent galerne ou solaire rend tous les œufs clairs, vent haut produit des coqs et vent bas des poules. » Sologne, LÉGIER.

80. « Quand les ménagères font des chapons elles se mettent à l'abri des regards indiscrets, parce que, disent-elles, si elles sont observées par quelqu'un, l'opération tourne mal et le chapon meurt. »

Bas-Quercy, com. par M. J. DAYMARD.

81. « Les petits poulets qui naissent en vieille lune ne sont jamais aussi forts que les autres. » Deux-Sèvres, DESAIVRE.

« Les poulets éclos en *morte lune* s'élèvent difficilement. »

Eure, *Statistique de la France.*

82. « Les poulets des œufs pondus ou couvés pendant le mois de mai ne font que piauler. » Deux-Sèvres, L. DESAIVRE.

« Ce qui naît au mois de mai (la volaille)
Il faut le prendre par une patte et le jeter là-bas. »

Dordogne, *Statistique de la France.*

« As ninhadas de frangos que nascem em toda a lua de Maio morrem necessariamente. Se escapa um frango é por milagre. »

Portugal, CONSIGLIERI PEDROSO.

83. « Dans le Poitou en empêche les poules de se perdre : 1° en

faisant une croix à la cheminée; 2° en leur mettant un ruban rouge à la patte. »
L. DESAIVRE.

84. « Pour éloigner l'émouchet de la basse-cour, on y plante une perche surmontée d'une faucille. »
Environs de Montargis, com. par M. L. MALON.

« Wenn man in der heil. Nacht zwischen 11 und 12 Uhr den Hühnern die Flügel beschneidet, sind sie vor dem Raubvogel sicher. »
Canton de Berne, ROTHENBACH.

« Wenn das junge Federvieh dreimal durch ein *Hosenbein* kriecht, ist es vor dem Habicht sicher. ».
Canton de Berne, ROTHENBACH.

85. « Anche le donnole [1], affinchè non nocciano alle galline, di cui si credono nemiche, possono incantarsi col *maritarle* con queste parole : Se sei tu maschio, ti darò la figlia del Re; se sei tu femina, ti darò il figlio del Re. Dopo queste parole le donnole lasciano in pace le galline, e danno la caccia ai topi, di cui sono veramente nemiche. »
Sicile, CASTELLI.

86. « Il faut nettoyer les poules à Carnaval pour qu'elles n'aient point de vermine. »
PERRON, *Proverbes*, p. 16.

87. « Zur Fastnachtzeit Hühnern und Tauben zu misten, ist schädlich. »
Canton de Berne, ROTHENBACH.

88. « Quand à un dîner on sert à son hôte des œufs, s'il s'en trouve un gâté, mauvais présage. »
Côte-d'Or, com. par M. H. MARLOT.

89. « Si on rêve d'œufs on aura un chagrin dans la journée. »
Côte-d'Or, com. par M. H. MARLOT.

« Sonhar com um ovo, é noticia triste. »
Portugal, CONSIGLIERI PEDROSO.

« Sonhar com gallinhas, é signal de desgosto e morte. »
Portugal, CONSIGLIERI PEDROSO.

(1) Les belettes.

90. « Quando se està a matar uma gallinha ou qualquer outra ave domestica, e ella tem muitas convulsoes sem poder morrer, é porque alguem està com pena. »

Sup. port., C. PEDROSO, *Contr. p. uma mythologia port.*

91. « Pour empêcher une poule de couver il suffit de lui arracher certaine plume remplie de sang, qui doit se trouver dans une des ailes. » Chevillon (Loiret), com. par M. L. MALON.

92. « De la chambre à air d'un œuf, qui est particulièrement visible quand il est cuit dur, on dit : c'est le bon Dieu qui a mordu dedans ; c'est la part du bon Dieu. »

Pays messin, recueilli personnellement.

93. « Il ne faut pas jeter les creuges d'œufs (coquilles) aux poules, cela les empêcherait de pondre ou bien elles mangeraient leurs œufs. » Côte-d'Or, com. par M. H. MARLOT.

94. « Presque toutes les personnes qui viennent de manger des œufs à la coque en écrasent les coquilles dans leur assiette. Beaucoup le font sans savoir pourquoi, suivant inconsciemment un usage pratiqué depuis un temps immémorial. Les autres agissent ainsi à bon escient. C'est pour éviter que les mauvais esprits ne se servent de ces œufs vides pour faire leurs maléfices. »

« Si vous ne brisez pas la coque de l'œuf mangé, et si elle tombe entre les mains d'un sorcier, celui-ci peut s'en servir pour vous faire mourir en la remplissant de rosée et en la piquant dans une épine noire. »

Vendée, L. DESAIVRE, *Bulletin de la Société de statistique des Deux-Sèvres*, 1876, p. 119.

« Presque tous ceux qui mangent des œufs en écrasent les coquilles de crainte que leur ennemi prenant une de ces coquilles et l'ayant remplie de rosée et placée dans une épine blanche, ne les fasse *sécher sur pied* ; car à mesure que le soleil boit cette rosée, la personne se dessèche et meurt de marasme. »

LEFILLASTRE, *Superst. pop. du canton de Briquebec.*

Il est question de la même superstition dans le *Journal des Jeunes Filles*, 1846, p. 342.

« On peut faire des maléfices avec de la graisse reçue des mains du diable dans une *coquille d'œuf.* »

Voyez sur cette superstition un article de M. A. QUIQUEREZ, dans la *Revue suisse des Beaux-Arts*, 15 mai 1877, p. 60.

« On brise la coquille de l'œuf qu'on vient de manger, afin que les poules ne cessent pas de pondre. »

Démocratie franc-comtoise, octobre 1878.

« Another superstition is that the bottom of the shell should be always broken through by you after you have eaten the contents, and I remember with what energy at our nurse's bidding we used to burst the bottom of egg-shells with spoons to disappoint the witches, who, we were told, would otherwise put out to sea in them.»

West-Sussex, Mrs LATHAM.

« Autrefois, dans les procès de sorcellerie, en Belgique, on faisait avouer aux prétendues sorcières, entre autres choses, qu'elles avaient été en Angleterre dans une écaille de moule ou une coque d'œuf. » SCHAYES.

« Isst man Eier, möge man die Schalen ja eindrücken, sonst gerathen die Eier im nächsten Jahre nicht. »

Vienne (Autriche), BLAAS.

« Wenn man Eier gegessen hat, musz man die Schalen zerbrechen, sonst bekommt man das Fieber, nach anderen Zahnweh. »

Duché d'Oldenbourg, STRACKERJAN, § 74.

Sur cet usage de briser les coquilles d'œufs mangés, voyez Liebrecht, *Zur Volkskunde*, p. 375.

95. « On ne jette pas les coquilles au feu parce que saint Laurent a été brûlé sur des coquilles d'œufs. »

Bretagne, MARTIN DE ARLÈS, *Traité des superstitions*, ouvrage cité par TEXIER, *Lexique du canton d'Escurolles.*

« Ne jetez pas au feu les coques d'œufs, si vous ne voulez empêcher vos poules de pondre. »

Finistère, com. par M. L. F. SAUVÉ.

« Verbrennt man die Eierschalen so verbrennt man den Hühnern den Eierstock. » Canton de Berne, ROTHENBACH.

96. « Wenn man Eierschalen dort hinlegt, wo die Dachtropfen darauf niederfallen können, werden diejenigen, welche darüber hinwegschreiten, krank. » Stockerau (Autriche), BLAAS.

97. « Pour savoir combien d'années vous séparent du mariage, renversez dans le coquetier la coquille de l'œuf que vous venez de manger et essayez d'y faire pénétrer votre pointe de couteau en frappant à grands coups. Autant d'essais, autant d'années à attendre. » Deux-Sèvres, L. DESAIVRE, *Croyances*, 1881.

98. « Une jeune fille met un blanc d'œuf dans un verre d'eau et elle l'expose au soleil toute la journée. Le soir elle regarde la figure formée par le blanc d'œuf ; si par exemple le blanc d'œuf forme la figure d'un navire, c'est que la jeune fille épousera un marin, et ainsi de suite. »

Environs de Lorient, recueilli personnellement.

« The first egg which a hen has laid is made use of by some over-curious maidens to gain a knowledge of the occupation of their future husbands. The egg (it must be a maiden one) is broken into a tumbler of water about noon, when the sun is out on Midsummer day. It is allowed to stand for some time in the sun, and the shape which the white assumes denotes the trade of the future husband. That is, should it bear a fanciful resemblance to a ship, the girl will be sure to marry a sailor ; if it resemble a pair of scissors, her husband will be a tailor, etc., etc. »

Norfolk, JOHN GLYDE, *The Norfolk Garland*, p. 14.

99. « Le diable est sur ses glaines. » — Le sort le poursuit.

Picard, CORBLET.

100. « Quand le malheur est sur les poules, le diable ne les ferait pondre. » Berry, JAMET-MASSICAULT, *Thibaut*; Loiret, communiqué par M. J. POQUET.

101. « Dasz dich der Hahn hacke! » — Juron allemand quelquefois employé en riant.

102. « En 1783, en Espagne, on brûla une sorcière accusée d'avoir pondu des œufs (attribut de la sorcellerie). »

SCHAYES, *Essai historique*, 1834, t. I, p. 191.

103. « On se récriait un jour en voyant un coq *traîner une pou-*

tre; une femme qui portait un paquet d'herbe, qu'elle venait de couper, se moqua de l'émerveillement de ces braves gens qui s'amusaient à regarder *un coq traînant un fétu*. Le faiseur de tours regarde ce qu'elle avait dans son tablier. Dans l'herbe qu'elle avait ramassée, se trouvait un *môron* (salamandre) qu'elle n'avait pas remarqué. C'est ce qui avait détruit le charme (1). »

Manche, communiqué par M. J. FLEURY.

« Eine ganze Gesellschaft sah einmal nahe bei Gera in einem Bauergute ein aufgespanntes Seil, auf dem ein Mann hinging mit einem Balken als Balancirstange. Es war aber nur ein Hahn gewesen mit einem Strohhalm im Schnabel und das Ganze eine Täuschung, die gar nicht bemerkt worden wäre, hätte nicht eins aus der Gesellschaft unterwegs ein vierblätteriges Kleeblatt gefunden gehabt. Das konnte nicht getäuscht werden. »

Voigtland, R. EISEL.

Cf. A Lütolf, *Sagen aus Lucern, Uri, etc.* Lucern, 1882, § 239 et § 307, c.

104. « On se rend dans les carrefours à minuit avec une poule noire et l'on crie trois fois : *argent de ma poule noire* ; le diable apparaît à la troisième invocation, accorde aux demandeurs ce qu'ils veulent et les inscrit sur son registre (2). »

DEVILLE, *Annales de la Bigorre*, p. 254.

« Quand un homme industrieux et économe arrive à une fortune rapide, on dit qu'il a acquis en échange de son âme une poule noire qui pond des œufs d'or. »

Savoie, ANDREVETAN, *La Savoie poétique*, p. 109.

« Avoir la poule noire, c'est avoir le secret de ne jamais manquer d'argent. » Beauce et Gâtinais, comm. par M. J. POQUET ; Côte-d'Or, com. par M. H. MARLOT.

« La *poule noire* est une incarnation diabolique au service d'une personne qui s'est donnée au diable. Elle pond de l'argent à discrétion à celui qui la possède, lequel peut se servir de cet argent pour ses affaires courantes, mais jamais pour acheter du bien. Ce n'est pas sans crainte que ses voisins reçoivent de lui de l'argent en payement, car ils redoutent de voir cet argent s'en aller de leur

(1) Voyez *Faune populaire*, t. III, p. 80, § 14.

(2) Cf. Laisnel de la Salle, II, p. 240.

armoire. La poule noire habite ordinairement le cendrier, espèce de caisse pratiquée dans l'épaisseur du mur, dans l'un des côtés de l'âtre, où l'on met les cendres. Selon bien des personnes les plumes des ailes et de la queue seraient privées de barbes. »

Creuse, com. par M. F. VINCENT.

« Prenez une poule noire qui n'ait jamais pondu et qu'aucun coq n'ait approchée; faites en sorte en la prenant de ne la point faire crier et pour cela vous irez à onze heures du soir, lorsqu'elle dormira, la prendre par le cou que vous ne serrerez qu'autant qu'il le faudra pour l'empêcher de crier; rendez-vous sur un grand chemin dans l'endroit où deux routes se croisent, faites un rond avec une baguette de cyprès, mettez-vous au milieu et fendez le corps de la poule en deux en prononçant ces mots trois fois : *Eloïm*, *Essaïm*, *frugativi et appellavi*. Tournez ensuite la face vers l'Orient, agenouillez-vous et dites l'oraison : *Domine Jesu Christe*, etc., cela fait, vous ferez la grande appellation.... alors l'esprit immonde vous apparaîtra... il n'aura rien à vous refuser. »

Le Dragon rouge (1). Nismes (Paris), 1823, in-12, p. 135.

« Dans une légende suisse, une femme, qui au su de tout le monde, ne possède aucune poule, vend quantité d'œufs au marché. On finit par découvrir que c'est une poule noire qui vient secrètement les lui pondre dans une cave. » Voyez A. LÜTOLF, § 308.

Sur la *poule noire* voy. encore Sébillot, *Traditions de la Haute-Bretagne*, 1882, t. II, p. 138.

105. « Tout sorcier est accompagné d'une poule noire (qui n'est autre que le diable). Tous les matins il trace autour de sa propre personne un cercle dans lequel il se place et de là donne à cette poule une bouchée de pain en la lui jetant par dessus l'épaule gauche. Malheur à lui s'il ne le fait pas ! »

Rouvray-Saint-Denis (Eure-et-Loir), com. par M. J. POQUET.

106. « O gallo preto afugenta as cousas ruinas. »

Sup. port., PEDROSO, *Cont. para u. mythologia port.*

107. « Si une maison a beaucoup de poules et de poussins noirs c'est qu'elle est hantée par les sorciers. »

Côte-d'Or, com. par M. H. MARLOT.

(1) C'est un grimoire dans le genre de l'*Enchiridion* et du *Pape Honorius*.

108. « Jadis, au puits de Sainte-Tègle, au pays de Galles, les malades qui venaient consulter la sainte offraient, les hommes un coq et les femmes une poule ; cette volaille était placée dans un panier et promenée autour du puits, puis portée dans le cimetière. Le malade entrait alors dans l'église et se mettait sous la table de communion, une Bible sur la tête ; il reposait là jusqu'au jour ; puis, ayant fait une offrande de six pence, il retournait chez lui, laissant l'oiseau dans l'église. Celui-ci venait-il à mourir, il était censé avoir pris la maladie du consultant, et la cure était regardée comme opérée. »

Revue Britannique, 5e série, t. I, p. 364, citée par A. Maury, *La Magie et l'Astrologie*.

109. « Dans un grand nombre de localités de la Beauce et du Gâtinais on égorge un coq dans l'étable nouvellement construite, on l'arrose de son sang et on l'enterre sous la place que doit occuper le taureau. » Communiqué par M. J. Poquet.

Sur les coqs sacrifiés voyez *Mélusine*, col. 12; Reinsberg, *Traditions pop. de la Belgique*, I, p. 416; II, p. 321.

Sur l'usage de mettre un œuf dans les fondations de murailles, voyez Liebrecht, *Zur Volkskunde*, p. 295.

110. « Aux noces, on fait le sacrifice d'une poule (noire le plus souvent) pour que la nouvelle mariée soit féconde et bonne nourrice. La malheureuse bête, portée par un des garçons de la fête, accompagne à la mairie et à l'église le cortège des mariés, et le soir, après dîner, on la fait danser en la tenant par les pattes et on l'assomme en frappant de sa tête les uns et les autres, ce qui devient souvent une occasion de querelles entre les jeunes gens de la noce et les étrangers (le bal est public). D'autres fois c'est avec un chat qu'on l'assomme. — Cela fait on fait cuire ensemble le chat et la poule et on les sert aux mariés quand ils sont au lit. Ceux-ci doivent préalablement se laver les mains avant d'y toucher s'il veulent éviter le coup de balai. »

Creuse, communiqué par M. F. Vincent.

« En avant du cortège de mariage (dans la commune de Rupt), marche un ami du marié, portant une haute perche, au sommet de laquelle est attachée une *poule blanche*, symbole d'innocence, avec deux quenouilles en sautoir, emblèmes du travail, fixées par des rubans de diverses couleurs. Cet ami a pour mot d'ordre de tirer de temps à autre un ruban qui, noué à une des ailes de la poule, la fasse crier le long du chemin, pour témoigner des regrets de la fiancée de se voir exposée à cesser bientôt d'être fille. Au repas du soir, on cuit la poule et on en sert aux jeunes époux le bouillon, qui est toujours suivi d'une rôtie de vin chaud. On tâche pour cela de surprendre en tête-à-tête les jeunes époux, auxquels les garçons de noce s'ingénient à faire plus d'un tour de malice. »

A. MONTÉMONT, *Voyage à Dresde et dans les Vosges*, p. 84.

« Quand un mariage a lieu entre le dernier garçon et la dernière fille des deux maisons, les garçons invités par le marié prennent un coq et les filles invitées par la mariée une poule. On suspend le coq et la poule au bout d'une perche, on les promène en chantant, puis on les tue, on les fait cuire, et ceux qui ont la tête boivent des rasades en l'honneur des mariés. »

Environs de Niort, SOUCHÉ.

111. « Le dernier jour d'une fête de noces, les garçons d'honneur se promènent dans le village, portant une perche au bout de laquelle sont attachées plusieurs poules destinées à être mangées le dimanche suivant dans un repas offert par les garçons et les filles d'honneur aux jeunes mariés. C'est ce qu'on appelle le repas de la poule. » Côte-d'Or, com. par M. H. MARLOT.

« A Longpré-les-Corps-Saints et même dans les faubourgs d'Amiens, les jeunes gens, le lendemain d'une noce, vont, munis d'une longue perche, chez les convives de la veille et réclament des poules pour faire un second repas. C'est là ce qu'on appelle *aller à glaines.* » Picard, CORBLET.

112. « A Voray (Haute-Saône), au retour des mariés au logis, la cuisinière présente au mari dans une cuillère à pot, un œuf, qu'il doit lancer par dessus le toit de la maison. S'il le lance bien, il dominera sa femme ; s'il le lance mal et que l'œuf n'arrive pas directement de l'autre côté de la maison, c'est signe que la femme dominera. » LONGCHAMPS.

« A Fouvent-le-Bas, même cérémonie, mais le mari doit jeter l'œuf en tenant son pied gauche appuyé au seuil du logis. »

LONGCHAMPS.

113. « On appelle *capponata, scapponata*, une fête des paysans qui mangent un chapon pendant les couches de leurs femmes. »

Italien, DUEZ.

114. « A Noirmoutier, on sacrifie un coq le jeudi gras ; on le décore de rubans, on le promène par la ville au son du tambour. Celui qui a l'adresse de le tuer prend le titre de roi, est ramené en triomphe, fait choix d'une reine et la journée se termine dans les plaisirs de la table et de la danse. » PIET, 1806, p. 428.

115. « Que signifie le présent qu'on fait des œufs et du sel à un enfant, dès la première fois qu'il vient à la maison de quelque sien amy ? » XVIe siècle, L. JOUBERT.

« Quand un enfant entre pour la première fois dans une maison, les personnes à qui il rend visite lui donnent habituellement un ou plusieurs œufs en lui disant : Voici ta maison, voici ta grange... etc. »

Côte-d'Or, com. par M. H. MARLOT.

« A Saint-Saturnin-les-Apt, le jour de Pâques les petits garçons comme les petites filles qui ont atteint leur deuxième ou troisième année et dont la démarche commence d'être assurée, vont trouver eux-mêmes leurs grands parents qui se font un plaisir de donner à chacun deux œufs de poule en lui disant : *vaqui toun sîgné d'hômé*, voilà ton emblème d'homme. » BARJAVEL, p. 167.

« Autrefois quand une grande personne allait pour la première fois dans une maison étrangère, elle portait un œuf qu'elle donnait au maître de la maison, en lui disant : Voilà mon étrenne. »

Côte-d'Or, com. par M. H. MARLOT.

« ... Elle élève une poule et en m'apercevant m'a offert un de ses œufs, comme les Nègres de la campagne ne manquent jamais de le faire aux personnes qui entrent chez eux pour la première fois... »

Martinique, TH. BENTZON, *Yette*, 1880.

116. « Le dimanche de la Quasimodo les fermiers donnent un festin d'œufs aux moissonneurs d'habitude qui viennent en ce jour donner leur parole et prendre celle du fermier pour la moisson prochaine. »

Le Prévoyant Jardinier, pour 1781.

117. L'œuf teint de diverses couleurs qui se donne aux

enfants pendant la semaine de Pâques [1] s'appelle :

COCOGNE, wallon, Déjardin.
ROULÉE, *f.* Morvan, Chambure. [2]

Synonymes étrangers :

Osterey, Roth ei, allemand. — **Paasch-eyeren, Roode eyeren,** hollandais.

« Pasca d'Uovo, si dice la Pasqua di Resurrezione; usandosi in essa mangiare l'uova benedetta. » Italien.

118. « Jene Eier, welche die Hühner am sog. Antlaszpfinztag (grünen Donnerstag) legen, werden von der Hausfrau aufgesammelt, am Charsamstage roth gefärbt und Antlaz-oder Anlaszeier genannt. »
Basse-Autriche, BLAAS.

119. « A Aerschot (Belgique), le jeudi gras (huit jours avant le jeudi saint) était autrefois un jour de jubilation pour les écoliers.... l'après dîner, chaque école sortait de la ville, portant avec elle un coq. Les écoliers se rangeaient en cercle et lâchaient le coq ; celui qui pouvait le saisir était reconduit en triomphe et devait régaler tous ses condisciples. »
SCHAYES, *Essai historique*, t. I, p. 235.

120. « Autrefois, le jour du jeudi gras, à Chauny avait lieu l'usage appelé *Jeudi-Jaudiau*. Les petites filles parcouraient les rues un panier à la main, demandant des œufs à la porte de toutes les maisons. La récolte faite, elles se réunissaient pour lutter d'adresse et savoir à qui d'entre elles resteraient tous les œufs. On établissait sur la place de la ville un plan incliné en terre sur lequel les écolières faisaient à tour de rôle rouler chacune un œuf. Celle qui, par adresse ou par bonheur, voyait son œuf résister au choc de ceux de ses compagnes et réussissait à le préserver de tout accident, était proclamée la reine du *Jaudiau* : on la promenait dans les rues un sceptre à la main..... »
MELLEVILLE, *Histoire de Chauny*. Laon, 1851.

« *Croquer* = frapper l'un contre l'autre des œufs cuits dur comme c'est l'usage le jour de Pâques. » Canton de Vaud, CALLET.

(1) Sur les traditions belges, relatives aux œufs de Pâques, voyez Reinsberg, *Trad.*, etc., I, pp. 238-243.

(2) En Seine-et-Marne on appelle ainsi les œufs que vont chercher les enfants de chœur les trois derniers jours de la semaine sainte. Com. par M. Leclerc.

« Ein Spiel [1] um Eier ist das Bicken. Einer tupft mit der Spitze seines Eies auf die Spitze des Eies eines anderen, bis eins zerbricht, das dann dem Besitzer des unverletzt gebliebenen zufällt. »

Oldenbourg, STRACKERJAN, § 312.

« *Cikati* = choquer légèrement des œufs de Pâques l'un contre l'autre pour savoir lequel restera entier. » Tchèque, CIHAC.

121. « Un enfant tenant un œuf à la main dit à un camarade : *chiche d'ü.* Si l'interpellé répond *cracotte,* il le lui lance par la figure. » Deux-Sèvres, SOUCHÉ.

« Un enfant tenant un œuf à la main dit à un camarade : *chique d'œuf.* Si l'interpellé répond : *chique d'œuf* il le lui lance par la figure ; mais s'il répond : *la mère Alleü,* l'enfant qui possède l'œuf le garde pour un autre qui acceptera le défi. »

Seine-et-Oise, recueilli personnellement.

« Les petits garçons se poursuivent quelquefois en se jetant des œufs mous en criant ; *quaique d'ue.* »

Montbéliard, CONTEJEAN.

« Dans le Pays messin les enfants se défient à se jeter des œufs en criant : *go d'ieu* (goût d'œuf ?) » Recueilli personnellement.

122. « Une chapelle de la commune de Grandchamp (Morbihan) possède trois stalles curieuses.... Le desservant de la chapelle nous conduisit vers les stalles et faisant tourner sur leurs charnières les parties qui servent de sièges, il nous montra alors les trois sculptures que je vais décrire :

Première Stalle. — Un renard est dans une chaire ; un auditoire de poules l'écoute dévotement. Le prédicateur a réussi à donner à son attitude un air de componction et de bonhomie très expressive : on voit que la bête hypocrite a grand intérêt à convaincre ses ouailles. Les deux pattes de devant appuyées sur le bord de la chaire, le corps à demi penché en avant, il débite évidemment un éloquent sermon sur la nécessité de s'en remettre à lui avec toute confiance pour la protection de la gent volatile. Son discours paraît faire une grande impression sur l'assistance.

Deuxième Stalle. — Le prédicateur s'est lassé du rôle de moraliste ; il a dépouillé son masque d'hypocrisie ; il obéit maintenant à

(1) Ce jeu se pratique aux fêtes de Pâques.

sa nature, qui le pousse invinciblement à la convoitise. La tentation était trop forte pour qu'il y résistât plus longtemps ; l'occasion était trop séduisante pour n'en pas faire son profit. Cédant à ses penchants, il a saisi une poule, la plus belle sans doute, et vous pouvez le voir, la tenant serrée entre ses deux longues rangées de dents, et gagnant le large par une course si rapide qu'il semble à peine raser le sol. Une troupe de poules le poursuit, le harcelle, et l'air effaré du fuyard annonce qu'il n'est pas tranquille sur les suites de son équipée.

Troisième Stalle. — Elle présente la moralité de l'histoire ; le fourbe subit le châtiment qu'il méritait. Les poules l'ont atteint, elles l'ont mis à la broche, et maintenant elles s'apprêtent à le faire rôtir. Déjà le feu est allumé ; quelques-unes d'elles apportent du bois pour l'alimenter ; une autre a placé sa patte sur la poignée de la broche, toute prête à la faire tourner ; enfin un coq, les ailes étendues, arrive tenant dans ses pattes un soufflet dont il paraît faire usage avec une dextérité parfaite.

Cet ouvrage est très remarquable, non pas comme œuvre d'art, on y chercherait vainement une grande correction de dessin et l'entente de la disposition des groupes ; mais, sous le rapport de l'intention, de l'animation des scènes, et même sous celui de la hardiesse et de la netteté du coup de ciseau. Quant au sujet même il n'est pas spécial à cette sculpture ; on le retrouve mis en œuvre dans la décoration de plusieurs autres églises, et notamment dans le charmant jubé de la chapelle Saint-Fiacre, voisine de la petite ville du Faouët, où on peut le voir développé de la manière la plus large et la plus curieuse. » *Annuaire du Morbihan*, 1839.

123. Sur le coq en fer que l'on met en haut des clochers, en guise de girouettes, voy. le *Magasin Brayon* du 15 février 1864.

124. Sur le coq gaulois, emblème national, voyez : Pierquin de Gembloux, *Le Bonnet de la Liberté et le Coq gaulois, fruits de l'ignorance ; lettre à M. Viennet*. Bourges, s. d., in-8, 15 p.

125. — Ἀλεκτρυόνων ἀγῶνες.

« Les Grecs de tous pays étaient passionnés pour ce genre de divertissement (1). Les jeunes gens, les hommes de tout âge

(1) Colum. *De re rust.*, VIII, 2 ; Varr. *De re rust.*, III, p. 296, éd. Schneider.

élevaient et exerçaient des coqs pour le combat (1). Ceux de Tanagre et de Rhodes qui passaient pour les plus belliqueux (μάχιμοι, γενναῖοι, ἀθληταί,) étaient particulièrement estimés, et après eux ceux (2) de Mélos et de Chalcis (3). On leur faisait manger de l'ail et des oignons pour rendre leur ardeur plus grande. Au moment de la lutte on mettait les coqs en face l'un de l'autre sur une sorte de table ou de plate-forme à rebords élevés appelée τηλία (4) et on armait leur ergot d'un éperon de bronze (5).

A Athènes une loi ordonnait que chaque année un combat de coqs eût lieu dans le théâtre aux frais du trésor public, en mémoire disait-on, de l'allocution par laquelle Thémistocle avait relevé le courage de ses concitoyens, avant la bataille de Salamine (6) : voyant deux coqs qui se battaient, il leur demanda s'ils n'imiteraient pas, pour défendre leur liberté et leur patrie, l'acharnement de ces animaux qui s'entretuaient pour le seul plaisir de vaincre. Les jeunes gens étaient tenus d'assister à ce spectacle, afin d'apprendre comment on lutte jusqu'à la dernière extrémité, etc. »

SAGLIO, *Dictionnaire des Antiquités.*

COMBATS DE COQS A SAINT-MALO.

« Les amateurs de joûtes, la plupart brévetés *coquetiers*, élèvent avec un soin minutieux, des coqs des races réputées les meilleures. Il y a des coqs dont les victoires sont vantées, dont la race est ancienne, dont la généalogie est conservée : la race du *coq crâne* est célèbre. — A certaines époques de l'année les coquetiers, avec leurs coqs se réunissent dans un parc ; un jury est formé des plus anciens coquetiers ; les deux coqs qui doivent combattre sont examinés et les paris sont ouverts. Ensuite on lâche les combattants, bien écrêtés, armés d'éperons d'acier, les plumes des ailes et du cou coupées. La lutte n'est pas longue ; bientôt l'un des combattants succombe, forcé par son rival, qui reste souvent étendu ne pouvant retirer son éperon : c'est alors que l'on crie de toutes

(1) Plat. *Leg.*, VII, p. 789 ; Lysis, p. 211 ; Hipp. maj., p. 295 ; Æsch. *Eum.*, 870.

(2) Paus. IX, 22, 4 ; Varro, *De re rust.*, III, 9, 6 ; Suid. s. v. Ἀλεκτρυόνα et Ταναγραῖοι.

(3) Pline, *Hist. nat.*, X, 24, 48.

(4) Xen. *Conviv.*, 4, 9 ; Schol. *Aristoph. Equit.*, v. 494.

(5) Æsch. *Contra Timarch.*, 53 ; Poll. IX, 68.

(6) Schol. *Aristoph. Av.* 759.

parts : *il zine ! il zine !* — Quelques instants avant la joûte on fait avaler aux coqs des liqueurs énivrantes. — Le jour de la fête des écoliers, dans les petites écoles de campagne, le jeudi qui précède le Carême, chaque enfant porte à l'école, avec le morceau de lard qu'il doit fournir au banquet, son coq pour le faire se battre à l'éperon naturel avec ceux de ses camarades. L'enfant dont le coq a remporté le plus de victoires est proclamé roi de la joûte et du banquet qui la suit. »

Article rapporté par VERGER, dans les *Archives curieuses de la ville de Nantes*, 1838, col. 241.

« Lorsque l'on veut faire battre deux coqs ensemble, les *piteurs* (1) les présentent bec à bec afin qu'ils se mordent, puis reculent jusqu'à la palissade et posent les deux coqs à terre. Les coqs s'approchent l'un de l'autre en becquetant la terre et en s'observant, puis ils se mettent à piétiner en traînant de l'aile, à *carrer*, comme on dit, et celui qui a le malheur de carrer à portée de son adversaire est sûr de recevoir le premier coup. Alors l'adversaire bondit sur lui avant qu'il ait eu le temps de se mettre en défense, et il faut les voir se rapprocher le cou tendu en baissant la tête et s'élancer souvent en même temps, et renverser leur patte..... Quand le coq le moins fort ne se relève plus à l'approche de l'autre, on arrête le combat, car autrement aucun coq *guemme* (2) ne sortirait vivant du *pit*. Ces braves bêtes ne demandent jamais grâce..... C'est dans des *boxes* proportionnées à leur taille que l'on prépare les coqs au prochain combat. Chaque matin, après les avoir baignés, on les attache à l'ombre, et une seule fois par jour ils reçoivent un peu de maïs..... Les coqs sont pesés comme des chevaux de course et soigneusement mariés, assortis de façon à ce qu'ils aient des chances à peu près égales.

Le *pit* est une sorte de puits, d'arène plutôt, avec de la sciure de bois par terre et une palissade pour séparer les combattants des banquettes où sont assis les spectateurs. Une toiture en forme de chapeau chinois recouvre le tout.....

Les ergots du coq sont sciés et remplacés par des éperons en fer..... on lui enlève la crête qui donnerait prise au bec de l'adversaire..... »

Martinique, TH. BENZTON, *Yette*, 1880.

(1) Piteurs = personnes qui font combattre des coqs ensemble.

(2) Corruption du mot anglais *gain* = jeu. Donc coq guemme = coq de jeu.

Voyez des usages relatifs aux combats de coqs dans Reinsberg, *Traditions*, I, p. 131.

126. « A La Bastide (Var), le jour de la Sainte-Madeleine, patronne de la commune, entre autres divertissements, on tire au coq. Un coq vivant est enterré jusqu'au cou [1] et moyennant cinq centimes on tire dessus à quarante pas avec des pierres. Celui qui le tue en devient possesseur. »

Gazette des Tribunaux, 18 novembre 1827.

« On place un poulet attaché sur une perche, ou à terre entre deux pierres. Celui à qui il appartient donne quatre pierres pour un sol, à celui qui, à une distance donnée, veut essayer de tuer à coups de pierres ce poulet. S'il le tue, le poulet est à lui; s'il le manque il a perdu son enjeu. » Landes, DE MÉTIVIER.

« Une des formes les plus habituelles du *jeu du coq* est celle-ci : on bande les yeux à des individus qui, armés d'un sabre ou d'une perche, doivent trancher la tête d'un malheureux coq vivant, pendu par les pattes à une sorte de potence, dont la forme varie, selon le caprice des ingénieux organisateurs du jeu dont il s'agit. Le coq devient la proie du plus adroit, c'est-à-dire de celui qui le tue. »

127. « Au jeû des œufs, le joueur placé à trente pas d'un œuf placé comme but, s'avance les yeux bandés et avec une perche frappe un seul coup. S'il casse l'œuf, il est vainqueur et gagne un prix. » Côte-d'Or, com. par M. H. MARLOT.

128. LA POULE ET L'ÉPERVIER.

« Des enfants rangés à la file se tiennent l'un l'autre ; le premier simule la poule qui défend ses poussins, le dernier doit être pris par celui qui, faisant l'épervier, rôde autour de la couvée.

La poule récite la formulette suivante :

Pouriquete, pouricou,
Sa-bietz dab you ;
Si-b hétz enla,
L'esparbè que-b minyara

(petits poulets, venez avec moi, si vous vous éloignez, l'épervier vous mangera.) » LESPY, *Prov. du Béarn*, p. 80.

(1) Cf. Antonio de Nino, *Usi abbruzesi*. Firenze, 1879, I, p. 15.

GLUCKE UND HABICHT.

« Ein Mädchen ist die Glucke; ihre Küchlein stellen sich einzeln hinter sie, und alle halten sich an den Röcken fest. Eins der Mädchen ist der Hafke (Habicht). — Der Hafke hüpft vor der Glucke und beginnt :

Oeck spring' ön e Himmel !

Die Glucke mit abwehrendem Hüpfen :

Oeck spring' ön e Hell'!

Der Habicht sucht eins der Küchlein zu erhaschen; die Glucke wehrt ab, der Schweif der Küchlein folgt ihren Bewegungen.

Gluke : du kröggst kein Kiekel.
Hafke : oeck mot eent kriege !

Ergreift er wirklich eins; so *zerreiszt* er dasselbe und stellt es bei Seite. Das Spiel wiederholt sich und wird fortgesetzt, bis die Glucke allein übrig geblieben. Gelingt es dem Habicht nicht, diese zu erhaschen, so wird sie in neuem Spiel Hafke »

Prusse, FRISCHBIER, *Preuss. Volksreime.*

129. « Jouer à cache poulette = jouer au jeu de cache-cache. »

Saintonge, JÔNAIN.

130. « Gallina ciega = jeu de colin-maillard. » Espagnol.

Cf. *Faune populaire*, t. V, p. 115, § 151.

131. « On appelle jeu de l'Eierlesen un jeu qui consiste à ramasser en courant des œufs rangés à terre fort près les uns des autres, ce qui a lieu sur les montagnes, au milieu d'une réunion de jeunes gens. »

Canton de Berne, L. E. ANDRÉ, *Essai sur la statistique du canton de Berne.* Paris, 1828, p. 163.

132. Facétie :

— « Veux-tu que je te dise la chanson du rouge poulot (ou du riche poulot ou du ricochet?) (1). — Oui. — On ne dit pas oui. —

(1) *Riche poulot* = rouge poulet. — *Ricochet* = rouge coq (de *ri* = roux, rouge). — Nous avons peut-être ici l'étymologie du mot français *ricochet* qui se dit d'une pierre jetée sur la surface de l'eau et rebon-

Pourquoi donc ? — On ne dit pas pourquoi donc ? — Et que dit-on ? — On ne dit pas : que dit-on ? — Tu m'ennuies. — On ne dit pas tu m'ennuies, etc. » Franche-Comté, PERRON, *Proverbes*, p. 134.

Cf. *Faune populaire*, t. V, p. 171, § 61.

133. Formulettes interprétant le cri de la poule et du coq :

« Cot, cot, cot, cot, codête !
J'ai pondu un œuf pour mon maître.
Si l'grand maître n'en veut point
Le p'tit maître le voudra ben. »
Loiret, communiqué par M. L. BEAUVILLARD.

« Kakaraka..... ka.... kesto
Poundi un iouo pér moun mestre. »
Lauragais, communiqué par M. P. FAGOT.

« Coudis, coudis, coudasco
Farai moun iou per Pasco. »
Languedoc, *Armana de Lengado*, pour 1878.

134. « *Un coq :* Mon maître est noble.
Un autre coq : Pauvre noblesse !
Un autre : Qui a des dettes.
Le premier coq : Il les payera.
Le canard : Quand, quand, quand ?
La chèvre : Jamais, ais, ais, ais. »
Meurthe-et-Moselle, com. par M. H. GÉRARD.

Cf. Laisnel de la Salle, II, p. 202.

« *Le pou* (coq) *dit* : nos dain tot (nous devons tout),
Lai djerainne (la poule) : no payerain tot (nous payerons tout),
Lai boére (le canard) : quiain (quand ?)
Lai brebis : djemaîs (jamais) ! »
Suisse romande, KOHLER, *Les Paniers*, etc. Porrentruy, 1849, p. 20.

dissant plusieurs fois. La pierre est renvoyée chaque fois comme la victime de la facétie à chacune de ses répliques (?)

Cf. le nom anglais du ricochet *ducks and drakes* qui pourrait provenir d'une facétie semblable dans laquelle le *rouge poulet* serait remplacé par les *ducks and drakes* (?)

135. « Le coq du paysan pauvre, en hiver :
Ah ! que l'hiver est long !
Le coq du fermier riche :
Ça n'me gêne pas, j'ai des pillons (1). »
Eure-et-Loir, com. par M. J. POQUET.

Cf. Sébillot, *Traditions de la Haute-Bretagne*, 1882, t. II, p. 130.

136. « Quand les jeunes coqs commencent à chanter ils disent : Jacques Râtâââ ! plus tard, ayant pris de la force, ils disent : Châtrez les vieux ! » Deux-Sèvres, SOUCHÉ, *Proverbes*, etc.

137. « Le grand coq dit : Dites au grand garçon de se lever.
Les petits coqs avec leur voix aigre : Il a des points de côté. »
Formulette trad. du breton, env. de Lorient, rec. pers.

138. « Coucouricou ! j'ai mal au cou ; — qu'est-ce qui l'a fait ? — la fille du rouè (roi). » Seine-et-Oise, recueilli personnellement.

139. « Cacaraca ! poul de daouta — qu'as poulet ? — mori dè fret. — bai ti calfa — chez qui — chez toun païri — gaousi pas — qué y as panat ? — un sac di blat — oun l'as métut ? — al traouquet — chuco la merdo di poulet. » Lauragais, com. par M. P. FAGOT.

« Kikeriki ! — qu'as-tu, pouret ? — Soui mort de fret ? — bèi te cauha — oun ? — enta ta mairio. — Gausi pas. — Que l'as panat ? — un sac de blat — oun l'as boutat ? — debat lou pount de Peirocauo, minjou l'estroun e jou la hauo. — *Trad.* : Kikeriki ; qu'as-tu poulet ? Suis mort de froid. — Va te chauffer — où ? — chez, ta marraine. — Je n'ose pas. — Que lui as-tu volé ? — un sac de blé — où l'as-tu mis ? — sous le pont de Peyrecave, mange l'ét... et moi la fève. » Armagnac, BLADÉ, *Prov. et Devin.*, p. 107.

Cf. Lespy, *Proverbes du Béarn*, I, p. 68 ; *Revue des langues romanes*, janvier 1873, p. 120.

140. DEVINETTES.

« Devine, devinaille,
Qui est-ce qui pond sur la paille ? » — *Une poule.*

(1) *Pillons* = grains de blé que le fléau ou la machine n'ont pas fait sortir de leur enveloppe.

Dans différents départements, lorsque les enfants veulent jouer aux devinettes, c'est par celle-là qu'ils ouvrent la séance.

« 'ndovino, 'ndovinaja,
Chi fa l'ovo tra la paja ? » — La gallina.
Indovinello marchigiano, GIANANDREA.

« Divineta, divinalla,
Cual es la que pone en la palla ? » — La gallina.
Divineta ribagorzana, DEMOFILO, *Adivinanzas*, p. 382.

141. « What is that thing of the creatures of Aîcharmazd, whose tooth is horny and horn flesky ? » — A cock.
Enigme parsie, E. W. WEST, *The book of Ardâ-Virâf.* Bombay, 1872.

142. « Es kommt einer auf Krücken mit einem Bart von Fleisch und einem Munde von Knocken. Was ist das ? » — Der Hahn.
Devinette lithuanienne, SCHLEICHER.

« *Roillas* atras,
Corbas *alante*,
Boca de cuerno,
Barbas de carne. » — Gallo.
Devinette espagnole, DEMOFILO, *Adivinanzas*, p. 136.

143. « Ru' zucca, mille pampini, e' na rosa. » — 'u jaddu. (Deux tiges, mille feuilles et une rose). Le coq.
Sicile, DE MARTINO, *Énigmes siciliennes*, 1878, § IX.

144. « Qu'est-ce qui est sous les arcs du ciel,
Qui va pieds nus dans les rues,
Qui a plusieurs femmes et n'est pas marié (1) ? » — Le coq.
Loiret, com. par M. L. BEAUVILLARD.

Cf. Rolland, *Devinettes*, § 57.

(1) Cette conception du coq ne connaissant pas le mariage (le mariage monogame) pourrait bien donner l'explication du mot grec ἀλεκτρυών = le célibataire. Il n'y aurait rien d'extraordinaire à ce qu'un nom donné d'abord par plaisanterie à un animal fût devenu à la longue son nom classique.

145. « There was a prophet on this earth,
His age no man could tell;
He was at his greatest height
Before e'er Adam fell.
His wives are very numerous,
Yet he maintaineth none;
And at the day of reckoning
He bids them all begone.
He wears his boots when he should sleep;
His spurs are ever new;
There 's no a shoemaker on a' the earth
Can fit him for a shoe [1]. » — The cock.

Écosse, Chambers, *Popular Rhymes*, 1870, p. 112.

146. « What prophet was with Adam in Paradise and with Noah in the Ark? He does not believe in the Resurrection, but he does not deny a word of the christian faith. » — The cock.

Écosse, W. Gregor, *Notes and Queries*, p. 82.

147. « From the living a corpse is born : living it leaves its corpse and its corpse is broken in two. » — An egg, then a chicken.

Bannu (Afghanistan), Thorburn, p. 230.

148. « Je vous vends mon tonneau bien lié, bien bandelé, bien caillifaillibotté; si vous ne me le rendez pas bien lié, bien bandelé, bien caillifaillibotté, vous perdrez tout, la liure, la bandelure et la caillifaillibotture. » — C'est l'œuf qui, une fois cassé, ne saurait être remis en son état primitif.

Pays messin, recueilli personnellement.

La phrase ci-dessus est en même temps une devinette, un daïement (vente d'amour) et une formulette que l'on doit répéter avec volubilité sans se tromper, sous peine de donner un gage.

« Hümpelken Pümpelken leeg up de Bank
Hümpelken Pümpelken fullt van de Bank,
Is kin Doctor in Engeland
De Hümpelken Pümpelken cureren kann. » — Ei.

Oldenbourg, Strackerjan.

(1) Pour ce dernier trait de l'énigme cf. *Faune pop.*, t. II, p. 211, § 3.

« Humpity Dumpity sat on a wall,
Humpity Dumpity got a great fall,
The king wi' a' his men
Cudua lift Humpity Dumpity again. » — An egg.
Écosse, W. Gregor, *Notes*, p. 78.

« Humpty Dumpty sate on a wall,
Humpty Dumpty had a great fall;
Three score men and three score more
Cannot place Humpty Dumpty as he was before. »
Dev. anglaise, Halliwell, *Nursery Rhymes*, p. 51.

149. « Ma mère en chantant
M'a habillé de blanc :
Je ne suis pas bête
Cependant je pourrai l'être. » — L'œuf.
Paris, recueilli personnellement.

150. « Ein Vogel in der lüfft schwebt
Seins gleichen auff erdt nit lebt.
Sein flügel sein in der hitz gewachssen
Wann in hungert isst er syben ochssen. »
— Der han auff der kirchen. Seins gleichen hat kein leben. Sein flügel sind im feür gemacht. Er hat nymmer hunger.
Ancienne énigme allemande, Wackernagel, *Sechzig Räthsel* (dans *Zeitsch. f. deutsches Alterthum.*, 1843).

151. « Qui a été, qui n'est plus et qui vit encore? » — Le chapon.
Deux-Sèvres, B. Souché, *Formulettes* (dans *Bull. de la Société de Statistique des Deux-Sèvres*, juillet-septembre 1881).

152. « Cognoisteriez-vous bien un oef d'une noire geline ? » — Oyl, car un oef n'est pas une geline (1).
Les Adevineaux amoureux (dans *Collection des Joyeusetés de Techener*, 1831).

On trouvera d'autres devinettes relatives au *coq, à la poule et à l'œuf :* dans E. Rolland, *Devinettes ou énigmes popul. de la France.* Paris, 1877, pp. 28-36 ; Sauvé, *Devinettes bretonnes* (Revue celtique, tome IV) Nos 39, 44-47, 118, 145-147, 154; V. Smith,

(1) Il y a ici un jeu de mots. Il peut être question d'un œuf pondu par ne noire geline ou il s'agit de distinguer un œuf d'une poule noire.

Quelques devinailles du Forez (dans *Mélusine*) N°s 26, 27, 83-85 ; J. Roux, *Énigmes du Limousin* (*Rev. des. l. rom.* 1877) N°s LVII, LVIII, LXXXIV, XCII, XCIII ; Roque-Ferrier, *Énigmes du Languedoc*, page 9 du tirage à part ; P. Sébillot, *Trad. de la Haute-Bretagne*, t. II, p. 132 ; Demofilo, *Adivinanzas*, N°s 459-469, 533-548, 831 et pages 342, 347, 378, 382, 384, 389 ; *Zeitsch. f. d. deutsche Mythologie*, I, p. 138-141, 363-364 ; etc.

153. Énigmes savantes, relatives au *coq*, à la *poule*, etc.

« Je passe pour Monarque au milieu de la Cour,
Toujours un menu peuple autour de moi criaille ;
Mes sujets sont de plume et mon trône est de paille,
Et je suis toutefois le prophète du jour. » — Le coq.
GAYOT DE PITAVAL, *Nouveau recueil d'énigmes*, 1741.

« La plus vaillante créature
Qui soit dans toute la nature,
A peur lorsqu'elle entend ma voix.
Ma barbe a la couleur des flâmes,
Et je suis sans crainte des loix,
Toûjours mari de plusieurs femmes. » — Le coq.
GAYOT DE PITAVEL, *Nouveau recueil d'énigmes*, 1741.

« Je puis être placé dans le rang d'un prophète,
Ma robe sans couture est de plusieurs couleurs,
Et de divers morceaux qu'on ne voit point ailleurs.
Fil, cotton, poil et soye, ou la peau d'une bête,
N'entrent point dans ce vêtement ;
Il n'est tissu ni fait par une main humaine.
Et d'un Préadamite issu directement,
Sans porter de l'hymen la douloureuse chaîne,
J'ai des femmes sans nombre, et mon front est orné
D'un diadême mis des mains de la nature :
A posséder mon cœur leur désir est borné :
La jalousie offrant son affreuse figure,
Ne s'est jamais glissée en mon petit sérail.
Du vil rebut des chiens je fais ma nourriture,
Je foulerais aux pieds le plus riche métail.
Pieds nuds, hyver, été, je marche à l'avanture ;

Mais toûjours gravement. Je benis Dieu la nuit,
A la pointe du jour, et mêmes à chaque heure..
Le courage m'escorte, et la fierté me suit,
Par le fer le destin ordonne que je meure. » — Le coq.
GAYOT DE PITAVAL, *Nouveau recueil d'énigmes.*

« Amour, vigilance, courage ;
Voila, dit-on, mes qualités ;
Mais des défauts accompagnent l'usage
De talens si vantés.
Je brusque un rôle de tendresse ;
Je m'émancipe jusqu'aux coups,
Et chez moi les transports d'une si douce ivresse
Imitent presque le courroux.
Dans les combats si j'acquiers quelque gloire,
Aussitôt par des cris altiers,
Par des airs insolens je souille ma victoire,
Et flétris mes lauriers.
On prône fort ma vigilance,
Mais je m'en sers mal à propos.
Et tel pourroit chez soi dormir en assûrance,
Dont ma voix trouble le repos.
Enfin de l'Eternel j'attendris le Vicaire,
Il m'entend, et soudain son cœur est amolli.
Que vous dirai-je encor ? Le croissant tient au Caire
La place que j'occupe ici. » — Le coq.
BERTHELIN, *Énigmes*, 1746.

« Je sors d'un pere deux fois né,
Et d'une mere deux fois née ;
J'étois Prophéte couronné,
Car telle étoit ma destinée.
Mon pere prophétise et la nuit et le jour,
Et je prophétisois au tems de mon enfance,
Etant capable alors d'amour,
Comme lui, possédant une double naissance ;
Mais admirez mon cruel sort !
Commençant à prédire on me voue à la mort,
On me fait Eunuque sans cause,
On m'expose aux grandes ardeurs :
N'est-ce pas une étrange chose
D'être brûlé pour les pécheurs ? » — Le chapon.
BERTHELIN, *Recueil d'énigmes*, 1746.

« Mon nom est différent de celui de mon pere,
Dont je ne tiens qu'une demi façon;
Souvent ma mere aussi n'est qu'à moitié ma mere;
Je dois autre forme, autre nom
A celle qui me régénère.
Voilà deux noms, sans celui de ma mere,
Que je puis avoir, c'est selon.
En voilà trois : autre quand je suis pere :
En voilà quatre, et le cinquiéme, hélas !
Me vient quand je ne le suis pas,
Et quand je suis pourtant meilleur que pere et mere. »

— L'œuf.

BERTHELIN, *Énigmes*, 1746.

« Encor que je naisse sans vie,
Je la donne à chaque vivant,
Et l'on me cherche fort souvent
Dans le tems d'une maladie.
Quoique je sois utile après comme devant,
Quelquefois je n'ai point de pere.
Alors je ne dois point mon être à son amour,
Et je nais sans blesser ma mere,
Quoiqu'elle crie en me donnant le jour.
Ce qui doit le plus vous surprendre,
C'est que souvent par elle on me voit enfanté,
Sans qu'elle perde rien de sa virginité.
Comment pourrez-vous le comprendre ?
Comme une femme, elle accouche en son lit.
La jeunesse est mon avantage :
Plus je vieillis, plus on me fuit.
La robbe blanche est mon partage,
Et je la porte en tout tems jour et nuit.
Il est pourtant certaine Fête,
Où l'on me fait changer d'habit,
Et le rouge m'en prend, sans avoir une tête.
Devinez qui je suis, je vous en ai trop dit. » — L'œuf.

BERTHELIN, *Énigmes*, 1746.

« Je ne suis pas d'un fort grand prix,
Quoiqu'à la Cour souvent on me voye en usage;
Sans moi l'on cesserait de chasser aux perdrix,
Sans moi le rossignol par son tendre ramage

Ne viendrait plus charmer nos sens et nos esprits.
Je suis sans vie et je fais vivre,
Je ne suis ni chair ni poisson :
Mais quand au cuisinier une fois on me livre,
Il me met en ragoût de plus d'une façon.
De ma mère ou de moi l'on a peine à répondre
Quel fut fait le premier des deux.
Quoique je sois sans poil, sans barbe et sans cheveux :
Quand on parle proverbe, on parle de me tondre. »
— L'œuf.

GAYOT DE PITAVAL, *Nouveau recueil d'énigmes*, 1741.

« Les sages ont douté quelle étoit ma naissance,
Si je nais de ma mère, ou ma mère de moi.
La fortune en naissant me rend digne d'un roi;
Et c'est moi qui soutiens la vieillesse et l'enfance.
Sans l'aide de Venus une Vierge a puissance,
Toute chaste qu'elle est, de m'engendrer de soi;
Ainsi naquit Pallas, si l'on ajoute foi
Aux propos que l'on tient sur sa divine essence.
Ma figure est semblable au cercle nonpareil
Où commence et finit la course du soleil,
Et j'ai comme cet astre une vertu féconde.
Je suis, comme l'on sçait, privé de sentiment;
Bien que j'inspire aux miens l'âme et le mouvement,
Et je meurs à l'instant que je les mets au monde. »
— L'œuf.

GAYOT DE PITAVAL, *Nouveau recueil d'énigmes*, 1741.

« Je sors d'un lieu fort deshonnête :
Sans rougir néanmoins je parois chez les rois.
Les Belles dans leur lit bien souvent me font fête;
Je sers à leur beauté, pour maintenir ses droits.
Mais quelle ingratitude ! il m'en coûte la tête,
Avant de partir de leurs doigts.
Plus je suis jeune et plus on m'aime,
Et j'unis la fraîcheur à la chaleur extrême. » — L'œuf.

GAYOT DE PITAVAL, 1741.

« Je suis fils de celui de qui je fus le père,
J'ai donné la vie à ma mère,

Sans dessein, sans sçavoir si je fais bien ou mal,
Inanimé, je forme un parfait animal.
Ma fraîcheur peu durable est pour le goût qui l'aime,
D'une délicatesse extrême;
Puisque celui qui la ressent le mieux
Me rebute sitôt que je lui parois vieux.
Dès qu'un prélat le veut on m'exile en Carême,
Aussi n'est-ce pas lui qui rend ma face blême.
Mon corps doux et poli n'est pas fort dégagé,
Je figure assez bien à table,
Où souvent un ragoût qu'on trouve délectable,
Sans moi ne serait pas mangé. » — L'œuf.

Gayot de Pitaval, *Nouveau recueil d'énigmes*, 1741.

« Jamais par moi lieux bas ne furent habités.
Mon corps est agissant sans vie,
Et l'on me voit tourner les yeux de tous côtés,
Quoique de regarder je n'aie aucune envie. »
— Le coq d'un clocher.

Berthelin, *Énigmes*, 1749.

« Je ne vois jamais rien ; cependant jour et nuit
Je suis au guet sans craindre vent ni pluye :
Quoiqu'on dise de moi, fort peu je m'en soucie,
Car je suis au-dessus du bruit.
Si le rang que je tiens peut donner de l'envie,
Du moins j'ose bien me vanter
Que l'homme le plus fier jamais par jalousie
N'entreprendra de me le contester.
Je suis toûjours si bien en garde,
Que ce n'est qu'en tremblant qu'on ose m'approcher;
Et le plus résolu sans vouloir me toucher
Seulement de loin me regarde.
Mon corps quoique fort gros se remue aisement;
Toûjours sobre, jamais je ne fais de débauche;
Ainsi je fais allaigrement
Le demi-tour à droit, le demi-tour à gauche.
Aux quartiers les plus fréquentez
On me voit à Paris tourner de tous côtez;
Sans craindre, comme font les coquêts, les coquêtes,
Ni les crottes, ni les charrettes.

De mon poste jamais je ne suis ennuyé,
C'est pourquoi quelque temps qu'il fasse
Je conserve toûjours ma place,
Et reste sur un même pied. »
— Le coq du clocher.

G. DE PITAVAL, 1741.

« L'or éclate sur moi, mais je jeûne sans cesse,
Avec un bon gosier je ne chante jamais,
Je suis toujours au temple, et jamais dans la presse,
Il est bon d'en sortir pour voir ce que j'y fais.
Je n'ai point de cervelle, et j'ai la tête forte.
Suivant l'Évangile et les lois,
Un chrétien doit porter sa croix,
Pour moi c'est la croix qui me porte. »
— Le coq du clocher.

BERTHELIN, *Énigmes*, 1746.

COLUMBA DOMESTICA. — LE PIGEON DOMESTIQUE.

I.

1. D'une manière générale cet oiseau est appelé :

PIPION, PIVION, *m.* (= lat. *pipionem*, jeune pigeon et par extension de sens, pigeon quel que soit son âge), ancien français.

PIGEON, PIGEON DOMESTIQUE, PIGEON PRIVÉ, PIGEON DE COLOMBIER, PIGEON DE FUIE, PIGEON FUYARD, *m.* français.

PIGIAN, *m.* Menton, Andrews.

PIGEAN, *m.* arrondissement de Toul, L. Adam.

PIDGEON, PITJON, *m.* arrondissement de Remiremont, L. Adam.

PIZON, *m.* Morvan, Chambure.

PIGEONNETTE, *f.* Côte-d'Or, communiqué par M. H. Marlot.

PINDZON, *m.* Plancher-les-Mines, Poulet.

COLOUMBO, *f.* (lat. *columba*) Aveyron, Vayssier.

COULOMB, COULOÑ, *m.* ancien français. — rouchi, Hécart.

COLON, *m.* ancien français. — wallon. — lorrain. — Tarentaise, Pont.

COLAN, *m.* Sallanches (Haute-Savoie), com. par M. Ducrey.

KOULM, breton.
DUBÉ, *m.* breton de Belle-Ile-en-Mer, Chasles de la Touche.
VOLANT, argot, Vidocq.

Synonymes étrangers :

Περιστερά, grec ancien. — Περιστέρι, grec mod., Bik. — **Columbus, Columba**, lat. — **Piccione**, it. — **Paloma**, esp. — **Scalzamurâj**, fourbesque de Parme, Mal. — **Puvion**, mil., Banfi. — **Porumb**, *m.* **Porumba**, *f.* **Hulub, Ulub**, *m.* roum., Cihac. — **Taube, Bauertaube, Feldtaube, Feldflüchter**, all. — **Feldratze**, Autriche all., Kramer. — **Duif, Veldduif, Akkerduif**, holl. — **Pigeon, Pidgeon, Dove**, angl. — **Kapota, Kapotaka**, sanscrit. — **Kôtir**, kurde, Justi. — **Gueuvèrdjin**, turç.

2. Noms donnés au mâle (1) :

Περιστερός, grec ancien. — **Columbus**, lat. — **Colombo**, it. — **Palomo**, esp. — **Pombo**, port. — **Hulub, Ulub**, roum., Cihac. — **Täuber, Täuberich**, all. — **Duffert**, duché d'Oldenbourg, Strackerjan. — **Doffer, Duiver, Duiverik**, holl. — **Han-due**, danois. — **Cock-pigeon, Dover**, anglais.

3. Nom de la femelle :

PIGEONNE, *f.* français.

Synonymes étrangers :

Columba, lat. — **Colomba**, it. — **Paloma**, esp. — **Pomba**, port. — **Hulubitsa, Ulubitsa**, *f.* roumain, Cihac.

4. Noms du jeune pigeon :

PIGEONNEAU, *m.* français.
PIGEONNET, *m.* ancien français, Duez.
PÎVION, PUVION, *m.* wallon, Grandgagnage.
COULOUNDRE, *m.* languedocien, comm. par M. P. Fesquet.
COLOMBEAU, *m.* ancien français, Littré.
PIGEONNELLE, *f.* (= jeune pigeon femelle), français du XVIe siècle, *La Maison rustique.*

Synonymes étrangers :

Περιστεριδεύς, Περιστερίδιον, Περιστέριον, grec ancien. — **Pipio,**

(1) Le pigeon mâle semble n'avoir pas de nom particulier dans les dialectes de la France.

Columbulus, lat. — **Colombin**, vénit. — **Pippione**, it. — **Palomino**, **Pichon**, **Pichoncillo**, esp. — **Pombinho**, port. — **Porumbac**, *m*. **Porumbash**, *m*. **Porumbel**, *m*. **Porumbrel**, *m*. roum., Cihac. — **Porumbica**, *f*. **Porumbrica**, *f*. **Porumbrioara**, *f*. (= pigeonneau femelle), roum., Cihac. — **Täubchen**, allemand.

5. Interprétation du cri du pigeon :

ROUCOU ! Aveyron, Vayssier.
BROU ! BROU ! BROU ! COUCOU ! rouchi, Hécart.

Synonymes étrangers :

Ruck ! **ruck !** all., Wackern. — **Ruckediguck** ! allemand, Wackernagel.

6. Du pigeon qui fait entendre son cri on dit :

ROUCOULER, français.
RECOULER, français, Poëtevin, *Dictionnaire franç-all.*, 1756.
CARACOULER, français, Prévost, *Suppl.*, p. 47. ; Poëtevin, *Dictionnaire français-allemand.*
RÔUCOULÁ, ROUCANA, Aveyron, Vayssier.
CROÛLÉ, Bessin, Joret.

Synonymes étrangers :

Arrullar, esp. — **Hulucubesc**, roum., Cihac. — **Gurren**, all. — **To coo**, angl. — **Buckartie-coo**, Banffshire, Gregor.

6. On dit du mâle qui fait le beau auprès d'une femelle :

ROUER, français, *Maison rustique*, XVIe siècle.

7. Pour appeler les pigeons on leur dit :

BELOÛ ! BELOÛ ! Saintonge, Jônain.
BLOU ! BLOU ! Deux-Sèvres, comm. par M. L. Desaivre.
BLÔ ! BLÔ ! P'TITS BLÔ-BLÔS ! Centre, Jaubert.
VENI ! VENI ! LES PETITS ! Côte-d'Or, comm. par M. H. Marlot.

8. Le bâtiment qui sert de refuge aux pigeons est appelé :

COLOMIERS, *m.* ancien français, Littré.
COLOMBIER, PIGEONNIER, français.

FUIE, *f.* (1) (petit colombier), français.
COLAMBI, *m.* Pays messin, D. Lorrain.
COLAMBRI, *m.* Pays messin, recueilli personnellement.
COLOMBE, *f.* Eure-et-Loir, recuilli personnellement.
COLÉBÎRE, wallon, Grandgagnage.
COLÉBÎ, namurois, Grandgagnage.
PIJOUGNÈRO, *f.* Castres, Couzinié.

Synonymes étrangers :

Περιστερεών, Περιστεροστοφεῖον, grec ancien. — **Columbarium**, lat. — **Colombara**, **Colombaia**, ital. — **Colombera**, mil., Banfi. — **Palummàru**, sicilien, Pitrè. — **Palomar**, esp. — **Pombal**, port. — **Colomer**, anc. catal. — **Porumbar**, **Hulubarie**, **Ulubarie**, roum., Cihac. — **Taubenhaus**, **Taubenschlag**, allemand. — **Viṭanka**, sanscrit, Boethlingk.

9. Le trou qui sert aux pigeons pour rentrer au pigeonnier est appelé :

BOULADOU, *m.* Toulouse, Poumarède.

10. On appelle l'espèce de table en saillie qui se trouve en dehors et en dedans du colombier et sur laquelle se posent lespigeons avant d'entrer ou de sortir :

BANQUETTE, *f.* français.

Synonyme étranger :

Asserello, italien.

11. Le trou pratiqué dans le mur du pigeonnier pour y faire pondre les pigeons est appelé :

BOULIN, *m.* français.
BAUDROUN, *m.* provençal moderne, Azaïs.

(1) La *fuie* était autrefois un petit colombier, construit le plus souvent aux angles ou dans d'autres parties de la maison. La Féodalité avait établi de grandes différences entre les fuies et les colombiers. Le seigneur seul avait le droit d'avoir des colombiers. Ces différences ont aujourd'hui disparu et le mot fuie ne désigne plus qu'un colombier plus petit, faisant ordinairement partie d'un autre bâtiment. — On appelle aussi *fuie* l'ensemble des trous ronds servant d'entrée aux pigeons.

12. Pour servir de nid aux pigeons on attache au mur du pigeonnier des paniers d'une forme particulière auxquels on donne le nom de :

GOURBIET, BAQUET, *m.* Toulouse, Poumarède.
BOUGEOTTE, *f.* ancien français, Duez.
MANOQUE, rouchi, Hécart.

Synonymes étrangers :

Cestella, Cesterella, Cestellina, Cestino, italien.

13. La fiente des pigeons forme un engrais qu'on appelle :

COLOMBINE, *f.* français.
COULOUMBINO, *f.* Aveyron, Vayssier.
COULOUMINE, *f.* Landes, De Métivier.
POULNÉE DE PIGEONS, *f.* *Mémoires de la Société agricole de Rouen*, 1763, p. 186.

Synonymes étrangers :

Colombina, italien. — **Palomina,** espagnol.

14. On appelle l'amateur de pigeons (surtout de pigeons voyageurs) :

COLEBEU, *m.* wallon, Dejardin, p. 158.
CROÛLEÛ, *m.* Bessin, Joret.

Synonymes étrangers :

Duivemelker, holl. — **Duhwevogt,** Mulhouse, Dollfus (terme ironique). — **Taubenmajor,** Prusse, Frischbier (terme ironique).

15. Parmi les variétés du pigeon domestique on distingue (1) :

LE PIGEON ROMAIN, français.

Synonymes étrangers :

Piccione romana; tronfo; asturnellato, ital., Nemn. — **Palomo romano,** esp.

(1) Nous ne nous occupons ici que des variétés du pigeon domestique les plus connues.

— **Pombo romano**, port. — **Runt-pigeon, roman pigeon**, anglais. — **Die spanische Taube, die römische Taube**, all. — **Roomsche duif**, holl. — **Romerske dufva**, suédois.

16. Autre variété :

LE PIGEON GROSSE GORGE (1), PIGEON GRAND GOSIER, français, Nemnich.

LE PIGEON BOULANT, BOULANT, français.

Synonymes étrangers :

Piccione dalla gola grossa, ital. — **Palomo buchon**, esp. — **Pombo bucho**, port. — **Cropper, Powter-pigeon**, angl. — **Kropper**, holl. — **Kropftaube, Kropfer, Kröpfer, Kröpper, Krepper, Kropper**, all., Nemn. — **Kropf**, Autriche all., Kramer.

17. Autre variété :

LE PIGEON NONAIN (2), français.

Synonymes étrangers :

Piccione acconciata, it. — **Palomo monjin**, esp. — **Pombo monga**, port. — **Jacobine**, angl. — **Haubentaube, Kappentaube, Kappennonne, Nonnentaube, Schleyertaube, Jacobinertaube, Perückentaube, Dichtertaube, Venustaube, Cyprische Taube, Russische Taube, Englische Taube**, all., Nemn. — **Jacobynduif, Kapper, Gekapte non**, holl. — **Parykduen**, danois. — **Hufdufvan**, suédois.

18. Autre variété :

LE PIGEON CRAVATTE, LE PIGEON A GORGE FRISÉE, français.

Synonymes étrangers :

Colombo-cravata, it. — **Palomo con venera**, esp. — **Pombo com gravata**, port. — **Turbit**, angl. — **Mewentaube, Möwchen, Halskrausentaube, Kreiselschnäbler**, all., Nemn. — **Meeuwtje**, holl. — **Mefike**, danois. — **Måkedufvan**, suédois.

19. Autre variété :

LE PIGEON VOYAGEUR, LE PIGEON VOLANT, français.

(1) Ce pigeon est remarquable par la dilatation extrême du jabot qu'il gonfie d'air de manière à en former comme une boule énorme. Sa gorge est quelquefois aussi grosse que son corps.

(2) Ce pigeon est orné d'une fraise ou d'un capuchon formé par les plumes redressées du cou, recouvrant la tête et se prolongeant en gorgerette sur la poitrine.

LE PIGEON CARRIER (1), français. *L'Acclimatation.*

LE PIGEON MESSAGER, LE PIGEON COURRIER, français, Nemnich.

Synonymes étrangers :

Colombo messaggiero, it. — **Carrier**, angl. — **Brieftaube, Posttaube, Pevedette**, all., Nemn. — **Pavedette**, danois ; suédois. — **Bagadett** (2), hollandais.

20. Autre variété :

LE PIGEON TOURNEUR, LE PIGEON BATTANT, français, Nemnich.

Synonymes étrangers :

Smiter, angl. — **Dreyert**, danois, Nemn. — **Plätscher**, Autriche all., Kramer.

21. Autre variété :

LE PIGEON CULBUTANT, français.

LE CUMULET (3), wallon, Grandgagnage.

Synonymes étrangers :

Tumbler, angl. — **Tummeltaube, Taumler, Tummler, Tümmler, Purzeltaube, Burzeltaube**, all., Nemn. — **Tuimelaar, Draajer**, holl. — **Tumleren**, danois. — **Tumlaren**, suédois.

22. Autre variété :

LE PIGEON TREMBLEUR (4), français, Nemnich.

Synonymes étrangers :

Palomo tremulo, esp. — **Shaker, Quaker**, angl. — **Zittertaube, Schüttelkopf**, allemand, Nemnich.

23. Autre variété :

LE PIGEON PAON, français.

(1) Ce mot est un anglicisme.

(2) En Hollande, ces pigeons sont appelés **bagadetten**, mot dérivé de Bagdad, nom de la ville d'où les marins hollandais les ont tirés.
L'Acclimatation.

(3) En wallon, *cumulet* signifie *culbute.*

(4) Ce pigeon est agité d'un tremblement continuel dans la tête et le cou surtout au moment des amours.

Synonymes étrangers :

Palomo culipavo, esp. — **Pombo pavâo**, port. — **Pfauentaube, Hühnertaube, Hühnerschwanz**, all. — **Paauwstaart**, hollandais.

24. Autre variété :

LE PIGEON TAMBOUR (1), français.
LE TAMBOUR GLOUGLOU, PIGEON GLOUGLOU, français, Nemnich.

Synonymes étrangers :

Piccione tamburo, it. — **Palomo arrullador, Palomo tambor**, esp. — **Trommeltaube, Gluglu**, all. — **Trommelduen**, danois. — **Trommeldufvan**, suédois.

25. Autre variété :

PIGEON PATTU (2), français.
PIGEOM PATOU, Lyon, Molard. — Côte-d'Or, communiqué par M. H. Marlot.
PIGEON PATTÉ, ancien français, Duez.

Synonymes étrangers :

Piccione zamputa, Piccione di mese; it., Nemn. — **Piccione calzato**, it., Duez. — **Palomo arrullador, Palomo de mes, Palomo calzado**, esp. — **Pombo patudo, Pombo calçudo**, port. — **Federfuss, Rauhfuss, Hosichte Taube, Mohntaube, Monatstaube**, all. — **Ruigpoot**, holl. — **Rough-footed dove**, anglais.

26. On donne à la couleur qui présente des reflets où l'on voit le rouge dominant, le jaune, le vert et le bleu les noms suivants :

COLOMBIN, ancien français.
GORGE DE PIGEON, français moderne.

Synonymes étrangers :

Columbinus, lat. — **Color colombino, Color palombino**, it. — **Taubenfarbe**, all. — **Taubenhälsig**, all., Beurard. — **Colombyn-coleur, Duive-coleur**, hollandais.

27. « *Pigeonnerie* = baccio lascivo. » Anc. français, DUEZ.

(1) Ce pigeon a un roucoulement sourd et saccadé qui, de loin, rappelle le bruit du tambour. Il est souvent confondu avec le pigeon pattu.
(2) Les pattes de ce pigeon sont complètement couvertes de plumes.

« *Holoubkovati* = se béqueter, s'embrasser comme les pigeons. »
Tchèque, CIHAC.

Voyez dans le dictionnaire latin de Freund les articles : *Columbatim, Columbulatim, Columbor.*

Ronsard a dit :

« Mon plaisir en ce mois, c'est de voir les colons
S'emboucher bec à bec de baisers doux et longs. »

28. « Avoir toujours pijhons ou œufs. » — Avoir toujours des projets prêts à éclore, s'ils n'ont pas éclaté.
Ancien français, *Ducatiana*, II, p. 448.

« Havere uova ò piccioni. » — En sortant d'un mal rentrer dans l'autre. Italien, DUEZ.

« Avere uova o pippioni. » — Si dice di chi non è appena uscito d'un affare, che gliene sopraviene un altro; e si prende cosi in buona, come in cattiva parte : tolto da' colombi grossi, che covano, e allievano. Italien.

29. « I nostri pippioni c' imbeccano. » — Solita risposta de' vecchi e padri, quasi lamentandosi, quand' odono qualche figlio e giovane inesperto, che presume d'insegnar loro le cose, ch' ei non ha potuto per anco sperimentare, anche per lodare i figli savii, che soccorrono i genitori nella vecchiaia.
Arabe-maltais, VASSALLI.

30. « C'est un ménage de pigeons, la femelle vaut mieux que le mâle. » Côte-d'Or, communiqué par M. H. MARLOT.

Cf. *Faune populaire*, t. II, p. 36, § 10.

31. « Éloiri (étourdi) comme un jeune pigeon. »
Côte-d'Or, communiqué par M. H. MARLOT.

32. « Dur comme un vieux pigeon. »
Côte-d'Or, communiqué par M. H. MARLOT.

33. « Il sème un grain d'orge pour attraper un pigeon. » — Faire un petit sacrifice pour un résultat important. Franç.

« Gittar una pallottola per aver un colombo. » Italien.

34. « Pigliar due colombi a una fava. » — Faire d'une pierre deux coups. Tromper deux personnes à la fois. Italien.

35. « J'ter les pos avant les coulons. » — Jeter des pois devant les pigeons. Sonder le terrain; propos jetés en avant et comme par hasard pour découvrir la pensée de la personne à laquelle on s'adresse. Rouchi, HÉCART.

36. « Attirer les pigeons au colombier. » — Attirer les chalands, les personnes qui apportent du profit.
Locution française, LEROUX, *Dictionnaire comique*.

« Chasser les pigeons du colombier. » — Éloigner les chalands par de mauvaises manières. Locution française, FÉRAUD.

« Sviar la colombaia. » — Même sens. Italien.

37. « Andar col cembale in colombaia. » — Découvrir son secret mal à propos. Italien, DUEZ.

38. « Andar col due cembali in colombaia. » — Être double, avoir deux visages, trancher des deux côtés, jouer les deux.
Italien, DUEZ.

39. « On appelle un niais, un sot qui se laisse facilement duper, principalement au jeu, *un pigeon* (en français); *colombo da pelare* (en italien). »

« ... C'est ce Marquis qui est si riche. Malepeste, va le faire monter. Mettons vistement des fauteuils en place. *C'est un pigeon pattu qu'il faudroit prendre par le pied.* A telle fin que de raison prenez vos airs de coquette, et me luy en donnez à travers de la visiere... » *Le marchand duppé*, comédie jouée à Paris en 1688.

« Avere i colombi in colombaia, vale avere in sua balia quelle persone a cui prima si tendevano insidie. » Italien.

40. « Il pippione ha i bordoni, in modo proverbiale, dicesi di colui, che è creduto balordo, ed è altrimenti. » Italien.

41. « Colomba che ride, vuol la fava. » — Femme qui rit n'est pas loin de céder. Proverbe italien.

42. « Ce sont pigeons, les uns s'en vont, les autres viennent. »
Glossaire de l'ancien théâtre français.

« Jungfernherz ein Taubenhaus — fliegt Einer ein, der Andre aus ! » Allemand, MEDIKUS.

« Man geht hier nicht so ein und aus wie in einem Taubenschlage. » Allemand, MEDIKUS.

43. « ..... Au pignon de la couverture faites-y la figure d'un pigeon, de poterie ou de plastre pour attirer les fuyards à y venir..... » *La Maison rustique*, XVIe siècle.

« Colombo di gesso, dicesi una figura di colombo, che si mette fuori delle colombaie, per attirare i colombi; e perchè non si muove, dicesi figurat. colombo di gesso a colui, che è asso fermo in qualche conversazione, o che sta li senza parlare. » Italien.

« Colombo di gesso. » — Pigeon de plastre ; se dit d'un qui se met auprès du feu et ne fait place à personne. Italien, DUEZ.

44. On dit qu'un homme est logé comme les pigeons, quand il demeure au plus haut étage du logis. »

LEROUX, *Dictionnaire comique.*

45. « ..... Le père Francelin est fier comme un pigeonnier de château..... »

CH. D'HÉRICAULT, *Un paysan de l'ancien régime.*

46. « Egli ha fatto come i colombi del Rimbussato. » — Il a fait comme les pigeons de Rimbussato, c'est-à-dire il a oublié son chemin, il n'est pas revenu au logis. Italien, DUEZ.

47. « Tu tiri a tuoi colombi. » — Tu tires à tes pigeons, c'est-à-dire tu te procures du mal à toi mesme, tu te frappes toy mesme. Italien, DUEZ.

48. « Wiss qu' i gn' a des colons, les colons volet. »

Wallon.

« Wo Tauben sind, da fliegen Tauben zu. » — L'eau va toujours à la rivière. L'argent attire l'argent comme le pigeon attire les autres pigeons. Qui chapon mange, chapon lui vient. Allemand.

« Daar duiven zijn, daar vliegen duiven toe. » Hollandais.

« Der dufvor finnas, flyga dufvor till. » Suédois.

49. « Essere come passere e colombi, vale essere in concordia, amarsi scambievolmente. » Italien.

50. « Hvor der findes Duer, findes ogsaa Hoge. » — Où il y a des pigeons il y a des éperviers. Proverbe danois.

51. Fliegt die Taube zu weit in 's Feld — sie doch zuletzt der Habicht behält. » Prusse, FRISCHBIER.

« Ogni colombo che non ha astuzia lo consumerà l'avoltoio. » Arabe-maltais, VASSALLI.

52. « Quatre-vingt-dix-neuf pigeons et un Normand font cent voleurs. » CANEL, *Sobriquets.*

53. « Il ne faut pas laisser de semer pour la crainte des pigeons. » — Il ne faut pas laisser de faire une affaire avantageuse, pour quelque petit inconvénient qui s'y trouve. LEROUX, *Dictionnaire comique.*

54. « Qui veut tenir nette sa maison, n'y mette ni femme, ni prêtre, ni pigeon. » Proverbe français.

« Pour faire s'mason néte — i n' faut ni coulon ni nonéte. » Rouchi, HÉCART.

« Qui veut tenir nette maison — ne loge prestre, pigeon n'oison. » NOËL DU FAIL, édition Assézat, II, 140.

« Chi vuol la casa monda — non tenga mai colomba. » Italien.

« I putei e i colombi sporca le case. » Vénitien.

« Hast du gern ein sauber Haus — lass Pfaffen, Mönch und Tauben d'raus. » Allemand.

« Wie zijn huis zuiver wil houden, zette daar geen paap of duif in. » Hollandais.

« Hvo der vil have et pynteligt Huus, skal ikke lade Klerke og Duer komme deri. » Danois.

55. « Wer sein Geld will fliegen sehen, musz sich Tauben halten. » Proverbe allemand.

56. « Feinnets, moines et pindzons — net savont pas iau y vont. » — Femmes, moines et pigeons ne savent pas où ils vont.
Tarentaise, PONT.

57. « Il n'est vol que de pigeons. »
Proverbe français, LEROUX DE LINCY.

58. « Tremare i pippioni ad alcuno, vale Aver gran paura ; modo basso. » Italien.

59. « Avoir un gésier de pigeon. » — Se dit de celui qui n'est jamais rassasié. Bretagne, com. par M. L. F. SAUVÉ.

« The pigeon bolts its food in large lumps ; the duck gobbles up mud. » — Applied to a gready fellow.
Nouvelle-Zélande, GREY.

« The greedy pigeon bolts its food, the parrot eats bit by bit. »
Nouvelle-Zélande, GREY.

60. « Silent as a pigeon in his own village ; noisy as a kaka when he travels. » —You don't give the cry of welcome, and food to travellers when at home; but find fault enough with the food given to you when you travel. Nouvelle-Zélande, GREY.

II.

1. « L'aigle n'engendre pas la colombe. » Français.

« L'on ne peut faire d'un colomb un espervier. »
Ancien français.

« D'aquila non nasce colomba. » Italien, PESCETTI.

« Eine Taube heckt keinen Adler. » Allemand.

« Adler brüten keine Tauben. » Allemand.

« Keine Taube heckt einen Sperber. » Allemand.

« Keine Elster heckt eine Taube. » Allemand.

« Dohlen hecken keine Tauben. » Allemand.

« Een arend brengt geene duiven voort. » Hollandais.

« Der kommer inte due-unga å ramna-ägg. » — D'un œuf de corbeau ne peut sortir un pigeon. Skanie (Suède), REINSBERG.

« Man kan van eene duif geen sperwer maken. » Hollandais.

2. « A coulombs saouls, cerises sont amères. »
Ancien français, NUCÉRIN.

« A columbes saoules cerises sont amères. »
Ancien français.

« Lorsque les pigeons sont soûls de pois ils trouvent la vesce amère. » Français.

« Quand le pigheon est soû i trouve la garobe (la vesce) amère. »
Saintonge, JÔNAIN.

« A colombo pasciuto la veccia par amara. » Italien.

« Colombo pasciuto, ciliegia amara. » Italien.

« Full pigeons find cherries bitter. » Anglais.

3. « Es fliegen einem keine gebratenen Tauben ins Maul. »
Allemand.

Cf. *Faune populaire*, II, p. 341, § 10.

4. « Eine gebratene Taube wird nicht herfliegen. »
Lithuanien, SCHLEICHER.

5. Wer sich zur Taube macht, den fressen die Falken. »
Allemand.

6. « Een blinde duif vindt wel eens eene boon. » Holl.

Cf. ci-dessus, p. 77, § 15.

7. « Fins los coloms tenen fel. » — Les pigeons ont aussi leur colère. Catalan moderne.

Cf. *Faune populaire*, t. III, p. 279, § 13.

8. « Ne vous dérangez pas, monsieur ! comme disait le vautour au pigeon en le plumant. »
Locution facétieuse hollandaise, VAN LENNEP, *Aventures de F. Huyck* (traduction), II, 166.

9. « La censure tourmente les pigeons laissant les corbeaux libres. » Proverbe français, Cotgrave.

Cf. « The larks ruined the country, and the crows were blamed for it. ». — Bannu, Thorburn.

10. « Ah! could I but change myself into a pigeon, as Rupo did, I might escape. » Nouvelle-Zélande, Grey.

11. « In der Angst ihres Herzens spricht die Taube zum Geliebten : « Gatte! die Todesstunde ist jetzt gekommen : unten steht ein Jäger mit Bogen und geschärftem Pfeil in der Hand, hier kreist ein Falke. » So war es ; da biss aber ein Schlange den Jäger und dieser traf den Falken mit seinem Geschosse; da gingen beide rasch zu Jama's Wohnung : wunderbar ist des Schicksals Gang. » Sanscrit, Boehtlingk.

12. « Allerlei Freunde soll man sich verschaffen und zu Hunderten : sieh, Tauben wurden durch ein Mäuschen, ihren Freund, von ihren Fesseln befreit. » Sanscrit, Bœhtlingk.

13. Sur les pigeons qui sont sur le point de manger du riz répandu dans une forêt inhabitée, et sur leur chef soupçonnant un piège et leur conseillant de s'abstenir de le ramasser, voyez Lancereau, *Hitopadêça*, 2e édit, 1882, p. 16.

14. « On raconte qu'un pigeon à qui un ennemi vint demander protection l'honora comme il convient et l'invita à manger sa chair. »

Voyez ce conte dans Lancereau, *Pantchatantra*, p. 235.

15. « Le pigeon de la bête est là ; *c'est le pigeon de la bête.* » — Les peuples de la Sénégambie se servent de cette expression pour faire cesser une conversation dans laquelle on parle d'une personne absente, quant tout à coup il survient quelqu'un qui pourrait rapporter à la personne dont on parle ce qui aurait été dit d'elle. — Ce proverbe prouve que les Nègres savent qu'autrefois les pigeons portaient les nouvelles.

Wolof, Dard, *Grammaire wolofe*, p. 138.

16. « La voix du pigeon qui est à la broche n'est pas semblable à celle de celui qui est sur l'arbre. » Proverbe wolof, Dard.

17. On croit généralement que le pigeon n'a pas de fiel. Cette croyance doit venir de ce qu'on a dit à l'origine que cet oiseau (symbole de la douceur) n'avait pas de colère, de rancune, *de fiel.* On aura pris à la lettre ce qui n'était d'abord qu'une manière de parler figurée.

« ..... Je n'ai pas pus de fiel, moi, au sujet de ma veste, qu'un pigeon, pourvu que j'en aye une meyeure, c'est tout d'même. »
DORVIGNY, *Janot chez le dégraisseur* (comédie du XVIIIe siècle.)

18. « Est-il vray que pour avoir mangé des pigeons on parle gros ? » LAURENT JOUBERT, 1600.

19. « In many countries the pigeons are called *Allah's Proclaimers* because their movement when cooing resembles inclination. » Pays musulmans, R. BURTON, *A pilgrimage to Mecca.*

20. « Quand une fouine est entrée dans un colombier, les pigeons l'abandonnent. Pour les faire revenir on y suspend un renard mort. »
Côte-d'Or, communiqué par M. H. MARLOT.

21. « La plume de pigeon ne doit pas être mise dans les lits, autrement les personnes qui y coucheraient deviendraient poitrinaires. » Côte-d'Or, communiqué par M. H. MARLOT.

22. « Un moribond couché sur de la plume de pigeon, râle indéfiniment sans pouvoir mourir. »
Poitou, L. DESAIVRE, *Croyances*, etc.

« If the feathers of game birds or of pigeons, are mixed up with the other feathers of the bed on which a dying person lies, they are supposed to prolong the death struggle. »
West-Sussex, Mrs LATHAM.

« Another prejudice, indulged in even by our goodwives is that of destroying the feathers of the pigeon, instead of saving them to stuff beds, etc. — They say, that if they were to do so, it would only prolong the sufferings of the deathbed ; and when these are more than usually severe, it is attributed to this cause ; and the reason given, « because the bird has no gall » is to them quite conclusive, but to me perfectly irrelevant and unsatisfactory. »
FARMER, *Mag. of Natural History*, 1832, p. 210.

« Pigeon's feathers when stuffed into the pillow or mattress are thought to prolong the death struggle. »

SUFFOLK, *Folk Lore Record*, 1880, p. 127.

Cf. « Auf Betten von Hühnerfedern kann man nicht sterben. Darum wird der Sterbende auf Stroh gelegt. » — Superst. masure, Tœppen.

Voyez encore *Faune populaire*, II, p. 337, § 1; Glyde, *Norfolk Garland*, p. 27; *Hardwick's Science Gossip*, III, 177.

23. « Il y en a qui ne redoutent ni la fièvre maligne, ni la jaunisse, si dans le premier cas on leur applique *un pigeon fendu* en deux sous la plante des pieds, et, dans l'autre, une tanche ouverte sur la poitrine; et quand, au bout de 24 heures, la chair et le poisson auront contracté une odeur fétide et insupportable (ce qui naturellement doit avoir lieu), c'est, vous dira-t-on, parce qu'ils ont attiré toute la malignité de la maladie, qui dès lors n'est plus à craindre. » ROUVEROY, *Le petit marchand forain*, p. 174.

24. « Un crapaud ou *un jeune pigeon* placé sur la tête d'un mourant attire à lui et boit tout le mal, comme une victime expiatoire. » LUCAS DE MONTIGNY, *Récits variés*, p. 51.

25. Tout le monde connaît le jeu de *pigeon-vole*. Ce jeu est appelé *pivole* (la pie vole) dans le Bessin (Joret); et *pigeonnet* dans le centre de la France (Jaubert). En Prusse, le même jeu existe avec la formule : *Alles was Federn hat fliegt hoch !* (Frischbier).

26. Sur différents points de mythologie relative au pigeon voyez Felix Bogaerts, *Histoire civile et religieuse de la colombe*. Anvers. in-8, 1847.

MELEAGRIS GALLO-PAVO. — LE DINDON (1).

I.

1. D'une manière générale cet oiseau est appelé :

DINDE, *m.* franç. (terme culin.). — Loiret, com. par M. L. Malon.

(1) Le dindon est originaire d'Amérique où il se trouve à l'état sauvage.

« L'époque précise de l'importation en Europe de cet utile oiseau

DINDON, *m.* français.
DINDOT, *m.* Pays de Bray, Decorde.
DINOT, *m.* picard, Corblet.
CODIN, *m.* rouchi, Hécart. — picard, Corblet.

est mal connue ; et par un préjugé dénué de fondement, on l'a attribué aux Jésuites, d'où l'équivoque grossière entre le nom du Dindon et celui des disciples de Loyola. Il est dit dans la *British Zoology*, p. 87, que les dindons furent introduits en Angleterre en 1524, et qu'ils venaient d'Espagne, où on les avait reçus du Mexique ou du Yucatan. Le fait est que c'est Oviédo qui en parla le premier, et le décrivit, en 1525, dans son *Histoire des Indes* ; mais on ne dit pas qui les apporta en Espagne. On fait remonter leur introduction en France au règne de François Ier, c'est-à-dire au commencement du XVIe siècle ; cependant, Anderson (*Dict. de comm.*, t. I, p. 410) dit que le premier dindon qui fut mangé dans notre pays parut aux noces de Charles IX, en 1570. D'après Champier (*De re cibaria*), c'est vers le milieu du XVe siècle que les dindons ont été apportés en France, et ils étaient encore fort rares sous le règne de Henri IV. Le nom de *Gallo-Pavo* donné au dindon et l'incertitude du lieu de provenance de cet oiseau l'ont fait regarder par quelques auteurs comme le métis du Paon et du Coq ; et à l'époque où Buffon écrivit son *Histoire des Oiseaux*, il attaqua sérieusement l'opinion ayant cours, et qui déniait au dindon son origine américaine. L'auteur de l'article *Dindon*, considéré sous le rapport de l'économie rurale, dans le *Dictionnaire pittoresque*, dit que cet oiseau existe en France depuis 1518 ou 1520 ; que les premiers furent élevés dans les environs de Bourges, et que c'est de ce foyer qu'un siècle plus tard ils se répandirent sur toute la France. »

Gérard, *Notice sur les dindons*. Paris, 1844.

« On attribue l'introduction du dindon à Jacques Cœur (Legrand, *Vie privée des François*, édit. nouvelle de M. Roquefort, I, 358), au bon roi René (Bouche, *Hist. de Provence*, II, 478). Cependant, Aldrovande (*Ornithol.* XIV) le décrit comme un oiseau rare, et Champier (*De re cibaria*, XV, LXXXII, p. 831) en parle comme d'un mets nouvellement introduit. Il fallait qu'il fût encore rare au temps de Charles IX, puisqu'en 1566 les habitants d'Amiens lui en offrirent douze en présent (Daire, *Hist. d'Amiens*, I, 90), et qu'enfin Linocier (*Traité des plantes et des animaux*, 1619) dit que c'est un manger digne d'un seigneur. On ne peut donc croire qu'il a été introduit en Europe par les Jésuites. Ces pères ont bien pu en élever de grands troupeaux, mais on ne leur en doit pas la connoissance. Il paroît que c'est seulement depuis 1630 que l'usage en est devenu commun. »

A. L. Millin, *Les Martinales*. Paris, 1815, in-8, p. 31.

Sur le pays d'origine du dindon, voyez encore *L'Intermédiaire*, III, pp. 203, 312, 506 ; IV, pp. 242, 298 ; V, pp. 10, 129, 186, 478, 641.

CODINOT, CODIGNEU, POURDENEAU, *m.* picard, Corblet.
COPIN, *m.* normand, Delboulle. — Pays de Bray, Decorde.
POUILL, *m.* Bayonne, Lagravère.
POULOY, *m.* Landes, de Métivier. — Bagnères-de-Bigorre, com. par M. A. Cazes.
ROMAN DJA, *m.* Ban de la Roche, Oberlin.
POURROT, *m.* Bagnères-de-Bigorre, com. par M. A. Cazes.
PEROT, *m.* Poitou, Rousseau.
PROT, *m.* Indre-et-Loire, de Croy. — Saintonge, Jônain.
PIOT, Lauragais, com. par M. P. Fagot. — Castres, Couzinié. — Aveyron, Vayssier. — Béziers.
PUOT, *m.* Aveyron, Vayssier.
BIBI, *m.* Centre, Jaubert.
JÉSUITE, *m.* français (terme facétieux).
ORNIE DE BALLE, *f.* argot.
PIQUE EN TERRE, *m.* argot, Leclair.
INDIOÏLUÁ, basque, Fabre.

Synonymes étrangers :

Pollo d'India, Pollo dindo, Gallinaccio, Tacchino, ital. — **Pollin,** milanais, Banfi. — **Poli,** Brescia, Melch. — **Pito,** piémontais. — **Pit,** Parme, Mal. — **Tápi,** argot de Val Soana, Nigra. — **Tignón,** Parme, Mal. — **Pavo,** esp. — **Gall dindi, Indiot,** catalan. — **Turkey,** angl. — **Alderman,** argot angl., J. C. H. — **Indianisches Huhn, Welsches Huhn, Kalekutisches Huhn, Puterhuhn, Puter,** all. — **Guhli,** Mulhouse, Dollfus. — **Kalkoen, Kalkoensche haan,** holl. — **Kalkun,** danois. — **Kalkon,** suédois. — **Curcán, Curcóiu, Corcodán,** roumain, Cihac. — Κουρχάνος, Κοῦρχος, Κούρκας, grec mod., Cihac. — **Kurkinas,** lithuanien. — **ćurak,** croate, serbe. — **Qarqan, Hind thavoughou, Mecer thavoughou,** turc. — **Gurgur 'anko, Tarwis 'anko** (anko = poule), avare, Schiefner. — **Fil-Murgh, Pil-Murgh,** persan, Johnson. — **Mirizk-a Mysri,** (c'est-à-dire poule d'Égypte), kurde, Justi.

2. Noms du mâle :

COQ D'INDE, *m.* (prononcez *co d'Inde*), français.
POULET D'INDE, *m.* français (mot peu employé aujourd'hui).
CO D'INNE, *m.* Pays de Bray, Decorde.
CODINQUE, *m.* Loiret, com. par M. L. Malon.
JÔ-DIN, *m.* Pays messin, recueilli personnellement.
COBI, COLIBI, *m.* Centre, Jaubert.

Synonymes étrangers :

Pito, Dindo, Pechin, Pichin, Biro, Biribin, Bibin, piémontais, Zalli. —

Habber-Jock, Banffshire (Écosse), Gregor. — **Bubbly-Jock**, écossais. — **Gauderhahn**, all., Grimm. — **Gauder**, tyrolien, Grimm. — **Kutter**, Souabe, Grimm.

3. Noms de la femelle :

DINDE, POULE DINDE, *f.* français.
DINDA, *f*, Menton, Andrews.
DINDO, *f.* Béarn. —Limousin.
MÈRE DINDE, *f.* Centre, Jaubert.
POULDAINGNE, *f.* picard, *L'astrologue picard pour* 1849.
DINE, *f.* Gâtinais, com. par M. L. Malon. — Pays messin.
BINE, *f.* BINOCHE, *f.* Centre, Jaubert.
COPAINE, *f.* normand, Delboulle.
ROMANE HHLINE, *f.* Ban de la Roche, Oberlin.
POULOYE, *f.* Landes, de Métivier.
PEROTTE, *f.* Poitou, Rousseau.
PROTE, *f.* Saintonge, Jônain.
PIOTO, *f.* Aveyron, Vayssier. — Bas Quercy, com. par M. J. Daymard. — Castres, Couzinié. — Lauragais, com. par M. P. Fagot.
PUOTO, *f.* Aveyron, Vayssier.

Synonymes étrangers :

Tacchina, it. — **Pita**, **Bibina**, Piémont, Zalli. — **Pullie-Hen**, Banffshire (Écosse), Gregor. — **Truthenne**, all. — **Curca**, **Corcodina**, roumain, Cihac. — **Κούρκα**, grec mod. — **ćura**, croate, serbe.

4. Noms du jeune dindon :

DINDOU, *m.* Corrèze, comm. par M. G. de Lépinay.
DINDONNEAU, *m.* français.
PIOTOU, PUOTOU, *m.* Aveyron, Vayssier.
PIOUTOU, *m.* Bas Quercy, com. par M. J. Daymard.
BINON, *m.* Centre, Jaubert.

Synonyme étranger :

Dindöt, Piémont, Zalli.

5. La couvée d'une dinde est appelée :

PIOUTADO, *f.* Castres, Couzinié.

6. Un troupeau de dindons est appelé :

PUOTADO, PIOTADO, *f.* Aveyron, Vayssier.

7. On donne à la personne chargée de garder les dindons dans les champs les noms suivants :

DINDONNIER, *m.* DINDONNIÈRE, *f.* français.
PUOTIÈ, PIOTIÈ, *m.* PUOTIEYRO, PIOTIEYRO, *f.* Aveyron, Vayssier.
PIOUTIÉ, *m.* PIOUTÈRO, *f.* Bas Quercy, com. par M. J. Daymard.
PIOUTAYRE, *m.* PIOUTAYRO, *f.* Castres, Couzinié.
COPINIER, *m.* Pays de Bray, Decorde.

8. Le marchand de dindons est appelé :

PIOTAYRE, PUOTAYRE, PIOUTAYRE, *m.* Aveyron, Vayssier.

9. Les maladies auxquelles sont sujets les dindons sont : *Le rouge, la petite vérole, la maladie du croupion, la toux, la goutte, la roupie, la vermine et la mue.*

Gérard (*Notice sur les dindons.* Paris, 1844) dit qu'ils sont sujets à une éruption particulière qu'on appelle *la dindonnade.*

10. « Quand les petits dindons commencent à hérisser leurs plumes on dit *qu'ils font leurs robes de chambre.* »

Côte-d'Or, communiqué par M. H. MARLOT.

11. Interprétation du cri du dindon :

GOURLOU ! GOURLOU ! Loiret, com. par M. L. Malon.

Synonyme étranger :

Glu ! **Glu** ! Rovigno, A. Ive, p. 281.

12. Du dindon qui glousse on dit :

GLOUSSER, français.
GLOUQUER, Centre, Jaubert.
CRÔQUEU, Pays messin, recueilli personnellement.
GOURDOUNA, Bas Quercy, com. par M. J. Daymard.

Synonymes étrangers :

Crogliare, it., Duez. — **Kollern**, all. — **Kaudern**, bavarois.

Du dindon qui criaille on dit *qu'il pianne* (normand, Delboulle).

13. Comment on parle aux dindons pour les faire venir près de soi :

PICOT ! PICOT ! Guernesey, Métivier.

PICOUTI ! PICOUTI ! PIOU ! PIOU ! Bas Quercy, com. par M. J. Daymard.

O PICO ! O PICO ! TI ! TI ! TI ! Bas Quercy, comm. par M. J. Daymard.

PINOS ! PINOS ! PINOS ! Pays de Bray, Decorde.

BI BITTE ! BI BITTE ! Allier, com. par M. E. Olivier.

Synonyme étranger :

Put ! Put ! allemand.

14. « Dans le Pays messin, on conduit les dindons dans les champs et on leur crie à chaque instant : *Dine, Dinatte, Dine !* afin qu'ils ne s'écartent pas. » Recueilli personnellement.

15. Du coq d'Inde qui près d'une femelle se rengorge et piaffe avec ostentation en expulsant avec force l'air de ses poumons, ce qui produit un bruit sourd, on dit :

FA LA RODO, Bas Quercy, com. par M. J. Daymard.

FAIRE LA REUE, Côte-d'Or, com. par M. H. Marlot.

Quand il est dans cet état on l'appelle *copin guerdouilleux* (normand, Delboulle).

16. « *Perotter* = aller au mâle en parlant de la femelle. »
Deux-Sèvres, com. par M. B. SOUCHÉ.

17. « Rouge comme un bibi. » Centre, Jaubert.

« Python, l'horreur de la nature,
Vilain serpent au ventre vert
Dont le dos d'écailles couvert
Et la trogne *faite en coq d'Inde*
Auroit fait peur à Vuitikinde. »
L. RICHER, *L'Ovide bouffon*, 1662, p. 51.

18. « Yvre comme un dindon. »
Théâtre des Boulevards, 1756, t. III, p. 161.

« *Pita* au figuré a le sens de *briachezza.* »
Parme, MALASPINA.

19. « Orgueilleux comme un dindon. » Français.

« Faire son perot. » — Être prétentieux.
Deux-Sèvres, communiqué par M. B. SOUCHÉ.

« Far el pit. » — Pavoneggiare, sgallettare, far il bello o il saputo. Parme, MALASPINA.

20. « Se mettre en colère comme un dindon. » — « Vexé comme un dindon. » Locutions françaises.

21. « Bête comme un dindon, comme une dinde. » — Être le dindon de la farce. » — « Être le dindon. » — « C'est un dindon. »
Locutions françaises.

« Habillé de dinde. » — Sot, niais. Centre, JAUBERT.

« Sios un piot. » — Tu es un niais. Castres, COUZINIÉ.

« Copin = imbécille. » Normand, DELBOULLE.

« Bibi = imbécille, benêt. » Centre, JAUBERT.

« ... Le Chourineur sera assez coq d'Inde pour se figurer... »
EUG. SUE, *Les Mystères de Paris.*

« *Pito* = sot, ignorant ; *pita, bibina* = sotte, niaise. »
Piémont, ZALLI.

« Habber-jock (dindon mâle) = a big, stupid person who speaks thickly. » Banffshire (Écosse), GREGOR.

22. « Parèr un pit ch' salta l'uva. » — Essere destro come un cassapanco. Essere pesante, lento. Parme, MALASPINA.

23. « Bon a fè la barba ai pito. » — Dicesi di barbiere che fa male la barba. Piémont, ZALLI.

24. « ... Andava di portante come un gallo d'India... » — Il alloit l'emble comme un coq d'Inde.
Italien, IULLIANI, *Les Heures de récréation*, 1659, p. 96 (à la suite des *Proverbes*).

« Faites donc pas comm' ça ! ça gâte le visage.
Jérusalem ! saint Jean ! mon doux Sauveur !
Qu'il est dégourdi pour son âge !
Trois poulets d'Inde et pis Monsieur
Feroient un fringant attelage ! »

VADÉ, *Bouquets poissards.*

Je crois que c'est le lieu de rappeler que dans l'armée on appelle facétieusement *poulet d'Inde* un cheval.

25. « Gourmand comme un dindon. »

Côte-d'Or, communiqué par M. H. MARLOT.

26. « On appelle *puoténc, pioténc* celui qui n'y voit pas le soir, comme les dindons. » Aveyron, VAYSSIER.

27. « Écarcailler les ails queme ine bine *(dinde)* qui pond à l'ombre. » Poitou, L. DESAIVRE, *Les Croyances.*

28. Au dernier siècle on disait d'une personne retirée à la campagne pour refaire sa fortune, qu'elle gardait les dindons. Aujourd'hui on emploie de préférence l'expression : planter ses choux.

29. « Der Meister iszt über die Henne, der Geselle macht sich über das Truthuhn. » Lithuanien, SCHLEICHER.

30. « Soffiare il naso ai gallinacci. » — N'être bon à rien.

Italien.

II.

1. « Pour que des œufs de dinde, que l'on a mis à couver, il ne sorte que des mâles, on danse le dimanche des Brandons autour d'un feu allumé dans les champs en chantant : *tous cos, tous cos* (tous coqs.) » Gâtinais, communiqué par M. L. MALON.

2. « A Laminne (pays de Liége) on implore saint Bernard pour la réussite des poules, des dindons et de leurs couvées. »

A. HOCK, t. III, p. 119.

3. « Le coq d'Inde se met en colère quand on l'appelle *Jésuite* (1) »

« Zum Indian (Truthahn) sagen die Kinder :
Roth und blau is ned schön, pfui, pfui, pfui ! schneuz da ! »

Basse-Autriche, BLAAS.

Cf. P. Sébillot, *Traditions*, 1882, vol. II, p. 140.

4. « Crece y mengua y no es la mar,
Tiene corona y no es rey,
Tiene barbas y no es capuchino,
Tiene cascabeles y no es perro chino. » — Pavo.

Devinette espagnole, DEMOFILO.

5. « Tambour dansé dans milié so la cour. » — Un tambour danse au milieu de la cour. — Un dindon.

Devinette de l'île Maurice, BAISSAC.

NUMIDA MELEAGRIS. — LA PINTADE.

1. D'une manière générale cet oiseau est appelé :

PINTADE, *f.* français.

PINTARDO, *f.* Tarn, Gary. — Aveyron, Vayssier.

PINTARDE, *f.* français vulgaire.

PINTARRO, PINTARO, *f.* Aveyron, Vayssier. — Corrèze, communiqué par M. G. de Lépinay.

PINTADO, *f.* Bagnères de Bigorre, com. par M. A. Cazes.

PINTALE, *f.* Côte-d'Or, communiqué par M. H. Marlot.

PINTO, *f.* Lauragais, communiqué par M. P. Fagot.

Synonymes étrangers (2) :

Gallenna d'Endia, Parme, Mal. — **Pipilica**, **Bibilica**, **Pichere**, roumain, Cihac. — **Perlhuhn**, **Perlhenne**, **Guineische Henne**, **Africanisches Huhn**, **Pharaonshuhn**, **Perlin**, allemand, Nemnich.

2. Noms du mâle :

PINTAR, *m.* Corrèze, communiqué par M. G. de Lépinay.

(1) En réalité les dindons se mettent en colère quand on les siffle, et quand on les interpelle d'une certaine manière. Leur fureur est très amusante.

(2) Sur la pintade dans l'antiquité classique voyez Hehn, *Kulturpflanzen und Hausthiere*.

PÈRE PINTA, *m.* Côte-d'Or, communiqué par M. H. Marlot.

3. Nom de la jeune pintade :

PINTARROU, *m.* Corrèze, communiqué par M. G. de Lépinay.

4. « Pousser des cris de pintade. » — Locution française employée dans X. de Montépin, *La marquise de Castelli.*

« Quand les pintades font entendre leur jacassement on dit qu'elles tournent la meule. » Loiret, comm. par M. L. MALON.

PAVO CRISTATUS. — LE PAON.

I.

1. Noms donnés au mâle :

PAVOUN, *m.* Alpes cottiennes, Chabrand et Rochas.
PAVON, *m.* fribourgeois, Grangier.
PAVAN, *m.* Menton, Andrews.
POBOUN, PAOUN, POOUN, *m.* Aveyron, Vayssier.
PAOU, *m.* Castres, Couzinié.
PAON, *m.* (prononcez *pan*) français.
PAUN, *m.* breton.

Synonymes étrangers :

Pavus, Pavo, lat. — **Pavone, Pagone, Paone,** it. — **Pavon, Pavo, Pavo-real,** esp. — **Pavâo, Pavo,** port. — **Paauw,** holl. — **Paafugl,** danois. — **Pea, Peacock,** angl. — **Pfau,** all. — **Pàv,** tchèque. — **Pàw,** polonais. — **Pàva,** hongrois. — Παβόνι, Παγώνι, grec mod. — **ćandrakavant, Ahiripu, Ahibhuǵ, Ahidvish,** (*ennemi des serpents*) **Atyûha, Kekâ,** (*onomatopée*) **Kakavâku, Kékavâla, Kântapakshin,** sanscrit. — **Teir-i taûsi,** kurde, Justi. — **Thavous gouchou,** turc.

Sur l'origine du mot thukiim (*paons*) de la Bible, voy. un article de M. Vinson dans la *Revue de Linguistique*, t. VI, 2e fasc., oct. 1873, et Max Müller, *La science du langage* (trad. franç., p. 215).

2. Noms donnés à la femelle :

PAONNE, *f.* (prononcez *panne*) français.

PANTE, *f.* Centre, Jaubert.
PABO, *f.* Castres, Couzinié. — Aveyron, Vayssier.

Synonymes étrangers :

Pava, lat. — **Pavonessa, Paonessa,** it. — **Pava,** esp. — **Pauna, Pauneasa, Paunitsa,** roum., Cihac. — **Pea-hen,** angl. — **Pfauhenne,** all. — **Paauwin,** holl.

3. D'une personne qui s'énorgueillit comme un paon on dit :

FAIRE LA ROUE, FAIRE LE PAON, SE PAVANER [1], ÊTRE ORGUEILLEUX COMME UN PAON, français.
SE PABOUNÁ, Aveyron, Vayssier.
SE PABANA, Tarn, Gary.
PANADER, PENNADER, SE PANADER, PANADER, français (ces mots sont tombés en désuétude).
SE COUFLA COUMO UN PAOU, Castres, Couzinié.

Synonymes étrangers :

Pavoneggiarsi, it. — **Pavonearse,** esp. ; port. — **Paunesc,** roumain, Cihac.

4. Poëtevin (*Diction. franç.-all.*, 1728) interprète ainsi le mot français *queue de paon* : (in Gebäuden, Gärten, Grottenwerken, etc.) eine runde Figur aus deren Mittelpunct Striche nach dem Umkreise zu gehen, dasz sie also fast wie ein Pfauenschwanz aussieht.

5. « On appelle en allemand *Pfauenfederdruse* une pierre feuilletée irisée qui a l'éclat des plumes du paon. »

Géologie, BEURARD.

6. « On appelle en allemand *Pfaustein* (la pierre de paon) une sorte de pierre panachée des plus riches couleurs, et que l'on a prise quelque temps pour une gemme opaque, mais qui, ensuite, a été reconnue pour une nacre de perle taillée et polie de biais dans sa plus grande épaisseur. » *Géologie*, BEURARD.

II.

1. « S'ingonfia cumme u pavone ma unn' ha che da guardassi i pedi per abbassá l'ale. » Corse, MATTEI.

(1) Voyez à propos d'une forme *se pavonner*, Littré, *Dict. Supplément* au mot *pavaner*.

« O pavão esmorece quando olha para os pes, por os ter feios. »
Portugal, PEDROSO.

On prétend que le paon cesse tout à coup de faire la roue quand il jette par hasard les yeux sur ses pieds et devient tout honteux de les avoir si laids.

Cf. « Of the swan the common saying is that every time it looks at its feet it mourns. It does so because their black colour detracts from its beauty. » Écosse, W. Gregor, *Notes on the Folk-lore of the North-East of Scotland.*

2. « It is said that the peafowl does not pair sexually, but that the hen picks up the seminal fluid shed by the gorgeous cock-bird while dancing. »
Inde moderne, *Popular native prejudices connected with Natural History* (*Indian Daily-News*, june 1870.)

3. « Quand le paon se réveille la nuit et qu'il ne peut se voir au milieu des ténèbres il pousse des cris affreux croyant avoir perdu sa beauté. » GESNER (1557), cité par BREHM, *La Vie des Animaux.*

4. Sur *le vœu du paon* au moyen-âge, voyez La Colombière, *Théâtre d'honn.*, t. I, pp. 381 et suivantes ; La Curne de Sainte Palaye, *Mémoires sur l'anc. chevalerie*, t. I, 3e partie, pp. 184 et suivantes ; Legrand d'Aussy, *Hist. de la vie privée des Français*, Paris, 1782, t. I, pp. 299 et suivantes.

Sur le vœu analogue *du faisan*, voyez Marchangy, *La France au XIVe siècle*, t. I, p. 11.

5. Dans un conte breton (LUZEL, *Veillées bretonnes*, p. 152), il est question d'une plume de paon qui est sur un arbre et qui brille comme le soleil.

PHASIANUS COLCHICUS. — LE FAISAN (1).

1. Noms donnés au mâle :

COQ FAISAN, FAISAN, *m.* français.

(1) Ce n'est guère que par suite des soins artificiels qu'on donne à son élevage, que cet oiseau existe en France à l'état plus ou moins sauvage, c'est pourquoi j'ai cru pouvoir le compter au nombre des oiseaux domestiques.

FAGIAN, *m.* mentonnais, Andrews.

Synonymes étrangers :

Fagiano, it. — **Faisant, Faisant-Vogel, Boshoen**, hollandais.

2. Noms de la femelle :

POULE FAISANE, FAISANE, *f.* français.

Synonyme étranger :

Fagiana, italien.

3. Nom du jeune faisan :

FAISANDEAU, *m.* français.

4. « On appelle *faisanderie* l'enclos où on élève les jeunes faisans et *faisandier* l'homme chargé d'en prendre soin. »

Acclimatation, 30 mars et 21 décembre 1879.

5. « On appelle *la pique* le caprice qu'ont certains faisans de donner un coup de bec sur la croupe d'un compagnon de captivité. Si une goutte de sang paraît, tous les autres faisans imitent son exemple et le becquettent à qui mieux mieux jusqu'à ce qu'il succombe. Après cela la vue du sang les enivre et ils cherchent tous à se becqueter. »

GAYOT, *Les petits quadrupèdes de la maison et des champs*, t. I, p. 69.

6. « Guastar la coda al fagiano. » — Gâter la queue du faisan. — Raconter une histoire en supprimant la partie la plus intéressante.

ANSER DOMESTICUS. — L'OIE.

I.

1. Noms donnés à cet oiseau d'une manière générale, sans distinguer les sexes :

AUCA, AOUCA, *f.* ancien provençal.
AUCO, AOUCO, *f.* languedocien. — provençal moderne.
AOUQUE, *f.* Bayonne, Lagravère.

OCQUE, *f.* Isère, A. Pagès, *Usages de l'Isère,* p. 253.
AUCHO, *f.* Bas Limousin, Azaïs.
AÜCHE, AUCH, *f.* Forez, Gras. — Canton d'Escurolles, Texier.
OCHE, *f.* Centre, Jaubert.
OÜYE, ÔYE, ÔÏE, *f.* Lorraine.
OUOAÏE, OIYE, ZOYE, *f.* arrond. de Lunéville, L. Adam.
OUÊ, OUAÏÉ, *f.* Deux-Sèvres, com. par M. B. Souché.
OE, OUE, AUWE, *f.* ancien français.
EUÏE, EUYE, OUAUÏE, *f.* arrond. de Saint-Dié, L. Adam.
ÂWE, *f.* wallon.
OUILLOTTE, *f.* Plancher-les-Mines, Poulet.
CACOTTE, *f.* Vosges, E. A. Seillère, *Au pied du Donon,* 1861. — Pexonne (arrond. de Lunéville), L. Adam.
GAGOTTE, GÂGOTTE, GANGOTTE, *f.* arrond. de Saint-Dié, L. Adam.
PIRON, *m.* Indre-et-Loire, de Croy. — Aunis, L. E. Meyer.
PIROU, PIROT, *m.* picard, Corblet.
PIROTTE, *f.* Poitou, Rousseau. — Pays gallot, Sébillot. — Normandie, Littré, *Supplément.*
PERRETTE, *f.* Montargis, com. par M. L. Malon.
BOURI, *m.* BOURI-CANCAN, *m.* Côte-d'Or, com. par M. H. Marlot.
BURE, *f.* BIBERON, *m.* Centre, Jaubert.
BILOT, *m.* Reims, Saubinet.
GOUVITE, *f.* Beauce orléanaise, com. par M. L. Malon.
BÊTE, *f.* Noisy-le-Sec (Seine).
ANZARA, basque, Fabre.
PAPIN, PAPINA, tsigane des pays basques, Baudrimont.
ANGLUAS, ANGLUCE, ANGOISSE, *f.* argot, Francisque Michel.
ANGLUCHE, ARNIBALE, argot, Leclair.

Synonymes étrangers :

Χήν, grec ancien. — Χήνα, grec mod. — **Anser,** lat. — **Oca,** it. ; esp. — **Och,** Brescia, Melch. — **Ebreja,** fourbesque de Parme, Mal. — **Pato,** port. — **Ganso,** esp. — **Goose,** angl. — **Roger, Tyb of the buttery,** argot anglais ancien, J. C. H. — **Gans,** all. ; holl. — **žasis,** lithuanien. — **Guska, Gusak, Gusan,** croate, serbe. — **Vakrânga, ćakrânga, Vârća, Varaṭa, Purudançaka, Sitapaksha, Sitaććhada, Hansa,** sanscrit. — **Qâz,** kurde, Justi.

2. Noms donnés au mâle :

AUC, AOUC, *m.* Castres, Couzinié.
AUCAT, AOUCAT, *m.* Landes, de Métivier. — Bagnères-de-Bigorre,

com. par M. A. Cazes. — Bas Quercy, com. par M. J. Daymard.

OOUCAT, *m.* Aveyron, Vayssier.

AOUTSAR, *m.* Corrèze, com. par M. G. de Lépinay.

OTCHÂ, *m.* arrond. de Remiremont, L. Adam.

OÙCA, ÔCA, *m.* Pays messin.

OCCÂ, OCHÊ, *m.* arrond. de Lunéville, L. Adam.

OCA, OKÂ, *m.* arrond. de Toul, L. Adam.

LOCA, *m.* arrond. de Neufchâteau, L. Adam.

UYARD, *m.* Forez, Gras.

OIR, *m.* Pays de Bray, Decorde.

ORKÉ, ORTIAIT, *m.* arrond. de Toul, L. Adam.

ORETIÈ, LAQUÊ, ACA, arrond. de Nancy, L. Adam.

RECÂ, ORQUÉE, arrond. de Mirecourt, L. Adam.

GABRE, *m.* Aveyron, Vayssier.

GARZ, *m.* breton.

GAR, *m.* picard, Corblet. — Bessin, Joret. — Guernesey, Mét. — ancien français.

GÂ, *m.* Formigny (Normandie), Joret.

JARC, *m.* Deux-Sèvres, com. par M. B. Souché.

JARS, *m.* français.

JAIR, JAI, *m.* Côte-d'Or, com. par M. H. Marlot.

JAIR, ZÂR, ZAIR, *m.* Morvan, Chambure.

JÂ, *m.* Gâtinais, com. par M. L. Malon. — Arrond. d'Épinal, L. Adam. — Côtes-du-Nord, Sébillot.

JARRA, JORÂ, JORRÂ, JORA, JERA, JERÂ, arrondissement d'Épinal, L. Adam.

JARRÂ, JÉRA, JORÒ, arrond. de St-Dié, L. Adam.

JORAI, JARAT, *m.* arrond. de Lunéville, L. Adam.

CHAUD, Deycimont (arr. d'Épinal), L. Adam.

GODAR, *m.* Saône-et-Loire, com. par M. H. Marlot.

GODÀÂ, *m.* Charolais, com. par M. H. Marlot.

GANZAI, *m.* Montbéliard, Contejean.

GANZA, *m.* Ramonchamp (arrond. de Remiremont), L. Adam.

BÈGUE, *m.* Vaudois, Callet.

BIGÂ, BIGA, BIGUÊ, *m.* arrond. de Lunéville, L. Adam.

GIGÂ, *m.* Ste-Barbe (arrond. d'Épinal), L. Adam.

BRICA, *m.* Pays messin. — Meurthe-et-Moselle.

BRICÂ, BRIKÉ, BRINCA, BRITCHAI, BRIDJÈ, BRITIAI, Meurthe-et-Moselle, L. Adam.

BIRON, *m.* Châtillon-sur-Loing, com. par M. L. Malon.

PILON, *m.* Centre, Jaubert.
PIROT, *m.* Bessin, Joret.

Synonymes étrangers :

Och, Parme, Mal. — **Oco**, it. — **Cisone**, ital., Duez. — **Ocun**, Monferrat, Ferraro. — **Ganso**, esp. — **Gansàc**, **Gascán**, roumain, Cihac. — **Gander**, angl. — **Gänserich**, **Ganser**, **Ganzer**, **Gärgel**, all. — **Gärgsner**, bavarois. — **Gänsman**, Souabe. — **Ganter**, Oldenbourg, Strackerj. — **Gänseväterchen**, all., Nemnich. — **Gusi**, **Gusaku**, russe. — **Gasior**, pol. — **Husa**, **Hus**, **Husak**, tchèque.

3. Noms donnés à la femelle :

AUCA, AOUCA, *f.* Menton, Andrews.
AUCO, AOUCO, *f.* languedocien.
AOUCHO, *f.* Creuse, com. par M. F. Vincent.
AOUTSO, *f.* Corrèze, com. par G. de Lépinay.
OIRESSE, Pays de Bray, Decorde.
OUGEONNE, OUGEOTTE, *f.* Côte-d'Or, com. par M. H. Marlot.
BIROUNE, *f.* Centre, Jaubert.
BIRETTE, *f.* Châtillon-sur Loing, com. par M. L. Malon.
PÉRÉTE, PIROTTE, *f.* Bessin, Joret.
PIGE, *f.* Environs de Montargis, com. par M. L. Malon.
GUAZI, *f.* breton.

Synonymes étrangers :

Gansa, esp. — **Gansca**, **Gasca**, roumain, Cihac. — **Varaţi**, **Varală**, sanscrit.

4. Dans son jeune âge, l'oie est appelé :

AUCOU, AOUCOU, *m.* Tarn. — Lot. — Gard. — Haute-Garonne.
AOUCAT, *m.* Bayonne, Lagravère.
AOUTSOU, *m.* Corrèze, com. par M. G. de Lépinay.
OOUCHOU, *m.* Creuse, com. par M. F. Vincent.
OISON, *m.* français.
OUYON, ÔYON, ÔSSON, *m.* Pays messin.
ÔYOTTE, *f.* Montbéliard, Contejean.
OUGEON, *m.* Côte-d'Or, com. par M. H. Marlot.
OCHON, PILOT, *m.* Centre, Jaubert
PIRON, *m.* Poitou, Rousseau.
PIRAN, *m.* Pamproux (Deux-Sèvres), com. par M. B. Souché,

PIROTTE, *f.* (= oie d'un an), Deux-Sèvres, comm. par M. B. Souché.

BEROU, *m.* (= tout jeune oison), Bas Quercy, com. par M. J. Daymard.

Synonymes étrangers :

Ochén, *m.* **Ochénna**, *f.* Parme, Mal. — **Ochèt**, *m.* piém. Zalli ; Brescia, Melch. — **Ochi**, Brescia, Melch. — **Papero, Paperello, Paperetto**, *m.* **Papera**, *f.* ital. — **Pápara, Papira**, sicil., Pitrè. — **Patinho**, port. — **Gansaron**, esp. — **Gosling**, anglais.

5. La personne qui garde les oies est appelée :

AUQUIÈ, *m.* AUQUIERO, *f.* Toulouse, Noulet, *Las Ordenansas*, p. 99.

AOUQUIÈ, AOUCATIÈ, *m.* (signifie aussi *marchand d'oies*), Bas Quercy, com. par M. J. Daymard.

AOUCAYRE, *m.* Castres, Couzinié.

OISOUNIÈRE, *f.* Centre, Jaubert.

VIROÙNA, *m.* Deux-Sèvres, com. par M. L Desaivre.

Synonyme étranger :

Pateiro, portugais.

6. Pour faire venir les oies on leur dit :

BOURI ! BOURI ! Côte-d'Or, com. par M. H. Marlot.

BURE ! Centre, Jaubert.

VIROU ! VIROU ! Deux-Sèvres, com. par M. L. Desaivre.

BEROU ! BEROU ! Bas Quercy, com. par M. J. Daymard.

BIBERI ! Centre, Jaubert.

PIR ! PIR ! Aunis, L. E. Meyer. — Deux-Sèvres, com. par M. L. Desaivre.

PIR ! PIR ! PIRON ! Deux-Sèvres, com. par M. B. Souché.

PIRO, MES PETITES ! PIRO, PIRÒ, MES PETITES ! patois gallot. Sébillot.

VRISSE ! VRISSE ! VRISSET ! Deux-Sèvres, com. par M. B. Souché.

VRICHE ! VRICHET ! Deux-Sèvres, com. par M. B. Souché.

LOUSSE ! LOUSSE ! LOUSSE ! Deux-Sèvres, com. par M. B. Souché.

BOISSI ! Montbéliard, Contejean.

Synonymes étrangers :

Gusse Gusse ! Will Will ! Wille Wille ! Prusse, Frischbier.

7. Interprétation du cri de l'oie :

CAN ! CAN ! CAN ! Loiret, com. par M. L. Malon.

Synonymes étrangers :

Gagag ! all. — **Gaga** ! all. — **Ga** ! **Ga** ! **Ga** ! all. — **Gagack** ! all. — **Gick** ! **Gack** ! all. — **Da** ! **Da** ! **Da** ! allemand, Wackernagel.

8. De l'oie qui fait entendre son cri, on dit :

COUAQUER, CAQUER, patois gallot, Sébillot.
CANQUENER, Morvan, Chambure.
JARGONNER, ancien français.
CRACASSER, Deux-Sèvres, com. par M. B. Souché.
BUFFA, (se dit de l'oie en colère qui siffle) Toulouse, Poumarède.

Synonymes étrangers :

Παππάζειν, Πλαταγίζειν, grec ancien. — **Gasaesc** (siffler comme une oie), roumain, Cihac. — **Gagen**, **Gagelen**, **Gacken**, **Gagagen**, **Schnadern**, **Schnattern**, **Tadern**, **Dadern**, allemand. — **Gagelen**, **Gaggelen**, hollandais.

9. La peau du ventre garnie de plumes qui pend entre les jambes des oies souvent jusqu'à terre est appelée :

PANOULHO, *f.* Toulouse, Poumarède.
PAMPOUILLO, *f.* Bas Quercy, com. par M. J. Daymard.

10. Le duvet de l'oie est appelé :

BOURRO FOLO, *f.* Toulouse, Poumarède. — Bas Quercy, com. par M. J. Daymard.

11. Du jars qui couvre la femelle, on dit :

JAICHER, JÂCHÉ, Côte-d'Or, com. par M. H. Marlot.
JARGAUDER, français dialectal, Ménage cité par Diez.
JARQUER, Deux-Sèvres, com. par M. B. Souché.

12. Gorger les oies et les canards avec du maïs ou autres grains qu'on leur fait avaler de force au moyen d'un entonnoir fait exprès, se dit :

EMBUCA, TUTA, Toulouse, Poumarède.
EMBÉQUA, Bas Quercy, com. par M. J. Daymard.
GOUJER, Deux-Sèvres, com. par M. B. Souché.

13. En style culinaire, le cou, le bout des ailes, les pieds, le gésier, c'est-à-dire, les abatties de l'oie, sont appelés :

LA PETITE OÜE, ancien français, Duez.
LA PETITE OIE, français.
L'OUÏENÂ, fribourgeois, Grangier.
LES OÏENAS, LES OÏONAS, Vaudois, Callet.

Synonymes étrangers :

Ragaglie di oca, ital. — **Ganze Kroost**, holl. — **Giblets**, angl. — **Gänsepfeffer**, **Gänseklein**, allemand.

On appelait aussi autrefois *la petite oie* (dans Duez *la petite oue d'habit*) les rubans, la cravate, les manchettes, les bas et gants qui assortissent un habit neuf.

La petite oie signifiait encore les menues faveurs qu'une jeune fille croit devoir accorder à son fiancé (1).

Enfin un dernier sens de *petite oie* était celui d'*enjeux*, *masse déposée au jeu* (dans le sens où aujourd'hui nous employons le mot *poule*). MARIN, *Dict. holl.-franç.*, 1728, *sub verbo* pot.

14. Une personne sotte, niaise, est souvent appelée :

UNE OIE, *f.* UN OISON, français.
UN FRANC OISON, UN OISON BRIDÉ (2), *m.* français (expressions tombées en désuétude).
OUYAT, *m.* OUYATTE, *f.* Pays messin, D. Lorrain.
AOUTSOU, *m.* Corrèze, com. par M. G. de Lépinay.

(1) La petite oie ; enfin ce qu'on appelle,
En bon français les préludes d'amour.
Lafontaine, *L'oraison de Saint-Julien.*

(2) « On appelle *oie bridée* une oie sur l'estomac de laquelle on coud une petite barre transversale de bois léger pour qu'elle ne puisse pas traverser les haies et fourrager les prés et les récoltes. »
Dureau de la Malle, *Le bocage percheron*, I, 50.

Synonymes étrangers :

Cervel d'oca, Oca bagnata, it. — **Gansaron,** esp. — **Gänsemichel, Gänsekopf, Eine dumme Gans,** all. — **Giddy goose, Goose, Goose cap,** anglais.

« Il se laisse mener comme un oison. » Français.

« Bête comme une oie. » Français.

« Bechtié ceum' un aoutso. »
Corrèze, communiqué par M. G. de Lépinay.

« És caduc *ou* bestio coumo uno aouco. »
Lauragais, communiqué par M. P. Fagot.

« *Oisonner* = faire, dire des bêtises. » Picard, Corblet.

« Aver meno cervello d'un 'oca. » Italien.

« Far l'oca. » — Far lo nofari, il nescio, il nanni ; fingere ignoranza, credulita. Parme, Malaspina.

« Maakt dat de ganzen wys ! » — Faites accroire cela à des sots, à des innocents ! Voilà de beaux contes ! Hollandais, Marin.

15. « Médecin de las aoucos. » — Se dit d'un empirique.
Armagnac, Bladé.

16. « Semblo uno aouco. » — Se dit d'une fille à long cou et à mauvaise tournure. Castres, Couzinié.

17. « On appelle gabre, ooucat (mot à mot *jars*), une fille ou femme hommasse. » Aveyron, Vayssier.

18. « Fourni d'entendement comme un oison de creste. » — C'est-à-dire sot, niais. Français, Cotgrave.

« Quando le oche faran la cresta. » — C'est-à-dire jamais.
Italien, Duez.

« A rivederci quando le ocche faran la cresta. »
Italien, Duez.

« Com un' oc di cresta. » — (Il a de cela) comme une oie a une crête, c'est-à-dire, il n'en a pas. Italien, Duez.

« E gli avanza il senno come la gresta all' ocche. »
Italien, Pescetti.

19. « Sie sind so dumm dasz sie die Gänse beissen. » — Ils sont si sots qu'ils se laissent mordre par les oies. Allemand.

20. « To get the goose, to be goosed. » — Être sifflé, en parlant des acteurs sur la scène. Anglais, J. C. H.

21. « Les nyais sont en tutelle et les oysons leur font peur avec le souffle. » *Glossaire de l'ancien théâtre français.*

« So ist's, als pfiffe ihn eine Ganspan. » — Ça ne lui fait pas d'effet ; c'est comme si une oie en colère soufflait contre lui. Allemand.

22. « Cridâ coumo n' aoucho sourdo. » — Crier comme une oie sourde. Creuse, communiqué par M. F. VINCENT.

23. « Où femmes y a, enfans, oisons,
Cacquets n'y manquent à grand foison. »
Ancien français, LEROUX DE LINCY.

« Vous faites plus de bruit qu'un cent d'oyes et si vous estes tout seul. » *Glossaire de l'ancien théâtre français.*

« Ove son femmine e oche, non vi son parole poche. » Italien.

« Due donne e un' oca fanno un mercato. » Italien.

« Na femmena e na papera revutarono Napule. » Napolitain.

« 'na fimmina e 'na papira fannu 'na fera. » Sicilien, PITRÈ.

« Na fimmena e 'na papara 'mpigghia na fera. » — Une femme et une oie mettent un marché en désordre. Lecce, Apulie, REINSBERG.

« Dove son donne e ocatti — son piu parole che fatti. » Italien, IULLIANI.

« Dov donni e uñ oca fan un merca. » Parme, MALASPINA.

« Do done e un' oca fa un marca. » Venise, PASQUALIGO.

« Drei Weiber, drei Gänse und drei Frösche machen einen Jahrmarkt. » Allemand.

« Drei Weiber und eine Gans machen ein Markt. » Allemand.

« Drei Weiber, drei Gänse, drei Enten machen einen Jahrmarkt. » Bavière.

« Wo Gänse sind, da ist Geschnatter und wo Frauen, da sind viel Mären. » Allemand.

24. « Il entend le jars, il a mené les oies. » — Il est fin, habile. Locution française.

25. « Eine Unterredung halten wie die Gans mit dem Schweine. » — Sich gegenseitig nicht verstehen.
Lithuanien, SCHLEICHER.

26. « Die gens gagen davon. » — Les oies en jacassent. C'est une chose connue de tout le monde. Proverbe allemand.

27. « Contàrla al j'ochi. » — Predicare a' porci o al deserto. Favellare a chi non può o non vuole intendere.
Parme, MALASPINA.

« En allemand celui qui prêche dans le désert, qui parle inutilement est appelé *gänseprediger*. »

28. « Questa è la canzone dell' oca. » — Proverbio che si dice a chi dice sempre le medesime cose, come fa l'oca, che sempre fa uno stesso verso. Italien.

« La fola dl' oca. » — Même sens. Parme, MALASPINA.

29. « Lass die Leute reden, die Gänse können's nicht. »
Allemand.

« Man skal lade Folk snakke ; Gæs kunne det ikke. »
Danois.

30. « Lever la tête comme une oie dans une avoine. »
Côte-d'Or, communiqué par M. H. MARLOT.

31. « La taïte me vire quem à un piran lourd. » — La tête me tourne comme à un oison qui a le vertigo.
Deux-Sèvres, communiqué par M. B. SOUCHÉ.

32. « ... C'est moi qu'étais cotent, ah ! j'étais si cotent, qu' j'en

ouvrais les yeux dans la rue, comme une oie qu'on plume à vif dans un' basse-cour .. » *Album comique*, Paris, 1843.

33. « Er sieht aus wie die Gänse wenn's blitzt. »
Allemand.

34. « Er hat davor soviel Angst (Furcht) wie die Gans vor einer Hafergarbe. » Prusse, FRISCHBIER.

35. « L'oie, même pendant qu'elle marche, promène ses yeux de tous côtés. » — Elle semble n'avoir qu'un but, c'est de se diriger vers son gîte ; mais pendant ce temps, elle cherche, sans en avoir l'air, si le hasard ne lui ferait pas rencontrer quelque bonne pâture. — Le Talmud applique ce proverbe aux femmes, pour dire qu'elles savent arriver au but qu'elles veulent atteindre tout en ayant l'air de songer à autre chose.
Proverbe talmudique, SCHUHL.

36. « Er trinkt Gänsewein. » — Se dit facétieusement de celui qui boit de l'eau. Allemand.

« Wasser für die Gänse. » — Aux oies on donne de l'eau. Réponse à un enfant qui demande de la bière, du vin, etc.
Prusse, FRISCHBIER.

37. « Wenn eine Gans trinkt, so trinken sie alle. »
Allemand.

« Wenn eine Gans gaggt, so gaggt die and're auch. » All.

« Naar dan eine Gaasi gjeng aat Vatnet, so ganga hine og. »
Norvégien.

« När en gäs dricker, så dricka alla de andra. » Suédois.

38. « Tanto beve l' oca quanto il papero. » Italien.

« As deep drinketh the goose as the gander. » Anglais.

« En gaas drikker saa meget som en Gasse. » Danois.

39. « *Faire le broncha* se dit du jars qui fait le beau auprès de sa femelle et par extension se dit des hommes et des femmes qui font des manières. » Pays messin, recueilli personnellement.

40. « Gansen = kokettieren ; Gans = kokettes Mädchen. »
Allemand, GRIMM.

41. « Quelquefois seul à la maison,
Pour noyer sa mélancholie,
Il beuvoit autant qu'un oyson (1). »

Amitiez, amours et amourettes, par M. Le Pays. Amsterdam, 1693, in-12, (cité par Fr. Michel, dans son *Dict. d'argot.*)

42. « Fà i ochi. » — Vomitare, recere.

Fourbesque de Brescia, Melchiori.

Cf. *Faune populaire*, t. IV, p. 18, § 97 et t. V, p. 222, § 64.

43. « Vieux jarc et jeune coq (2). »

Deux-Sèvres, communiqué par M. B. Souché.

44. « Quand un fou est décidé à dérober un œuf sous une oie c'est qu'il veut bien se laisser battre par la couveuse. »

Lucas de Montigny, *Récits variés* (nouvelles provençales).

45. « Ein Gans kan kein Euleney legen, wie auch kein Ku kein Ganseyer. » Ancien proverbe allemand, Grimm.

« Eene gans kan geene uileneijeren leggen. » Hollandais.

« A wild goose ne'er laid tame eggs. » Écossais.

46. « A gude goose may hae an ill gaislin. » — Une bonne oie donne quelquefois naissance à un méchant oison.

Proverbe écossais, Reinsberg.

47. « Far la pela d'oca. » — Arruvidare, contrarre quella ruvidezza che è cagionata da soverchio freddo nelle carni. Far la pella accapponata. Parme, Malaspina.

« Gnir la pela d'oca. » — Aggrezzare. Sentirsi accaponar la pelle per racapriccio. Parme, Malaspina.

« Vegni la pél d'och. » — Rizzarsi i bordoni, raccapricciarsi, rizzarsi i peli per subitaneo spavento o per freddo.

Brescia, Melchiori.

(1) L'oie boit beaucoup relativement aux autres animaux domestiques.

(2) On croit généralement, à tort ou à raison, que les oisons nés d'un eune mâle viennent moins bien que les autres.

« Gänsehaut = die menschenhaut, wenn sie durch kälte oder schreck zusammenschaudert, wo sie dann eine ähnlichkeit mit der haut einer gerupften und gebrühten gans hat. » Allemand.

L'allemand *gänsehaut* a pour synonymes : *ganzevel*, holl. ; *goose-skin*, *goose flesh*, *henflesh*, angl. ; *einefel*, Frise ; *gänsrupfen* (*plur.*), tyrolien. Voyez Grimm, *Woerterbuch*.

Cf. ci-dessus, p. 40, § 125.

48. « A penna a penna si pela l'oca. » Italien.

« Piuma a piuma se pela l'oca. » Italien.

« A poco a poco — se pela l'oco. » Vénitien.

« Feather by feather the goose is plucked. » Écossais.

« An n'ont point d' ses pieumes sans chaude ooue. » — On n'a pas de ses plumes sans eau chaude. Se dit d'un avare. Allusion à la difficulté de plumer les oies.

Pays messin, recueilli personnellement.

49. « Sie liegen mit den Gänsen in Process. ». — Se dit des adultes qui commencent à avoir un léger duvet sur la figure; on ne sait si ce duvet deviendra poil ou plume.

Locution facétieuse allemande.

« Er ist noch mit dem ganter (*l'oie mâle*) im streit. »

Prusse, Frischbier.

50. « I have a goose to pluck with you. » — J'ai un compte à règler avec vous. Anglais.

« Jag har ännu en gås oplåckad med honom. » Suédois,

51. « D'er inkje verdt aa laera gaasi symja. » — Inutile d'enseigner aux oies à nager. Proverbe norvégien.

52. Dans le visage certain rayonnement de rides qui part des tempes pour aboutir aux yeux est appelé *la patte d'oie*. Elle indique qu'on n'est plus de la première jeunesse.

53. Feraud (XVIIIe siècle) définit ainsi *la patte d'oie* : Plusieurs allées dans un parc qui aboutissent à un centre, comme les rayons du cercle.

54. « Mouiller en patte d'oie est un terme de marine qui signifie jeter trois ancres en triangle en cas de mauvais temps. »

Terme maritime.

55. « Parmi les divers genres de nœud qui se font en lanières, sont le nœud plat ou de couplière, le nœud carré ou *le nœud croisé en patte d'oie.* »

56. « A Haucourt (arrondiss. de Neufchâtel, Seine Inférieure), a lieu le 8 mai le pélérinage de saint Léonard qu'on va invoquer contre une maladie de poitrine appelée vulgairement *patte d'oie.* »

DECORDE, *Les pélérinages du pays de Bray.*

57. « On appelle *pé d'aouco, pé d'aouquet*, un pied bot, un pied contrefait. » Aveyron, VAYSSIER.

« On dit d'une personne qui a les pieds plats qu'elle a des pieds d'oie. » Bretagne, com. par M. L. F. SAUVÉ.

58. « *Florindo* : Cela est étrange que tu sois toujours sur ton ventre. — *Philippin* : Vous m'excuserez, je suis sur mes deux pieds comme une oye. » *Gloss. de l'anc. théâtre français.*

59. « *Madame Angot, trépignant* : Et l'on ne me venge pas ! on ne l'écrasera pas devant moi. — *Julie* : Tenez, tenez, *le rigaudon, la danse des oies* (1) ! »

AUDE, *Mme Angot, au sérail de Constantinople*, comédie représentée en 1800, à Paris.

60. « Il est comme l'ouillotte blanche (*l'oie blanche*),
S'il n'a mal à la patte, c'est à la hanche. »

Franche-Comté, PERRON.

61. « Ai laie pie d'ôyotte = à cloche pied (mot à mot à pied d'oison. » Montbéliard, CONTEJEAN.

62. « Als Antwort auf die Frage, warum etwas so und so sei ? — Warum gehen die Gänse barfusz ? — Weil ihre Eltern auch barfusz gegangen sind. Sitten und Gewohnheiten erben sich fort. »

Juif-allemand, A. TENDLAU.

(1) Il est sans doute fait allusion aux oies qu'on fait danser en le plaçant sur une plaque de tôle fortement chauffée.

63. « Die gänse überall barfusz gehen. » — Quoiqu'on en dise, on a autant de misère dans un pays que dans un autre. Se dit à propos d'un pays que l'on vante. Allemand.

« Hierom en daerom gaen de ganssen baeruoets. » — En plus d'un endroit les oies vont pieds nus.

Proverbe ancien flamand, REINSBERG.

64. « Il n'est pas plus étonnant de voir une femme pleurer que de voir une oie marcher sans souliers. »

WALTER SCOTT, *Rob Roy*, trad. Defauconpret.

65. « I r'sane les osons, il a l' crasse au cul. »

Rouchi, HÉCART.

66. « Accoutré seray en oyson ; — je n'auray plus au cul que plume. » *Glossaire de l'ancien théâtre français.*

67. « Sinti à s'cou kmint les âw' vesset. » — Sentir à son cul comment les oies vessent. Juger d'autrui par soi même.

Wallon, DEJARDIN.

68. On donne à une certaine couleur vert-jaunâtre les noms suivants :

CACA D'OIE, MERDE D'OIE, MERDE D'OYSON [1], français.

Synonyme étranger :

Gänsdreckfarbe, allemand.

« Miniminem, coleur di stron d'âwe. » — Formule facétieuse pour dire qu'une chose est de couleur indécise, indéterminable.

Wallon, DEJARDIN.

69. « Andar come oen och.» — Scacazzare, aver uscita o la diarea.

Brescia, MELCHIORI.

« Schirlar (*var.* : andar) cmè un oca. » — Aver la scacquerella. Cacar liquido. Parme, MALASPINA.

(1) Filipin : « J'ayme cette couleur qu'on dit : merde d'oyson,
Elle réjouit l'œil. »

Scarron, *L'héritier ridicule*, 1684.

70. « Far come l'oca. » — Faire comme les oyes, manger et ch... tout ensemble. Italien, DUEZ.

« Chi non fa come l'oca — la sua vita è breve e poca. » — Cioè mangiare, cacare ; perche l'oca fà tutto a un tempo.
Italien, PESCETTI.

71. « Vivere alla paperina. » — Vivere squisitamente.
Italien.

72. « Mit den Gänsen sollen wir trinken, aber nicht essen. » — Pour se bien porter il faut boire beaucoup et manger peu.
Allemand.

73. « Tanto và l'oca al torso che vi lascia il becco. » Ital.

« Die Gans geht so lang zur Küche bis sie am Spiesze stecken bleibt. » Allemand.

« Gåsen går så länge i köket, hon fastnar en gång på spettet. » — A force d'aller à la cuisine l'oie finit par se faire embrocher.
Proverbe suédois.

74. « E come un torso trà cento oche. » — Comme une fraise dans la gueule d'un loup. Italien, PESCETTI.

75. « Eine Gans die im Hafer gewesen ist, lässt es nicht mehr. »
Prusse, FRISCHBIER.

76. « Dar la lattuga in guardia ai paperi. »
Brescia, MELCHIORI.

« Dar l'uva in guardia a' i paperi. » Italien, DUEZ.

« Den jungen Gänslein den Salat zu verwahren geben. »
Allemand.

77. « He sets the fox to watch his geese. » Anglais.

« Ein skal inkje setja Reven til aa gjaeta Gjaeserna. » — Il ne faut pas préposer le renard à la garde des oies. Norvégien.

78. « Venez, le bec de l'oye est orlé. » — C'est-à-dire : l'occasion est bonne, la chose est sûre.
Glossaire de l'ancien théâtre français.

« Fare il becco all' oca, modo basso, che vale : conchiudere, e terminare il negozio, che si ha fra mano. » Italien.

79. « Tener l'oche in pastura. » — Tenir les oies en pasturage, c'est-à-dire : amuser, payer d'espérance, tenir le bec dans l'eau.
Italien, DUEZ.

80. «Parere un' oca impastojata. » — Si dice ad un dappoco che non sappia uscir di nulla ch'è faccia. Italien.

« Parèr un oca imbalzada. » — Même sens.
Parme, MALASPINA.

81. « Les oysons meinent les oyes paistre. »
Ancien français, NUCÉRIN.

« Les oisons veulent mener paistre leur mère. »
Proverbe français.

« L'oison mène l'oye paistre, et le béjaune précède le maistre. »
Proverbe ancien français, LEROUX DE LINCY.

« I paperi vogliono menare al ber l'oche. » Italien.

« I paperi menano a ber l'oche. » Italien.

« J'ochèt meno j'öche a beive. » Piémont, ZALLI.

« Junge Gänse wollen die alten zur Tränke führen. »
Proverbe allemand.

82. « Envoyer quelqu'un paître les oies. » — Envoyer quelqu'un promener. Français, FERAUD, XVIIIe siècle,

Aujourd'hui on dit simplement : envoyer paître quelqu'un.

83. « Geh auf die grüne Wiese Gänsedreck lesen. » — Zu Menschen, die über Sachen urtheilen, welche sie nicht verstehen.
Ermland, FRISCHBIER.

84. « Non é tempo da dar fieno à oche. » — Il n'y a pas de temps à perdre, il ne faut pas s'amuser à des bagatelles.
Italien, DUEZ.

Cf. ci-dessus, p. 67, § 294.

85. « Nous n'avons pas gardé les oies ensemble. » — Se dit à un inférieur trop familier. Bretagne, com. par M. F. SAUVÉ.

Cf. *Faune populaire*, t. V, p. 239, § 122.

86. « Qui bal pas gayre — lou fan aucayre. » — Celui qui ne vaut pas cher, on en fait un gardeur d'oies. Castres, COUZINIÉ.

87. « Guardare un branco di oche. » — Tentare una cosa difficilissimo. Italien.

88. « Un homme propre à garder les oisons en mue. » — Se dit de quelqu'un qui n'est bon à rien.

Locution française du XVIIIe siècle, POËTEVIN.

89. « Se tutti i pazzi portasser beretta bianca, pareremmo un branco d'oche. » — Si tous les fols portoient le bonnet blanc, nous ressemblerions à une troupe d'oyes. Italien, IULLIANI.

90. « Guardar l'oche al preto. » — Garder les oies du curé ; être enterré ; être là où paissent les oies du curé. Italien, DUEZ.

« Dem Pfaffen die Gänse hüten. » — Être mort.

Allemand, POËTEVIN.

Cf. ci-dessus, p. 68, § 308.

91. « Mandar uno al ponte all' oca. » — Insegnar gli a castigar la moglie. Italien, PESCETTI.

92. « Li auca s'engraissoun a l'escur. » — Se dit de ceux qui sont mis en prison pour dettes. Nice, TOSELLI.

« L'oche s'ingrassano al buio. » Italien, PESCETTI.

93. « Eine fette Gans schmiert man nicht. » — On n'oint pas une oie grasse. Inutile de faire des cadeaux à plus riche que soi.

Allemand.

« Dat öss äwrig, de fette Gans den Arsch to schmeere. » — Das ist übrig der fetten Gans den Steiss zu schmieren.

Prusse, FRISCHBIER.

« Dat fehlt ok noch, de fette Gans den Arsch to schmeere. »

Prusse, FRISCHBIER.

94. « On n'sâreut magnî n' crâsse awe, s'on n' l'a. » — On ne saurait manger une oie grasse si on ne l'a.

Proverbe wallon, DEJARDIN.

95. « Es ist dir gedroht wie einer fetten Gans. » All.

96. « Tu sei l'oca. » — C'est fait de toy, c'est de toy que l'on parle. Italien, DUEZ.

97. « Tre cava soun marridi coura soun maigri : li auca, li frema e li cabra. » — Trois choses sont mauvaises quand elles sont maigres : les oies, les femmes et les chèvres. Nice, TOSELLI.

98. « Dell' oca mangiane poca. » Italien, PESCETTI.

« Donne e oche tienne poche. » Italien.

« Fimmina e pàpari quantu menu pôi. » Sicilien, PITRÈ.

99. « La farce vaut mieux que l'oison. » — La sauce vaut mieux que le poisson. Français, RAISSON, *Les Jeux*.

« Buon pane e cattiva ocha. » Italien, PESCETTI.

100. « Bon oison, mauvaise oye. » Ancien français.

« Buon papero e cattiv' oca. » — Sage pendant la jeunesse, diable dans l'âge mûr. Italien.

« Bona papara e trista oca. » Sicilien, PITRÈ.

« Guets Gänsli, bösi Gans. » Suisse allemande.

101. « He that has a goose, will get a goose. » — L'eau va toujours à la rivière. Proverbe écossais.

Cf. ci-dessus, p. 73, § 346.

102. « To loose a goose and get a feather. » Anglais.

103. « Dar un' ocha per un papero. » — Faire un marché de dupe. Italien, PESCETTI.

104. « Man giver gierne Ræven en Gaas for at faae hans Bælg. » — On abandonne volontiers une oie au renard pour pouvoir le prendre. Faire un petit sacrifice pour un gros résultat. Proverbe danois.

105. « By little and little the wolf eateth up the goose. » Proverbe anglais.

106. « Laisse venir le temps comme l'oie laisse croître l'épi. » Proverbe de la Bohême, *Almanach de Carlsbad*, 1841.

107. « Noi conosciamo i bufoli dall' oche. » Ital., PESCETTI.

108. « Ich kenn' sein' Gänse un sein' Hühner. » — Je le connais à fonds. Proverbe juif-allemand, A. TENDLAU.

109. It's ill taking corn frae geese. » Prov. écossais.

« Det er int' godt at kobe Havre af e Gæs. » Danois.

« Det är ej godt köpa hafre af gåsen. » Suédois.

110. « Ses poies, c'est des âwes. » — Ses poules sont des oies. Il a toujours tout meilleur que les autres, Wallon.

« Tos ses oûs sont des oûs d'âwe. » — Tous ses œufs sont des œufs d'oie. Wallon, DEJARDIN.

« All your geese are swans. » Anglais.

« His geese are a' swans. » Écossais.

111. « A la Candelère — toque lou c.. a l'auque bère ; si l'œu nou ha — que l'habera. » — A la Chandeleur — touche le c.. à l'oie belle (à la couveuse) — si elle n'a l'œuf, — elle l'aura bientôt.
Béarn, LESPY.

« Candlemas Day, the good housewife's goose lay ;
Valentine's Day, yours and mine may. »

That is, geese if kept warm and properly taken care of, the common practice of good housewives, will lay eggs by the 2nd of February ; if not, they will in any case do so by the 14th.
Norfolk, GLYDE, *Norfolk Garland.*

112. « Si février donne du froid, mars mène paître les oies. »
Proverbe fribourgeois, *Romania* 1877, p. 87.

113. « Quand les oies couvent on connaît les bons blés. »
Deux-Sèvres, SOUCHÉ, *Proverbes*, etc.

114. « Per Sent Morti — L'aouco ol toupi
Barro toun bi, — Coubido toun besi. »

A la St-Martin, l'oie au pot (pour en conserver la viande dans la graisse), coule ton vin, et invite ton voisin.
Aveyron, VAYSSIER.

Cf. *Faune populaire*, t. V, p. 236, § 92.

115. « Gänsetod = nom du mois de juin en certains pays parce que beaucoup de jeunes oies périssent à cette époque. »

Allemagne, GRIMM.

116. « Quand un *soula* d'oies (un troupeau d'oies) est pris sur le terrain d'autrui faisant du dégât, on attrape le jars, on lui arrache une plume qu'on lui introduit dans les narines. Le propriétaire est ainsi prévenu d'avoir à veiller désormais sur ses bêtes. »

Deux-Sèvres, com. par M. B. SOUCHÉ.

117. « Celuy qui a mangé l'oye du roy, cent ans après doit en rendre la plume. » — C.-à-d. qu'on est sujet à de grandes recherches quand on a volé l'argent du roi et qu'il n'y a pas prescription.

Ancien français.

« Qui mange l'oye du roi, à cent ans de là en chie la plume. »

Français, LEROUX DE LINCY.

« Qu manjo l'auquo dou Segnour, au bout de cent ans raquo la plumo. »

Prov. provençal moderne.

« Chi mangia l'oca alla corte, in capo all' anno caca le penne. »

Italien.

« Chi magna le oche del re, resta sofegà (soffocato) da le pene. »

Vénitien, PASQUALIGO.

« He that eats the kings goose, shall be choked with the feathers. »

Anglais.

II.

1. « Ræven tager ogsaa de talte Gæs. » — Même quand les oies sont comptées le renard les mange.

Proverbe danois.

« Dât reef namt ock têld Gäis. » — Même signification.

Frise septentrionale, REINSBERG.

Cf. *Faune populaire*, t. V, p. 153, § 10.

2. « Cent' oche ammazzano un lupo. »

Italien.

3. « Ich fahre ! sagte die Gans, als der Fuchs mit ihr zu Holz fuhr. » — Je voyage en voiture dit l'oie que le renard emportait au bois. Locut. facétieuse allemande, HOEFER.

4. « Demande à l'oie si ses pattes ne gèlent pas. »
Prov. russe, *Éléments de la langue russe*, 1791.

5. « Anser inter olores. » Latin.

« Vous y serez cogneu comme un oyson parmi les cygnes... je voulois dire comme un cygne parmi les oysons. »
Glossaire de l'ancien théâtre français.

6. « Ei ist Ei, sagte der Küster, aber er nahm das Gänseei. »
Allemand.

7. « Dem Mann ein Vogel, sagte jener Fuhrmann und legte die Gans vor sich. » Allemand.

8. « Bân d'r lî Gott ä Gänschchen gît, dân gitt ä au ä Räschchen.» — Wem der liebe Gott ein Gänschen gibt, dem gibt er auch ein Stückchen Rasen. Thuringe, REINSBERG.

9. « Da er über die Elbe eine Gans flog, kam er eine Gans herwieder. » Allemand.

« Es fliegt eine Gans übers Meer, Und kommt ein Gagack wieder her. » Allemand.

« Flög' eine Gans übers Meer, Käm' eine Gans wieder her. »
Allemand.

« Es gehet die Gans über den Rhein und kommt Gack Gack wieder herein. » Allemand.

« Hans hinüber, Gans herüber. » Allemand.

« Gaes flaug yfir Rin, kom aptrganga heim. » — Une oie vola au-delà du Rhin et oie elle revint. Prov. islandais.

« Eene gans vliegt wel over het meer, maar komt ook als gans weder terug. » Hollandais.

« Send a goose to Dover and a goose will come over. »
Anglais.

10. « Come i paperi di monna Bionda, allevato nelle corti. » — Comme les oisons de dame Bionda, eslevé et nourry dans les cours ; se dit de celuy qui n'a jamais esté hors de son pays. »

Italien, DUEZ.

11. « On appelle les oies du frère Philippe *les femmes*. Cette locution provient d'un conte de Lafontaine lequel est tiré de Boccace qui, à son tour, l'a emprunté à une pieuse légende du moyen-âge. Un jeune homme élevé loin du monde voit pour la première fois des femmes ; le jeune homme touché de cette vue demande ce que c'est ; le vieillard répond : ce sont des oies. »

LITTRÉ, *Supplément.*

12. « Come disse colui che ferrava le oche, ci è da far per tutto. » — Comme dit celui qui ferroit les oies, il y a de la besongne partout.

Italien, DUEZ.

13. « Cau pas qu'un cop enta trouba un hèr d'aouco. » — Il ne faut qu'une fois pour trouver un fer d'oie.

Armagnac, BLADÉ, *Prov. et Devin.*, p. 56.

14. « Sà da qual piede il maliscalco ha inchiodato l'ocha. »

Italien, PESCETTI.

15. « He that will meddle with all things, may go shoe the goslins. » — S'il n'a rien à faire qu'il aille ferrer les oies.

Anglais.

16. « To steal the goose and give the giblets in alms. »

Anglais.

17. « Il frate predicava che non si dovesse rubare, e lui aveva l'oca nello scapulario. »

Italien.

« De monnik preekte dat men niet stelen mogt, en hij zelf had de Gans in zijne schaprade. »

Hollandais.

18. « Der er god Gaasegang i Skoven — sagde Ræven, da den vilde lokke Gjæssene derind. » — Il y a un fameux pâturage dans la forêt pour les oies, dit le renard qui voulait les y attirer.

Proverbe danois.

19. L'OIE ET LE RENARD.

« Un jour le renard réussit à attraper une belle oie grasse qui s'était endormie au bord d'un lac ; il la tint par son aile, et la plaisantant sur son gloussement et sur ses craintes, il lui dit : « Si tu me tenais dans ton bec comme je te tiens maintenant, dis-moi, que ferais-tu ? — Ah ! dit l'oie, tu me poses une question à laquelle il est facile de répondre ; voici ce que je ferais : je croiserais les pattes, je fermerais les yeux, je dirais mes grâces et je te mangerais. — C'est précisément ce que je vais faire, » dit Rory. Puis, croisant ses pattes, prenant un air modeste et fermant les yeux, il dit pieusement ses grâces. Mais, pendant ce temps, l'oie étendit ses ailes, et elle fut bientôt au milieu du lac. Le renard n'eut plus qu'à lécher ses lèvres pour souper. « Désormais, s'écria-t-il furieux, je me ferai une règle de ne plus jamais dire mes grâces que quand je sentirai la viande chaude dans mon ventre. »

Conte écossais, trad. de la collection Campbell, par M. L. BRUEYRE, *Contes de la Grande-Bretagne.*

20. Sur la reine Pédauque (au pied d'oie) voyez. *Histoire de l'abbaye de Saint-Germain-des-Prés*, par dom Bouillart, in-fol., p. 309; Piganiol de la Force, *Description de la France*, t. III, p. 227; *Mémoires de l'Académie des inscriptions*, etc., t. XXIII ; Montfaucon, *Monuments de la monarchie française*, t. I, p. 192. — Sa statue provenant de portails de diverses églises, est publiée dans l'*Atlas des monuments français*, par Alex. Lenoir, pl. IX ; dans les *Annales ordinis Sancti Benedicti*, de Mabillon, planche de la p. 46, et dans le 1er volume des *Monuments de la monarchie française*, pl. XV.

GUENEBAULT.

21. « *Le paradis de l'oouchas* (le paradis des oies) est l'enfer, suivant quelques uns, un lieu intermédiaire entre le paradis et l'enfer, comme qui dirait les limbes, suivant d'autres. Quand on dit à quelqu'un qu'il ira dans le paradis des oies, c'est qu'il n'est pas assez pur pour aller dans celui réservé aux élus. »

Creuse, com. par M. F. VINCENT.

« Paradis dil j ochi. » — Casa calda ; inferno.

Parme, MALASPINA.

« Paradis dei och o dele oche. » — Voce scherzevole denotante un immaginario paradiso e v'ha pure chi talvolta l'usa per inferno o casa calda.

Brescia, MELCHIORI.

« Man sagt ironisch einem, er werde in den Gänshimmel kommen.»
Bavière, GRIMM.

« Im gausehimmel sin = ohnmächtig sein. »
Grafschaft Mark, GRIMM.

Voy. pour plus de détails, Grimm *Woerterbuch*, sub verbo *Gänsehimmel*.

Cf. « Il ira dans le paradis des chevaux. » — Se dit de quelqu'un qui n'a pas mené une vie exemplaire. Wallon, Dejardin.

Cf. aussi : « Il ira au paradis des noirtés glénes. » — Il ira au paradis des noires poules, c'est-à-dire en enfer. Rouchi, Hécart.

22. « Wird ein kind zum erstenmale zu dir gebracht, so schenke ihm drei, sechs oder neun gänseeier, stosze diese ihm dreimal an den mund und singe dazu :

Sobald die eier anfangen zu gatzen
Fange du an zu schwatzen. »

H. PRÖHLE, *Aus dem Harz* (dans *Zeitsch. f. d. d. Mythol.*, I, p. 200).

Sur l'usage de donner des œufs à un enfant qui vient vous visiter pour la première fois, voyez ci-dessus, p. 104, § 115.

23. « Si l'oie *jarque à sec*, c.-à-d.: ne s'accouple pas dans l'eau, les œufs pondus par la femelle seront *cllabots*, c.-à-d.: stériles. »
Deux-Sèvres, com. par M. B. SOUCHÉ.

24. « Wenn Gesselchen (junge Gänse) zuerst ins Freie gelassen werden sollen, so musz man sie durch Mannshosen hindurchstecken.»
Superstition masure, TOEPPEN.

25. « Le contact de l'ortie est mortel pour leurs petits et leur propre avidité ne leur est pas moins funeste, tantôt par l'excès de nourriture qu'ils prennent, tantôt par leur propre violence ; car il arrive que saisissant une racine et s'efforçant de l'arracher ils se brisent le cou. Le remède contre l'ortie est de mettre la racine de cette plante sous la paille de leur nid. »
PLINE, *Hist. nat.*, traduction Littré.

26. « La graisse d'oye en ce est proffitable, par ce que meslee auec ius d'oignon, et instillee en l'oreille, appaise la douleur, et en tire l'eau. La langue d'oye deseichee et mise en poudre, est bonne

contre retention d'vrine. Les testicules d'oye mangez par la femme incontinent apres ses purgations naturelles, ne l'excitent seulement a l'acte venerien, mais aussi la rendent feconde. La fiente d'oye deseichee, puluerisee et prise au matin le poids d'vne drachme auec vin blanc guarist totalement la iaunisse si l'on continue d'en vser l'espace de neuf iours[1]. » XVIe siècle, *La Maison rustique.*

27. Sur l'usage de faire le jour de la Saint-Martin (11 nov.) un festin dans lequel on mange une oie, voyez : Carméli, *Della festa di S. Martino* ; Anselmo Costadoni, *Ragionamento sopra la ricreazione di santo Martino* ; Frohmann (Johan Christ), *Anser martinianus*, 1683 ; A. L. Millin, *Les Martinales ou description d'une médaille qui a pour type l'oie de la Saint-Martin.* Paris, Didot, 1815, in-8, 36 pages.

Dans certains pays c'est le jour de la Saint-Michel que l'on fait le festin de l'oie. Voyez De Gubernatis, *Myth. zool.*, II, p. 351.

28. « L'os de l'oie de la Saint-Martin a le don de prophétie. S'il est très rouge, l'hiver sera froid ; s'il est blanc le contraire aura lieu. » REINSBERG, *Trad. de la Belgique*, II, 272.

« Wenn der Brustknochen der ersten gebratenen Gans weisz oder bläulich ist, so kommt ein strenger Winter, wenn braun, ein gelinder. » Oldenbourg, STRACKERJAN.

Cf. *Faune populaire*, t. II, p. 395, § 2.

29. « Dans les jeux de village l'oie est suspendue par la tête à un pieu ; un autre pieu plus court que le premier et planté devant lui ne laisse qu'un étroit passage aux bâtons que des bras robustes lancent successivement vers ce but. Il faut que leurs atteintes redoublées séparent le larynx, l'œsophage, les muscles et tous les liens qui attachent le tronc au cou. Celui qui les sépare par un dernier coup termine ainsi le supplice de l'animal et il est proclamé vainqueur. » A. L. MILLIN, *Les Martinales.* Paris, 1815.

JEU DU *Tire-jars* A SAINT-MALO.

« Un jars (ou mâle) est suspendu par les pattes à un arbre, dans une avenue bordée de nombreux spectateurs. Des hommes à cheval sont rangés sur une file. Après avoir tiré au sort, à un signal

[1] Même superstition dans le Staffordshire ; voy. *Hardwick's Science Gossip*, V, 141.

donné ils partent tour à tour, passant au galop sous l'arbre où est suspendu le jars dont on doit arracher la tête avec la main, sans quitter la selle. Le vainqueur est proclamé roi ; il choisit une reine dans l'assemblée. Chaque cavalier prend une dame en trousse et la cavalcade joyeuse et bruyante se rend à un banquet préparé à l'avance. » VERGER, *Archives cur. de Nantes*, 1838, col. 241.

« A la fête patronale de Béhobie (Basses-Pyrénées), le jour de saint Jacques (25 juillet), on offre à la population, entre autres divertissements, celui que voici : Dans la rue principale, une corde est attachée à la hauteur de deux maisons qui se font face. On y suspend par les pattes, et successivement, jusqu'à cinq ou six oies vivantes. La tête pend, et les concurrents à cheval doivent essayer de l'arracher, en passant au galop sous le volatile. Mais la tête n'est presque jamais séparée du premier coup ; le pauvre oiseau est lentement mutilé, et les cris que la douleur lui arrache, se mêlent aux cris de joie des assistants. »

Bull. de la Soc. protectrice des animaux, 1858.

« Gansreiszen, m. in Baiern ein volksmässiges kraftspiel, wobei eine gans an einem hoch aufgespannten seile mit den füszen aufgehängt wird und von den theilnehmenden durch einen sprung am kopfe zu erreichen, zu reiszen ist. » GRIMM.

30. « Ce que disent les oies :

Le jars, l'oie et les oisons arrivent dans un champ de blé :

L'oie. — Jhal, jhal, jhal !

Le jars. — Mangeons le grain, mangeons le grain !

Les pirons. — Ne gâtons pas la paille à thiau l'homme ! »

Deux-Sèvres, SOUCHÉ, *Proverbes*, etc.

31. « La mère le perd, on le trouve, on le passe par le feu, on lui arrache l'âme et on le fait labourer dans un champ où il n'y a pas de terre ? » — Une plume d'oie.

Deux-Sèvres, B. SOUCHÉ, *Formulettes et Devinettes*, 1882.

32. « Dat kummt van Läben un hett kin Läben — un kann doch jeden Náricht gäben. » — Gänsefeder.

Duché d'Oldenbourg, STRACKERJAN.

Cf. Rolland, *Devinettes*, p. 37.

33. « Dar schwemmt wat unner de Bruggen, — hett 'n Brutbedd uppen Ruggen. » — Gans. Oldenbourg, STRACKERJAN.

« Dar geiht 'n Plattfoot œwer de Brüggen, — hett min Bedde up 'n Rüggen. » — Gans. *Idem.*

« Dar drifft 'n Ding under de Brügge, — hett 'n Bruutbedd up de Rügge. » — Gans. Ostfriesland, HERMANN MEIER.

34. « Ein weiszes Fäschen mit rothem Zäpfchen. Was ist das ? » — Die Gans. Devinette lithuanienne, SCHLEICHER.

35. « Es kommt ein Bettler auf zwei Krücken, bringt ein Röcklein aus zwei Stücken. Was ist das ? — Die Gans. *Idem.*

36. « Kommt ein Bettler, Lappen auf Lappen, durch die Lappen geht kein Wasser. Was ist das ? » — Die Gans. *Idem.*

37. « Ein kleines Weibchen hat viele Kleidchen. Was ist das ? » — Die Gans. *Idem.*

ANAS DOMESTICA. — LE CANARD.

I.

1. Noms donnés à cet oiseau domestique d'une manière générale :

CANARD, *m.* CANE, *f.* français.
CAINE, KAINE, KÊNE, *f.* Lorraine. — Franche-Comté. — Bourgogne.
ANETTE, *f.* ÉNETTE, *f.* picard.
BOURI, *m.* Franche-Comté. — Bresse.
POTET, *m.* Beauvois-sur-Mer, Gallet.
BARBOT, *m.* argot.
AHATÉA, basque.
ERRATÇA, tsigane des pays basques, Baudrimont.
HOUAD, breton.

Synonymes étrangers :

Νῆσσα, grec ancien. — **Anas**, lat. — **Anati, Anade, Anadi**, *f.* Sard., Spano. — **Aneda, Aneda foppana**, mil., Banfi. — **Anatra, Anitra** i — **Nedra, Nedrot,**

Brescia, Melch. — **Anara**, Ferrare, Ferraro. — **Anera**, Venise. — **Arena**, Vicence. — **Anra**, **An-nia**, Montferrat, Ferraro. — **Angna**, piém., Zalli. — **Anja**, Val Soana, Nigra. — **Navigant**, fourbesque de Parme, Malaspina. — **Anade**, **Pato**, esp. — **Adem**, port. — **Anut**, anc. haut-allemand. — **Ant**, **Ent**, moyen haut-all. — **Ente**, all. — **Ahnt**, Oldenbourg, Strack. — **Snater-int-water**, **Ziep**, **Snittersnatter** (noms enfantins), Oldenbourg, Strack. — **Gatsche**, Posen, Grimm. — **Gätschel**, bavarois, Grimm. — **End**, holl. — **And**, suéd.; danois. — **Duck**, angl. — **Hwyad**, gallois. — **Antis**, lithuanien. — **Utka**, russe. — **Utva**, serbe. — **Kaczka**, polonais.

2. Noms donnés au mâle :

CANARD, *m.* français.

CAINAIR, *m.* Morvan, Chambure.

CANAR, *m.* Bagnères-de-Bigorre, com. par M. A. Cazes.

CAINOT, *m.* Vic-sous-Thil (Côte-d'Or), com. par M. H. Marlot.

MÀLAR, *m.* Montargis, communiqué par M. L. Malon.

MAILLAR, *m.* normand, Delboulle. — picard, Corblet.

MASSOU, *m.* rouchi, Hécart.

BOURRAIT, *m.* Montbéliard, Contejean.

GABRÉ, *m.* Tarn, Gary.

RIT, *m.* Aveyron, Vayssier.

TIROU, *m.* Lauragais, communiqué par M. P. Fagot.

GUIT, *m.* Landes, de Métivier (1). — Bayonne, Lagravère. — Castres, Couzinié.

JORAT, *m.* Charmois (arrondissement d'Épinal), L. Adam.

BARBOTIER, *m.* argot, Leclair.

Synonymes étrangers :

Nàder, Parme, Mal. — **Ratsoiu**, roum., Cihac. — **Antrëcho**, ancien haut-all. — **Andrich**, **Andricht**, Bavière. — **Antrach**, dans la Wetterau, Grimm. — **Enterich**, **Entenväterchen**, all. — **Warth**, **Wedick**, **Erpel**, Prusse, Frischbier. — **Woord**, holl. — **Wahrt**, Oldenbourg, Strackerjan. — **Wännäck**, bas-allemand, Schwerin. — **Drake**, angl. — **Antinas**, lithuanien. — **Kaczor**, polonais. — **Racman**, croate ; serbe. — **Rossak**, albanais.

3. Noms de la femelle :

CANE, *f.* français. — normand.

(1) Dans les Landes, pour distinguer le canard domestique du canard sauvage, on appelle ce dernier **Guit canard** (De Métivier). — **Guit canard** semble signifier le **guit** qui se trouve dans les cannes (= roseaux) et c'est peut-être là l'origine première du nom de **canard** donné d'abord à l'*anas boschas* puis par extension à l'espèce domestique.

CAINE, KAINE, KÊNE, *f.* Lorraine. — Morvan, Chambure.
CAÏENE, CAÏNE, *f.* arrondissement de Toul, L. Adam.
TIÉNE, *f.* arrondissement de Lunéville, L. Adam.
TCHÉNNE, TCHÉNE, *f.* arrondissement de Nancy, L. Adam.
CANARDO, *f.* Bagnères-de-Bigorre, com. par M. A. Cazes.
ANE, ANNE, *f.* (= latin *anas*) ancien français.
ANÈTE, *f.* rouchi, Hécart.
ALEDRO, *f.* cévenol, Azaïs.
BOURRE, BOURE, *f.* Vosges, L. Adam. — normand, Delboulle. — Haute-Normandie, Decorde. — Montbéliard, Contejean.
BOUROTTE, *f.* Montbéliard, Contejean.
BOUORE, BOUORRE, *f.* Bessin, Joret. — Val-de-Saire, Romdahl. — Ban de la Roche, Oberlin. — Vosges, L. Adam.
BORIE, *f.* Montargis, communiqué par M. L. Malon.
TIRO, *f.* Lauragais, com. par M. P. Fagot. —Aveyron, Vayssier.
RITO, *f.* Bas Quercy, communiqué par M. J. Daymard. — Aveyron, Vayssier.
GUYTO, *f.* Castres, Couzinié.
GUITE, *f.* Landes, De Métivier.
LIRE, *f.* Bessin, Joret.
PIRETTE, *f.* Guernesey, Métivier.
BARBOTTE, *f.* argot, Leclair.
HOUADEZ, *f.* breton.

Synonymes étrangers :

Nadra, Parme, Mal. — **Ratsa**, roum., Cihac. — **Raca**, croate ; serbe. — **Réce**, **Ruca**, hongrois. — **Rose**, **Rosse**, albanais.

4. Noms du canard dans son jeune âge :

CANET, *m.* français. — Poitou. — Saintonge. — Côtes-du-Nord.
CANETTE, *f.* français. — normand.
CANETON, *m.* français.
CANOT, *m.* Charolais, communiqué par M. H. Marlot.
CANOTTE, *f.* Auxois, communiqué par M. H. Marlot.
CANATOU, *m.* Corrèze, communiqué par M. G. de Lépinay.
CANI, *m.* Clamecy, communiqué par M. H. Marlot. — Montargis, com. par M. L. Malon. — patois gallot, Sébillot. — Seine-et-Marne, com. par M. Leclerc.
CANON, *m.* Centre, Jaubert.
CAINON, CÂNON, CAÏENON, TIÉNON, *m.* arrond. de Toul, L. Adam.
CANICHON, *m.* ancien français, Duez.

HANETON, *m.* (dérivé du latin *anas*) Guernesey, Métivier.

BORION, BORRION, BOURION, BOAURION, BOUOR, *m.* Vosges, L. Adam.

BOUORE, BOUOROT, *m.* BOUÉRÈTE, *f.* Bessin, Joret.

PIROT, *m.* Guernesey, Métivier.

RITOU, *m.* Bas-Quercy, communiqué par M. J. Daymard. — Aveyron, Vayssier.

RITOUNO, *f.* RITETO, *f.* Aveyron, Vayssier.

TIROU, *m.* Toulouse. — Tarn, Gary. — Aveyron, Vayssier.

LIROT, *m.* Bessin, Joret. — picard, Corblet.

LUROT, picard, Corblet.

LIRLIRE, *f.* LIRÉTE, *f.* Bessin, Joret.

GUITOUN, *m.* Landes, De Métivier.

KIRI, TCHIRI, THRI, TCHIRA, *m.* arr. de Lunéville, L. Adam.

GOULU, Morvan, Chambure.

Synonymes étrangers :

Νησσάριον, grec ancien. — Νηττίον, grec attique. — **Anatrino, Anitrino, Anitrocco, Anitrotto, Anitroccolo, Anitrello**, ital. — **Anedin, Mennacuu, Bisquinci**, mil., Banfi. — **Aniöt**, piém., Zalli. — **Nadrén**, Parme, Mal. — **Nedri, Nedroti**, Brescia, Melch. — **Anadeja**, *f.* **Anadoncillo**, *m.* esp. — **Duckling**, anglais.

5. « On reconnaît que l'éclosion des œufs de canard aura lieu dans peu de temps, c'est-à-dire dans quelques heures lorsqu'en les remuant avec la main ils font un certain bruit qu'on appelle *grolloun*. » Bas-Quercy, communiqué par M. J. DAYMARD.

6. La basse-cour pourvue d'une mare où on tient et nourrit les canards est appelée :

CANARDIÈRE, *f.* français.

CANETIÈRE, *f.* ancien français, Duez.

Synonymes étrangers :

Νησσοτροφεῖον, grec ancien. — **Anatrario, Anatria, Anetria**, ital., Duez.

7. Celui qui garde les canards est appelé :

CANETIER, *m.* ancien français, Duez.

Synonyme étranger :

Anetrio, italien, Duez.

8. Comment on parle aux canards pour les faire venir près de soi :

BOURRI ! BOURRI ! Suisse romande, Blavignac. — Montbéliard, Contejean.

BORITE ! BORITE ! Montargis, communiqué par M. L. Malon.

KAN ! KAN ! KAN ! Finistère, communiqué par M. L. F. Sauvé.

CANI ! CANI ! Centre, Jaubert. — Morvan, Chambure.

LIROTES ! LIROTES ! LIRELIRE ! normand, Delboulle.

LIROTTES ! LIROTTES ! Pays de Bray, Decorde.

RITE ! RITE ! RITE ! RITOU ! RITOU ! (pour appeler les petits cane tons) Deux-Sèvres, communiqué par M. B. Souché.

RITOU ! RITOU ! RITOU ! Bas Quercy, communiqué par M. J. Daymard. — Aveyron, Vayssier.

ITOU ! ITOU ! ITOU ! Bas Quercy, comm. par M. J. Daymard.

GOULUS ! GOULUS ! Centre, Jaubert. — Morvan, Chambure.

SOU ! SOU ! Deux-Sèvres, communiqué par M. L. Desaivre.

GOURI ! GOURI ! patois gallot, P. Sébillot.

POTES ! POTES ! (1), Aunis, L. E. Meyer. — Deux-Sèvres, communiqué par M. B. Souché.

Synonymes étrangers :

Ani ! Ani ! ital. — **Anin ! Anin !** mil., Banfi. — **An ! An !** Brescia, Melch. — **Quan ! Quan !** mil., Banfi. — **Gatsch !** Bavière, Grimm. — **Wheetie !** Banffshire, Gregor.

9. Interprétation du cri du canard :

CAN ! CAN ! français.

COUIN ! COUIN ! francais.

COUAN ! COUAN ! Poitou, *Le canard potevin.*

MOUAC ! MOUAC ! Montargis, communiqué par M. L. Malon.

Synonymes étrangers :

Pak ! Pak ! all., Wackernagel. — **Quak ! Quak !** allemand, Wackernagel.

10. Du canard qui fait entendre son cri on dit :

CANQUANTER, Morvan, Chambure.

COINQUER, normand, Delboulle.

(1) Cf. le mot **potet**, nom du canard à Beauvois-sur-Mer, selon Gallet.

COUINQUAIE, Poitou, *Le canard potevin.*

Synonymes étrangers :

Quaken, Gaken, Platzen, Schnattern, Schnadern, allemand.

11. Les locutions suivantes font allusion à la démarche disgracieuse du canard :

CANETER, ALLER CANETANT (caminar come l'anitra, andar cadendo dall' una e dall' altra banda come le anitre), anc. français, Duez, *Dictionnaire français-italien*, 1678.

CAINETER (marcher à la manière des canes en se dandinant), Morvan, Chambure.

MARCHER COMME UN CANARD, COMME UNE CANE, français.

SE BOUROTER (marcher lentement comme une *boure*), Haute-Normandie, Decorde.

BOUÉROTÉ (marcher lentement et lourdement comme une *bouore*), Bessin, Joret.

BOUOROTÔ (même sens), Val de Saire, Romdahl.

Synonymes étrangers :

Anadear, esp. — **Squanquanà** (camminar come l'anitra), milan., Banfi. — **Watscheln**, allemand. — **To wattle**, anglais.

« .... Ajoutez à cela qu'il était gambi comme une cane, en sorte qu'en marchant il avait l'air de vouloir vous mordre.... »

CHAUVELOT, *Scènes de la vie de campagne* (roman bourguignon).

12. « Non cau pas amucha a hilh de guite de nada. » — On n'apprend pas à nager à fils de cane. Proverbe béarnais.

« Nager comme un canard. » Français.

« Er schwimmt wie eine bleierne Ente. » — Il ne sait pas nager. Locution allemande.

13. « Mouillé, trempé comme un canard. » Français.

14. Du canard qui cherche sa nourriture dans l'eau bourbeuse on dit :

BARBOTER (1), français.

(1) *Barbotter* signifie aussi *marmotter*, *bredouiller*, par allusion au bruit que fait le canard dans cette circonstance. En espagnol, *barbotar* signifie également *patauger dans une eau bourbeuse* et *marmotter*.

BARBETER, français du XVIe siècle. *La maison rustique.*
BARFOUILLER, Lyon, E. Molard.

15. « On dit, figurément, (st. famil.) *faire la cane,* plier, ne pas tenir ferme ; faire comme les *canes,* qui, au moindre bruit, plongent la tête dans l'eau et se cachent. — On dit, dans le *Dict. de Trévoux* que cet oiseau est si timide, qu'il baisse la tête en passant par une porte, quelque haute qu'elle soit (1). L'observation est curieuse ; mais je doute que cette origine de l'expression proverbiale soit aussi naturelle que l'autre. » FERAUD.

« *Faire le canard, faire la cane,* c'est se montrer poltron, s'esquiver au moment du danger, faire un plongeon. »
Glossaire de l'ancien théâtre français.

16. « *A se ratsoesc* a le sens de *se carrer, se rengorger, se pavaner.* Ce verbe est dérivé de *ratsoiu* qui signifie *canard mâle.* »
Roumain, CIHAC.

17. « *Massou* = 1° Canard mâle ; 2° Boudeur, sournois. »
Rouchi, HÉCART.

18. « Il est de l'ordre des canes, sot et méchant. »
Saintonge, JÔNAIN.

« Sot comme une cane. » Poitou, L. DESAIVRE, *Croyances.*

« ... Il va voir Aglaé ! dit Marie qui bondit à la porte, il faut que je la rosse cette cane là. » BALZAC, *Les Paysans.*

« Une cane, *f.* = une personne d'un esprit simple, imbécille. »
Centre, JAUBERT.

19. D'une personne qui aime à bavarder et divulgue les secrets qui lui sont confiés on dit *qu'elle fait des cancans, qu'elle cancane.* C'est une comparaison avec le cri des canards, *can, can,* qu'ils répètent constamment.

« Faire un grand *quanquan* de quelque chose, c'est faire beaucoup de bruit pour une chose qui n'en vaut pas la peine. »
Dictionnaire portatif des proverbes.

(1) Cf. le prov. lithuanien : « Die Gans gieng unter einem hohen Thore weg und senkte ihr Haupt — und wie weit war doch noch das Thor ! »
Schleicher.

« Schwatzhaft wie eine Ente. » Locution allemande.

20. « *Canarder*, c'est en jouant du haut-bois, tirer un son nasillard et rauque, approchant du cri du canard : c'est ce qui arrive aux commençants, et surtout dans le bas, pour ne pas serrer assez l'anche des lèvres. Il est aussi très ordinaire à ceux qui chantent la haute-contre de *canarder*, à cause du son nasard que prend leur voix. » MILLIN, *Dictionnaire des Beaux-Arts.*

« *Canané* = nasillard, qui parle du nez comme les canards. »
Rouchi, HÉCART.

21. « Ché rit coum' un conard. » — Il rit comme un canard. Il rit bêtement. Corrèze, communiqué par M. G. de LÉPINAY.

22. « On appelle *canes rappeleuses* ou *judas* les canards domestiques dont on se sert dans les marais pour attirer les canards sauvages près de huttes bâties exprès où se tient embusqué le chasseur. On les attache à des cordes tendues à fleur d'eau et quand elles sont bonnes rappeleuses elles ne cessent pas de *caner*, c'est-à-dire de crier. » Pas-de-Calais, recueilli personnellement.

« On appelle *canard privé* un homme dont on se sert pour attraper les autres, par exemple dans les prisons pour découvrir les coupables. » Français.

23. « *Vendre ou donner un canard à moitié* à quelqu'un signifiait autrefois : lui conter un mensonge, lui faire accroire une chose impossible ; plus tard on a dit simplement dans le même sens *donner des canards* à quelqu'un. »

« Je vois bien à ta teste folle
Que tu sçais bien ficher la colle
Et donner canars à moitié. »

L. RICHER, *l'Ovide bouffon*, 1662, p. 372.

« ... Donnant vessies pour lanternes
Cocsigrues pour balivernes,
Pour canard, canard à moitié. »

Idem, p. 15.

Voyez encore d'autres exemples de ces locutions dans Francisque Michel, *Dictionnaire d'argot*, s. v° *canard*.

« Canarder = tromper. » Argot, L. RIGAUD.

24. On appelle *canard* un récit mensonger inséré dans un journal et aussi une feuille à l'usage du peuple, qu'on crie dans les rues et qui contient le plus souvent la relation d'un évènement inventé à plaisir.

« Man nennt eine in zeitungen verbreitete gleichsam fortschwimmende, wieder auftauchende fabel oder lüge heute gewöhnlich *ente*. Früher hiesz es *blaue ente* :
So kömpts doch endlich dahin, das an stat des evangelii und seiner auslegung, widerumb von blaw enten geprëdigt wird. Luther, 3,282. » Allemand, GRIMM, *Wœrterbuch.*

Cf. « *Coks* = fictitious narratives, in verse or prose, of murders, fires, and terrible accidents, sold in the streets as true accounts (1). » — Anglais, J. C. H., *The slang Dictionary.*

Cf. encore la locution française : « Ce sont des contes de ma mère l'oie. »

25. « Les graveurs sur bois dans leur jargon appellent *canard* une mauvaise gravure sur bois. » L. RIGAUD.

26. « *Mon canard, mon petit canard, mon petit canard blanc, mon canet, ma canette* sont des termes de caresse et d'amitié. »
« On appelle *canard* un mari fidèle. »
LAROUSSE, *Grand dictionnaire universel.*

27. « Ça qui bon pour zoie bon pour cana. » — Ce qui est bon pour l'oie est bon pour le canard. Proverbe créole, TURIAULT.

28. « Ich frage dich nach den Enten, und du redest in deiner Antwort von den Gänsen. » — Je te parle des canards et dans ta réponse tu me parles des oies.
Proverbe lithuanien, SCHLEICHER.

29. « Mourir en canard, c'est mourir dans la plume, c'est-à-dire dans son lit. » BRANTOME, cité dans *Ducatiana*, II, 474.

30. « Mais chut ! motus, la cane pond. »
Glossaire de l'ancien théâtre français.

(1) Ici le mot *cock* semble être une abréviation de la locution : « Cock and a bull story (= a long, rambling anecdote), » citée par le même J. C. H.

31. « Plumer quelqu'un comme un canard. » — Le ruiner au jeu.
Normand, DELBOULLE.

32. « If one duck dies, another 's hatched. »
Nouvelle-Zélande, GREY.

33. « A duck gobbles up mud. » — Applied to a greedy person.
Nouvelle-Zélande, GREY.

Cf. ci-dessus, p. 134, § 59.

34. « Cent mille pistoles ne me furent jamais rien ; ce n'est pas e fient de mes canes. » *Comédie des proverbes.*

35. « Il n'y a plus que le bec à orler et puis le cul à coudre et puis ce sera une cane. » — C'est-à-dire l'affaire vaut faite.
Français, DUEZ.

« Il n'y a que le bec à ourler et c'est une cane. » — Se dit pour se moquer de ceux qui croient que les affaires se font fort facilement. LEROUX, *Dictionnaire comique.*

36. « A la fi dé fébrié, la rito pount sul fémourié. » — A la fin de février, la cane pond sur le fumier.
Bas Quercy, communiqué par M. J. DAYMARD.

37. « Quand les canards battent de l'aile dans le ruisseau — bientôt le laboureur aura de l'eau. »
Jura, *Statistique de la France.*

Le canard prenant ses ébats dans l'eau avec plus de vivacité que de coutume est considéré généralement comme annonçant une pluie prochaine.

II.

1. « Wer's Glück hat, dem fliegen die Enten gebraten in's Maul. »
Allemand.

Cf. *Faune populaire*, t. II, p. 212, § 6.

2. « Heute mir, morgen dir, sagte die Ente zum Regenwurm. »
Danzig, FRISCHBIER.

3. On raconte que les canes changent de sexe quand elles sont vieilles. »

Poitou, L. Desaivre, *Bulletin de la Société de statistique des Deux-Sèvres*, 1876, p. 116.

4. Sur le conte de *moitié de canard* ou *bout de canard* qui va à la cour du roi pour demander justice, parce qu'on lui a volé son argent et qui en route recrute une série de compagnons de voyage, voyez *Revue des provinces de l'Ouest*, t. VI, p. 690 et Ch. Marelle, *Contes et chants populaires français*, dans *Bibliothèque universelle et Revue suisse*, janvier 1876, p. 86.

5. COMPÈRE LE COQ ET COMPÈRE LE CANARD (conte créole).

« Il y avait autrefois une jolie fille qui demeurait avec sa mère dans un endroit retiré de la ville. Elle était sage et avait de l'esprit. Tous ceux qui la voyaient en étaient épris. Un dimanche, compère coq se promenait. Il passe par là, voit cette belle fille et en devient amoureux sur le champ. Il lui fait les yeux doux et comme il avait de jolies plumes, il attira son attention.

Chaque soir il courtisait cette jeune fille, lorsqu'enfin il la demanda en mariage. Mais comme il n'avait pas d'argent, ils ne pouvaient pas se marier avec seulement de jolies plumes. Le coq était désolé, il n'avait plus ni repos, ni sommeil, il maigrissait.

Un jour il alla trouver compère canard qui était son camarade. Celui-ci était vieux mais riche. Depuis une semaine il n'avait pas vu le coq. Il lui dit : « Où vas-tu flâner tous les soirs comme ça que je ne te vois plus. » Le coq lui répondit : ah ! mon cher, je fais la cour à une belle fille cachée dans un coin de la ville, qui m'aime, et si vous vouliez me prêter quelque argent, je me marierais cette semaine même. Le canard lui dit : « Eh ! bien ! mon cher, mène moi avec toi pour que je puisse connaître cette jeune fille. Alors, après, je verrai ça. » — Le même jour tous les deux se mirent en route comme deux bons amis. Quand la jeune fille aperçut le canard elle courut se cacher, parce que le canard était trop laid. Mais lorsqu'elle vint à savoir qu'il était riche, elle se mit à causer avec lui, si bien que le canard, sans perdre de temps, la demanda en mariage. La jeune fille dit oui. Le canard fut si content qu'il manqua devenir fou de bonheur. — Pendant ce temps le coq ignorait que le canard l'eût supplanté, que le cabrit fût dans son manioc. Il ne connaissait rien le pauvre diable. Le canard alla chez lui et lui dit : « Compère, j'ai un petit enfant à nommer demain ; prête-moi je te prie, tes plus beaux habits. »

Le coq qui ne savait pas que c'était pour se marier, lui prêta toutes ses plus belles plumes. Le canard habillé magnifiquement, courut aussitôt se marier avec la jeune fille. On fit grande cérémonie, on donna un grand dîner, on dansa Jira, Bamboula, on fit toutes les plus belles choses du monde.

Le pauvre coq faillit mourir de chagrin. Il vit trop tard que la beauté ne suffit pas et que vouloir se marier sans argent, c'est transporter de l'eau dans un panier.

Quand le ventre crie ce n'est pas avec de beaux habits qu'on le remplit. »

(Traduit du créole) (1) J. TURIAULT, *Étude sur le langage créole de la Martinique.*

6. « Quand les canets piaillent ils disent : le pé! le pé! le pé! (le pied!) » Deux-Sèvres, communiqué par M. B. SOUCHÉ.

7. « Ein Platzregen überschwemmt den Hof. Der Hahn flüchtet sich auf den Zaun und schreit : *o grote Noth!* — Die Enten aber paddeln lustig im Wasser herum und entgegnen : *Dat is got, dat is got!* » Prusse, FRISCHBIER.

8. « Waat, wat da waat. » — Wird, das wird. Ein Erpel sitzt auf einem Huhn. Das sieht der Hahn und ruft eifersüchtig in krähendem Ton : « *Waat kein kiekel ware!* » Der Erpel ruft eifrig dagegen : *Waat, wat da waat!* (wird, das wird.) »

Prusse, FRISCHBIER.

9. « Errare humanum! sagte der Hahn und trat die Ente. »

Allemand, HOEFER.

10. « A la personne qui demande *quand? quand?* on répond par la formulette suivante :

« Quand les canes vont au champ.
Les premières vont devant. »

Voyez le *Dictionnaire portatif des proverbes* (XVIIIe siècle.)

11. JEU DU CANARD.

« On a autant de carrés de papier qu'il y a de personnes qui prennent part au jeu ; on écrit sur chacun un numéro, en commen-

(1) Voir le texte créole dans Turiault.

çant par 2, et en continuant par 3, 4, 5, etc. On roule ces papiers, et on les jette dans un chapeau. Après qu'on les a bien mêlés en les agitant, chaque joueur en tire un. Celui à qui le 2 est échu, est proclamé *canard* ; il s'assied le premier ; tous les autres prennent place suivant l'ordre des numéros qu'ils ont amenés, et se forment en cercle, c'est-à-dire que le numéro 3, s'assied à la droite du *canard*, et ainsi successivement, de manière que celui qui a le dernier numéro soit assis à sa gauche. Tous les billets étant roulés de nouveau et remis dans le chapeau, on place ce chapeau sur une chaise ou un tabouret, au milieu du cercle. Le *canard* se lève, et va tirer un billet au hasard ; supposons que ce soit le numéro 8 ; il le nomme en le montrant, le remet dans le chapeau, et retourne à sa place. Alors son voisin à droite dit *un*, le suivant dit *deux*, le troisième dit *trois*, et ainsi jusqu'à la personne qui dit *huit* ; celle-ci alors va tirer un billet ; les joueurs qui suivent à sa droite comptent de la même manière le point qu'elle amène, et celui sur qui le compte s'achève, va mettre à son tour la main au chapeau. Toutes les fois qu'en comptant ainsi à la ronde les points du billet tiré, le nombre se termine juste au *canard*, celui-ci fait entendre le cri *kan*, *kan*, *kan*, et la personne qui a pris le billet donne un gage. Si le compte des points du billet que le *canard* tire à son tour vient se terminer à lui-même, tous les joueurs poussent le même cri, et il donne un gage. Chaque fois qu'une personne a subi la peine imposée à quiconque s'arrête chez le canard, elle va prendre place au côté droit de celui-ci, et chacun se recule d'un siège à l'autre jusqu'à celui qu'elle laisse vacant. Cette mobilité des joueurs est indispensable pour rendre les chances du jeu égales pour tous. Le canard seul reste immobile ; et c'est pour lui un grand avantage, attendu qu'il ne peut tirer qu'un seul numéro dont le compte soit susceptible d'arriver jusqu'à lui. »

RAISSON, *Nouveau Manuel des Jeux*, 1838.

ANAS MOSCHATA (1). — LE CANARD D'INDE.

1. Noms de cet oiseau :

(1) Cet oiseau est originaire du Brésil où il est domestiqué depuis très longtemps.

CANARD DE BARBARIE, CANARD D'INDE, CANE D'INDE, français.
PIOU, *m.* Bas Quercy, communiqué par M. J. Daymard.
MUSCAT, *m.* Lauragais, communiqué par M. P. Fagot.

Nom étranger :

Muscovy duck, anglais.

2. En faisant croiser l'*anas domestica* avec l'*anas moschata* on obtient un produit hybride (1) appelé :

MULASTRE, *m.* Bas Quercy, communiqué par M. J. Daymard.
MULARD, *m.* Gers. — Toulouse. — Lauragais.

PSITTACUS. — LE PERROQUET.

1. Noms de cet oiseau :

PERROT (2), *m.* Ouest de la France.
PERROUNNET, *m.* Guernesey, Métivier.
PERROQUET, *m.* français.
PAPEGAY, PAPEGAUT, *m.* ancien français.
PAPAGAI, *m.* ancien provençal.
PAPEGAÏ, *m.* Bayonne, Lagravère.
PAPAGALO, Menton, Andrews.

Synonymes étrangers :

Ψίτταχος, Ψιττάχη, Σίττας, Σίτταχος, Σιττάχη, grec ancien. — Παπαγάς, grec moyen. — Παπαγάλλος, grec moderne. — **Psittacus**, lat. — **Pappagallo, Parrochetto, Perrochetto**, ital. — **Papagayo**, esp. : port. — **Periquito, Perico, Loro, Cotorrero**, esp. — **Papegân**, moyen haut-all. — **Papagei**, all. — **Paperl, Peruquelt**, Autriche all., Kramer. — **Papagoy, Papegoje, Pape, Sittig** (3), **Sittich, Sickust**, all., Nemn. — **Parkiet, Papegaay**, holl. — **Parrot**,

(1) On engraisse cet oiseau de façon à ce que son foie devienne monstrueux ; et avec ce foie on fait, dans le Languedoc, des pâtés renommés.

(2) **Perrot** et **Perrounnet** signifient proprement *petit Pierre*. Il en est de même de **perroquet**; cependant, l'interprétation dans ce sens de ce dernier mot est contestée. Voyez Diez et Scheler.

(3) Du latin *psittacus*. Voyez Diez.

Popingay, Parrakeet, angl. — **Papegoj**, danois. — **Papegoja**, suédois. — **Papugai, Popugai**, russe. — **Papuga**, polon.; serbe ; petit russien. — **Papiga, Papagao**, croate. — **Papuch, Papouš, Papoušek**, tchèque. — **Papagaly**, hong, — **Papaghâï, Papaghân, Thouthy qouchou**, turc. — **Babaghâ**, turc.

2. « Parler comme un perroquet c'est parler sans savoir ce qu'on dit ou répéter ce qu'on a entendu dire. » Français.

« *Pappagallessa* = une babillarde. » Italien, DUEZ.

« I zitelli ripetenu tuttu cumme i pappagalli. » Corse, MATTEI.

« Apprendre quelque chose comme un perroquet, c'est l'apprendre par cœur sans en comprendre le sens. » Français.

« Ψιττακὸς Ἰνδέστιος. » — Ἐπι τῶν μιμουμένων τινάς.
Grec ancien, LEUTSCH et SCHNEIDEWIN, *Paroemiographici græci*, II, p. 52 (1).

3. « On appelle *soupe à perroquet*, du pain trempé dans du vin, ce qui est le régal préféré de cet oiseau. » Français.

4. « On appelle *sabot de perroquet* ou simplement *sabot* la cage spéciale où l'on met cet oiseau pour le transporter d'un lieu en un autre. » LAROUSSE, *Grand dictionnaire.*

5. « *Envoyer quelqu'un manger du perroquet*, c'est l'envoyer dans les pays exotiques, aux colonies. » Français.

6. « Far come il papagallo, che non leva mai il piede, se prima non appiccato il becco. » Italien, PESCETTI.

7. « A parrot likes to be petted itself, but not to see others petted. » — Applied to a selfish person.
Proverbe telugu, CARR, § 882.

II.

1. « Il ressemble au perroquet de maître Guillaume, il n'en pense pas moins. » OUDIN, *Curiosités françaises*.

« Il est comme le perroquet de monsieur de Vendôme, s'il ne dit mot, il n'en pense pas moins. »
Français, LEROUX, *Dict. comique*.

(1) Même page, en note, Leutsch et Schneidewin mentionnent les passages de l'antiquité grecque et latine qui font allusion au perroquet.

« Une marchande de dindes de Fauverney passait à Dijon, au Coin des cinq rues. Un perroquet dans sa cage y jasait. Elle s'arrête ; il l'interpelle :

— Quel pays ? quel pays ?

— Ma y seu de Fauvaney, mon bel ozéà, répond la femme en faisant une révérence.

Elle ne peut plus quitter cette cage ; elle voudrait emporter à Fauverney l'oiseau merveilleux. Elle le marchande donc, mais on le lui fait un prix énorme.

La pauvre femme s'éloigna le cœur gros, chassant ses dindes, quand un acheteur choisit une pièce et en demande le prix.

— Trois cents francs.

— Vous êtes folle !

— On en veut bé autant de c' t' ozéà lai !

— Parbleu ! il parle.

— Ha mossieu ! si mai dinde ne pale pa, elle n'en pense pas moin, allez ! »

M. de Mimeure donne une leçon analogue dans sa *Notice sur la ville de Dijon, ses environs, etc.*, 1817.

« Gresset s'est rappelé l'exclamation de la marchande de dindes en écrivant *Vert-Vert* :

A les apprendre il met donc tous ses soins,
Parlant très peu, mais n'en pensant pas moins. »

Côte-d'Or, CLÉMENT JANIN, *Sobriquets de la Côte-d'Or*, 1880.

2. « Un paysan vint un jour à Paris. Il avait une lettre de recommandation pour une certaine marquise chez laquelle il se rendit et où on lui fit faire antichambre. Le temps ne lui durait pas, car il était tout occupé à regarder un magnifique perroquet qui faisait le fier sur son bâton doré. Jamais si merveilleuse bête ne s'était encore montrée à ses regards. Tout à coup l'animal se rengorge, et par un étrange hasard choisit dans son répertoire cette phrase : « *Veux-tu t'en aller, manant* ? » A cette voix, à ces paroles, le villageois reste interdit, et, retirant promptement son chapeau, il fit une révérence. — Ah ! pardon, monsieur, dit-il ; je vous prenais pour un oiseau ! »

Anecdote connue dans toute la France.

3. « Hablo y no pienso — Lloro y no siento, — Rio sin razon — Y miento sin intencion. » — Loro.

Devinette espagnole, DEMOFILO.

PSITTACUS CONURUS. — LA PERRUCHE.

1. Noms de cet oiseau :

PERRUCHE, PERRUCHE VERTE, *f.* français.

Synonymes étrangers :

Cotorra, **Cotorrera**, espagnol. — **Perikitte**, allemand. — **Parquit**, hollandais. — **Paraquet**, **Paraqueto**, **Paraquito**, anglais.

PSITTACUS CACATUA. — LE CACATOËS.

Noms donnés à cet oiseau par onomatopée :

CACATOIS, CACATOËS, *m.* français.
CATATOU, *m.* français du XVIe siècle (1).

Noms étrangers :

Kakadu, allemand. — **Kakatu**, Autriche allemande, Kramer.

(1) « L'un va de boccage en boccage
Et jase comme un catatou. »
Ballard, *Recueil d'airs.* Paris, 1698.

LA FAUCONNERIE

I.

1. TERMES DE FAUCONNERIE [1]

ABAISSER L'OISEAU. — Amaigrir le faucon en lui donnant peu de nourriture, afin de le rendre plus léger et plus ardent à la chasse.

Synonyme étranger :

Abajar, espagnol.

En espagnol *reponer* signifie laisser reposer l'oiseau de son jeûne.

ABANDONNER L'OISEAU. — 1° Laisser le faucon voler sans attaches. 2° Rendre complètement la liberté à un faucon devenu trop vieux.

Synonyme étranger dans les deux sens :

Dar suelta, espagnol.

ACHARNER LE LEURRE. — Attacher un appât au leurre.

ACHARNER L'OISEAU. — Exciter le faucon à fondre sur sa proie.

Synonyme étranger :

Encarnizar, espagnol.

AFFAITAGE. — Action de dresser, d'instruire le faucon.

Synonymes :

Affaitement, français. — **Enseñanza**, espagnol.

AFFAITE (Oiseau de bonne). — Faucon bien dressé.

AFFAITER. — Dresser le faucon.

[1] Les termes de fauconnerie appartiennent à l'ancienne langue, cet art étant aujourd'hui complètement tombé en désuétude.

Synonymes étrangers :

Conciare, ital. — **Adestrar**, **Hacer**, esp. — **Einen Vogel abrichten**, **Einen Vogel abtragen**, allemand.

AFFAMÉES. — Se dit des plumes de faucon quand elles sont ratatinées, hérissées.

Synonymes étrangers :

Affamate, ital., Nemnich. — **Gestruppte**, all., Nemnich.

AFFRIANDER L'OISEAU. — Lui mettre sur le leurre la nourriture qu'il préfère.

Synonyme étranger :

Engolosinar, espagnol.

AIGUILLES (Les). — Petits vers, plus petits que les filandres, qui tourmentent le faucon.

Synonymes :

Aguilles, **Lumbriques**, G. Tardif, *L'Art de fauconnerie*. Paris, Vérard, 1492, in-fol.

« Si vostr' auzel aguillas sen molt, es cazutz en gran turmen.... et aguilla sembla qu'el ponga. » — Si votre oiseau sent des aiguilles, il est tombé en grand tourment... et il semble qu'une aiguille le pique.

Ancien provençal, DEUDES DE PRADES, *Auz. cass.*, cité par Raynouard dans son *Lexique roman*.

AILE (Monter sur l'). — Se dit d'un oiseau quand il s'incline sur une aile et qu'il s'élève par le mouvement de l'autre.

ALOY (Un). — Un équipage de fauconnerie. Un attirail d'objets nécessaires aux fauconniers.

J. H. D'ARSY, *Dict. franç.-flaman*, 1699.

ALPHANETTE ou ALPHANESSE. — Sorte de faucon.

Synonyme étranger :

Alfaneque, espagnol.

Nemnich donne de ce faucon la définition suivante :

« Eine Art gemeiniglich weisser Falken, mit rothem Kopf; sie kommen aus den africanischen Königreichen

Tremezen und Tunis vornämlich nach Spanien, wo sie auch rar sind; die von Tunis nennt man insonderheit *Entrecelis*. Sie werden sehr geschätzt und sind zur Beize der Rebhühner, Reiher, Hasen und Kaninchen abgerichtet. »

ANTENAIRE (Faucon). — Faucon qui est pris au printemps, avant la mue.

Synonymes étrangers :

Marzarolo, ital. — **Halcon de zapela**, esp. — **Ein jähriger Falk, Ein ferntiger Falk**, all., Nemnich.

APOLTRONNIR. — Empêcher un oiseau de chasser le gros gibier en lui coupant les ongles de derrière.

APPÂT. — Nourriture qu'on donne au faucon.

Syonymes :

Past, Pât, Appast, Gorge, ancien français.— **Gorga, Papo, Bucho**, espagnol. — **Lujer, Luder, Atzung**, allemand.

En italien *beccatella* signifie le morceau de chair que l'on jette en l'air au faucon. DUEZ.

APPÂTER. — Donner la nourriture.

Synonyme étranger :

Cebar, espagnol.

ARMER UN FAUCON. — C'est lui attacher les sonnettes, les vervelles, lui mettre le chaperon.

ARROY (Un). — Un équipage de fauconnerie.

ASSURÉ (Oiseau). — Oiseau qui ne s'effraye plus à toute occasion.

Synonyme étranger :

Maniero, italien.

En anglais *unmanned* se dit du faucon qui n'est pas encore assuré.

ASSURER. — Apprivoiser un oiseau pour empêcher qu'il ne s'effraye. Le rendre familier.

ATTREMPÉ (Un oiseau). — C'est un faucon qui n'est ni trop gras ni trop maigre.

AUTOUR. — Espèce de faucon.

AUTOURSERIE. — L'art d'élever et de dresser des autours.

AUTOURSIER. — Celui qui dresse des autours.

Synonyme :

Autrucier, ancien français, Littré.

AVEUER. — Se dit du fauconnier qui suit attentivement de l'œil la perdrix pour voir sa remise.

AVILLONS. — Doigts de derrières des serres d'un faucon.

Synonymes :

Les Talons, français. — **Garras de atras**, esp. — **Talons**, ang. — **Fangklauen**, allemand.

AVILLONNER. — Saisir une proie avec les avillons.

Synonymes étrangers :

Garrerar, espagnol. — **Schlagen**, allemand.

BAISSER. — Synonyme d'abaisser. Voyez ce mot.

BARBILLONS (Les). — Maladie du faucon caractérisée par l'enflure des mâchoires et la rudesse de la langue. L'oiseau ne peut alors ni ouvrir ni fermer la bouche.

Synonymes :

Les Barbellons, les Fourchillons, G. Tardif, l'*Art de fauconnerie*, 1492.

BAS (Mettre). — Amaigrir le faucon (synonyme du mot *abaisser*. Voyez ce mot).

« Tous les ans au commencement d'automne s'ils sont trop gras il les faut amaigrir par médicament laxatif, comme d'aloës meslé avec la chair qu'on leur donne à manger, mais cependant il les faudra nourrir de quelque bon past vif et chaud, autrement on les mettroit trop bas. » XVIe siècle, *La Maison rustique*.

BATTU DE L'OISEAU. — « Les fauconniers avaient, pour dresser le faucon, un mannequin qui représentait un oiseau, et quand le faucon à dresser commettait quelque faute, on le battait avec ce mannequin, comme on corrige un chien avec un fouet; ce qui l'humiliait beaucoup. »

LITTRÉ, *Dict. Suppl.*

BAUDIR UN FAUCON. — C'est l'encourager au combat contre un animal qui peut lui tenir tête, le héron par exemple.

BEC DU FAUCON. — Le bec du faucon est appelé *becchera* en italien.
DUEZ.

BEC JAUNE. — Faucon dont le bec et les serres sont jaunes. Les fauconniers méprisent cet oiseau comme n'étant pas susceptible d'être dressé (1).

Synonymes :

Béjaune, français. — **Gelbschnabel, Gelschnabel**, allemand

BECCADE ENSANGLANTÉE (Laisser prendre une). — C'est permettre à l'oiseau d'arracher avec son bec un morceau de chair sur la proie qu'il a prise.

BEQUILLON. — Bec d'un jeune faucon.

BOIRE. — En allemand *schöpfen* signifie *boire* quant il est question du faucon.

BRANCHER. — Donner la première éducation à un faucon niais.

Synonyme étranger :

Criar, espagnol.

BRANCHIER (Faucon). — Jeune faucon qui n'ayant pas encore de force vole de branche en branche en sortant du nid.

« Esprevier branchier, c'est celui qui est prins nouvellement yssu du nid et a été un peu à soy. »
XIVe siècle, *Le livre du roi Modus*, cité par LITTRÉ.

Synonymes :

Branchet, anc. français, *Le Ménagier de Paris ;* **Ramage**, anc. français. — **Ramera, Ramero**, esp. — **Aestling, Deckling**, all. — **Brancher**, angl.

BRANLE. — Vol de l'oiseau lorsqu'au dessus de la tête du fauconnier, il tourne en battant les ailes et en remuant la queue.

(1) Comme on ne peut se servir du *béjaune* pour la fauconnerie ce mot est devenu synonyme de sot, ignorant, personne à qui on ne peut rien apprendre. (Cf. le mot *buse*, nom d'un oiseau rebelle à l'éducation de la fauconnerie.) — Montrer son béjaune à quelqu'un, c'est lui démontrer qu'il n'est qu'un sot.

BRAYER (Le). — Le derrière d'un oiseau de proie.

Synonymes :

Le Braïeul, G. Tardif, l'*Art de fauconnerie*, 1492. — **Rabadilla**, espagnol. — **Die Bruck**, allemand.

CHAPERON (Le). — Cuir dont on coiffe les oiseaux de leurre, pour les empêcher de voir.

Synonymes étrangers :

Capirote, **Capillo**, espagnol. — **Hood**, anglais. — **Haube**, allemand. (On distingue deux espèces de chaperon : **Rauschhaube** et **Steckhaube**, all., Nemu.)

CHAPERONNER. — Coiffer le faucon d'un chaperon.

Synonymes étrangers :

Poner il capirote, espagnol. — **Aufhauben**, **Aufkappen**, allemand.

CHAPERONNIER. — Faucon habitué à porter le chaperon.

Synonyme étranger :

Capirotero, espagnol.

CHARNIER (Le). — Un des trois doigts de devant de l'oiseau qui lui sert à tenir la proie qu'il dévore (1).

Synonyme étranger :

Atzklaue, allemand.

CHARNIÈRE (La). — 1° Lieu où l'on donne la pâture aux faucons; 2° lieu où l'on serre la viande destinée aux faucons.

Synonyme étranger :

Cebadero, espagnol.

CILLER. — Voyez *siller*.

COMMANDE (La). — Synonyme du mot filière, selon le *Ménagier de Paris* (XVIe siècle). Voyez au mot *filière*.

CORNETTE (La). — La houpe, le sommet du chaperon.

(1) Les deux autres doigts de devant sont appelés la *petite sangle* (le petit doigt) la *grande sangle* (le doigt médian). Voyez ces mots.

Synonyme étranger :

Büschlein, allemand.

COUDERON. — Certaine composition grasse dont on oint une partie malade de l'oiseau.

Synonymes étrangers :

Coderone, italien. — **Staud**, allemand, Nemnich.

COUTEAUX (Les). — Les six premières pennes du faucon après le cerceau.

Synonymes étrangers :

Spadetti, italien. — **Cuchillos**, espagnol.

CRÉANCE (La). — Synonyme du mot *filière*. Voyez ce mot.

CROIE (La). — Sorte de gravelle des oiseaux de proie.

Synonymes étrangers :

Calcinazzo, italien. — **Die Frons**, allemand, Nemnich.

CRU (Le). — Le creux, la cachette où s'est réfugiée la perdrix poursuivie par un oiseau de proie.

Synonyme étranger :

Herida, espagnol.

CURE (La). — On appelle ainsi une petite boulette de filasse de coton ou de plumes qu'on fait avaler au faucon pour lui faire vomir les parties grossières de sa nourriture restées dans l'estomac.

Synonymes :

Les cures, **la curée**, **la plume**, français. — **Curalles**, espagnol. — **Gewel**, flamand. — **Schleimsel**, allemand.

CURE (Tenir sa). — Se dit du faucon auquel l'opération de la cure a réussi.

Synonyme étranger :

Cebar los curalles, espagnol.

CURES (Armer les). — Préparer un morceau de viande dans leque se trouve les cures, de façon à ce que l'oiseau ne s'en aperçoive pas.

CURER L'OISEAU. — Lui faire subir l'opération de la cure.

Synonymes étrangers :

Purgar, espagnol. — **Schleimen**, allemand.

DAGUER. — Se dit du faucon volant en droite ligne et avec une grande rapidité, comme une flèche.

Synonyme étranger :

Daguear, espagnol.

DÉBATTRE (Se). — Se dit d'un oiseau qui n'est pas encore assuré ou qu'on effraye et qui risque de se blesser en se démenant.

Synonymes étrangers :

Springen, allemand. — **To bate**, anglais.

En allemand on dit du faucon auquel on cause une peur subite et qui étend les ailes et la queue : *Engel machen*.

Betteln auf der Reek, en allemand, se dit du faucon inquiet qui piétine sur sa perche.

DÉBONNAIRE (Faucon). — Faucon de bonne race (de bonne aire).

Synonyme :

Noble.

DÉCHAPERONNER. — Enlever le chaperon.

Synonymes étrangers :

Quitar el capirote, **Descapirotar**, esp. — **Enthüllen**, **Abhauben**, **Abhäubeln**, all.

DÉCHARNER LE LEURRE. — Enlever l'appât attaché au leurre.

DÉLIVRE (Fort à). — Se dit du faucon qui n'a point de corsage et qui est presque sans chair comme le héron.

Synonyme étranger du mot *délivre* :

Desecada, espagnol, Nemnich.

DELONGIR. — Délier la longe attachée aux serres du faucon.

Synonymes étrangers :

Desguarnecer, quitar lonja, espagnol. — **Lasciare il falcone**, italien.

DÉROBER (Se). — Se dit de l'oiseau devenu infidèle qui disparaît pour ne plus revenir.

Synonyme étranger :

Escaparse, espagnol.

DESCENTE (La). — Vol du faucon qui descend du haut des airs.

Synonymes étrangers :

Descenso, espagnol. — **Das Streichen**, allemand.

Einen Bund machen, en allemand, signifie descendre obliquement.

DÉSEMPLOTOIR. — Instrument dont se servent les fauconniers pour vider la gorge *empelotée* d'un faucon.

Synonyme étranger :

Vaciador, espagnol.

DESSILLER. — Découdre les paupières de l'oiseau.

Synonyme étranger :

Losbräwen, allemand.

ÉCHAPER UN OISEAU. — Lâcher un oiseau devant le faucon pour que celui-ci se mette à le chasser. On dit aussi *escaper*.

Synonyme étranger :

Soltar, espagnol.

ÉCLISSER DE L'EAU AU VISAGE. — Jeter de l'eau au faucon pour le calmer et le dompter.

ÉCUMER. — Voler au dessus du gibier poursuivi par les chiens.

Synonyme étranger :

Corsear, espagnol.

ÉCUMER LA REMISE. — Se dit de l'oiseau qui passe par dessus le gibier sans l'apercevoir et sans s'y arrêter.

Synonyme étranger :

Corsear, espagnol.

ÉGALÉ. — Faucon qui porte sur le dos des mouchetures blanches appelées égalures.

Synonyme étranger :

Igualado, espagnol.

ÉGALURES. — Taches blanches qui se trouvent sur les plumes du dos du faucon.

Synonyme étranger :

Tröpflein, allemand.

ÉMERILLON. — Oiseau de proie. C'est la femelle du *rochier*.

ÉMEUT (L'). — Excréments du faucon.

Synonymes :

Esmeut, Esmut, Émut, Émeute, *f.* ancien français, — **Émont,** ancien français, G. Tardif, l'*Art de fauconnerie*, 1492. — **Smaltitura**, ital. — **Broccuta**, ital, Duez. — **Tullidura**, esp. — **Schmelz**, all. — **Smeelsel**, holl.

ÉMEUTIR. — Faire ses excréments en parlant du faucon.

Synonymes :

Esmutir, Émutir, Émeuter, Croller, français. — **Tullir**, esp. — **Schmelzen**, all. — **To Mute**, angl.

EMPELOTER (S'). — Se dit d'un faucon qui ne peut digérer ce qu'il a avalé, le bol alimentaire se roulant en pelote dans la gorge de l'oiseau.

Synonyme étranger :

Aburujarse, espagnol.

EMPIÉTER. — Enlever, prendre et tenir avec les serres.

Synonymes étrangers :

Usurpar, espagnol. — **Vergiessen**, allemand, Nemnich.

ENDUIRE. — Digérer, bien digérer.

Synonyme :

Tragar, espagnol, Nemnich.

ENDUIRE SA GORGE. — Se dit du faucon qui digère trop vite sa nourriture, ce qui est un signe de maladie.

Synonyme étranger :

Dijerir el papo, espagnol.

ENOISELER. — Faire le dressage d'un faucon.

ENTER. — Raccomoder une penne de l'oiseau froissée ou rompue, soit par la jonction d'une penne gardée, soit à l'aiguille ou au tuyau.

Synonymes étrangers :

Risquittire, Rinnestar le penne, italien, Duez. — **To imp,** anglais.

ÉPERVERIE, *f.* — L'art de dresser les éperviers à la chasse comme on dresse les faucons.

Synonyme :

Espreverie, ancien français.

ÉPERVIER. — Oiseau de proie qu'on peut dresser pour la chasse.

En espagnol on appelle *gavilan real* l'épervier dressé, et *gavilan salvage* celui qui ne l'a pas été.

ÉPILENCE. — Épilepsie, maladie à laquelle est sujet le faucon. G. Tardif, l'*Art de fauconnerie*, 1492.

ESCAPER. — Donner la dernière leçon à l'oiseau dressé, en le lâchant sur un gibier. Le lancer pour la première fois sans qu'il soit attaché.

Synonymes :

Donner l'escap, français. — **Dar suelta,** espagnol.

ESCORTABLE. — Oiseau susceptible de se dérober (Nemnich).

Synonyme étranger :

Descarriable, espagnol, Nemnich.

ESSIMER. — Amaigrir un oiseau pour le rendre moins lourd au vol.

Synonymes :

Esseimer, Abaisser, Baisser.

ESSOR (Monter d'). — Se dit du vol de l'oiseau lorsqu'il monte à perte de vue pour trouver un air plus frais.

ESSORER UN OISEAU. — Le laisser sécher au soleil ou au feu.

Synonyme étranger :

Enjugar, espagnol.

ESSORER (S'). — Se dit de l'oiseau qui s'écarte et revient difficilement sur le poing.

FAUCON (Jeune). — Le jeune faucon déjà dressé et qui vole pour bon.

Synonymes étrangers :

Pollo, espagnol.

« Pollo con pollo. » — Le jeune faucon doit être lancé sur les perdreaux. Quand il commence à chasser il faut éviter de le lancer sur les gros oiseaux.

Proverbe espagnol.

FAUCONNERIE (La). — Art de dresser et de gouverner les faucons et tous les oiseaux de proie.

Synonymes :

La Volerie, français. — **Falconèria**, ital. — **Altaneria**, **Volateria**, **Cetreria**, esp. — **Falknerey**, all. — **Hawking**, anglais.

FAUCONNERIE. — C'est un bâtiment distribué en volières pour y nourrir et mettre à couvert les oiseaux de proie pour la chasse ; et en logements et écuries pour les officiers, valets et chevaux de la chasse à l'oiseau.

FAUCONNIER. — Celui qui dresse et gouverne les faucons.

Synonymes étrangers :

Strozziero, **Falconiere**, italien. — **Falconero**, **Acetrero** (1), **Cetrero**, espagnol. — **Falconeiro**, portugais. — **Hawker**, anglais. — **Solymar**, **Solymasz**, hongrois. — **Σαΐνης**, grec moderne.

FAUCONNIER (Monter à cheval en). — C'est monter à cheval du pied droit le premier.

(1) *Acetrero* est dérivé d'une forme bas latine *accipitrarius*.

FAUCONNIÈRE (La). — C'est un sac ou une gibecière où le fauconnier met les instruments dont il peut avoir besoin.

Synonyme étranger :

Falconeria, italien.

FERME (Tenir). — Préparer un oiseau à la chasse du lendemain en le faisant jeûner.

Synonyme étranger :

Templar, espagnol.

En espagnol on appelle *choca* l'allèchement d'un faucon que l'on fait en le laissant une nuit avec une perdrix.

FILANDRES (Les). — Vers qui, s'engendrant soit dans le gosier du faucon, soit autour de son cœur, de son foie et de son poumon l'incommodent beaucoup.

« Se vostre faulcon a les filandres vous le sçaurez à ses esmues (*fiente*) qui seront pleins d'une matière en manière de filez de char. » *Le livre du roy Modus.*

Synonymes étrangers :

Filandre, italien. — **Gusano**, **Filandrias**, espagnol.

FILER. — Se dit du faucon qui descend lentement du haut des airs, pour saisir sa proie.

Synonyme étranger :

Hilar, espagnol.

FILIÈRE (La). — C'est une menue corde ou ligne attachée à la longe par laquelle le fauconnier, quand il a lâché l'oiseau pour le leurrer, le tient tousjours si long et si court qu'il veut, pour le retirer à soy si l'oiseau d'aventure s'en vouloit aller. On l'appelle aussi *créance* parce qu'on rameine l'oiseau à croire et à obéir au leurre.»

J. D'ARSY, *Dict. françois-flaman*, 1699.

Synonymes étrangers :

Fiador, **Cuerda**, espagnol. — **Lockschnur**, **Gefäss**, allemand.

FONDRE. — Se dit du faucon qui descend avec rapidité du haut des airs pour saisir sa proie.

Synonymes étrangers :

Calarse, Hender, espagnol. — **To swoop, To stoop**, anglais.

FORCETTES (Les). — Instrument servant aux fauconniers pour couper les plumes brisées des oiseaux chasseurs. On peut voir cet instrument figuré dans Willemin, *Monuments inédits*, t. I, pl. CIII.

FORME (Une). — Les fauconniers appellent ainsi la femelle d'un oiseau de proie.

Synonyme étranger :

Prima, espagnol.

FORMI (Le). — Maladie qui survient au bec du faucon.

FOURCHILLONS (Les). — Maladie appelée aussi *les barbillons*. Voyez à ce mot.

GAUCHER. — Ce verbe semble être un terme de fauconnerie. Je ne le connais que par le passage suivant :

« ... Ou comme un oiseau bien leurré
Attaque d'un vol asseuré
Certain autre oiseau qui l'incague,
Lorsque criant : garre la dague
Il sçait gaucher en le forçant
Le bec qui le va menaçant
Et le choisissant par derrière
Le jette mort sur la poussière. »

L. RICHER, *L'Ovide bouffon*, 1662, p. 494.

GENTIL (Faucon). — En fauconnerie ce nom ne sert pas à désigner une espèce particulière de faucon, mais tout oiseau bien proportionné et bien éduqué.

GERFAUT. — Espèce de faucon estimée.

« Il a plus d'esprit qu'un gerfaut. »

Glossaire de l'ancien théâtre français.

Le mâle a, en anglais, un nom particulier : *jerkin*.

GORGE (La). — Le gosier ou poche de l'oiseau de proie.

Synonymes :

Mulette, français. — **Papo, Buche**, espagnol. — **Kropf**, allemand.

GORGE (La). — La nourriture qu'on donne au faucon.

Synonymes étrangers :

Papo, Buche, espagnol.

GORGE (Donner bonne). — Repaître généreusement un oiseau.

Synonyme étranger :

Dar *ó* **hacer buen papo,** espagnol.

GORGE (Ne donner qu'une demi-gorge). — Donner à l'oiseau la moitié de sa pitance habituelle.

Synonyme étranger :

Dar medio papo, espagnol.

GORGE (Donner grosse). — Donner à l'oiseau, une nourriture grossière ou mal préparée.

Synonyme étranger :

Papo gordo, espagnol.

GORGE CHAUDE (Donner la). — Donner à l'oiseau la chair des animaux qu'on vient de tuer, encore chaude ou lui donner une proie vivante.

GORGE (Mettre à val la). — Digérer ; ce mot semble être synonyme d'*enduire*. Voyez ce mot.

Synonyme étranger :

Den krop indouwen, flamand. D'Arsy, *Dict. fr.-flamand.*

GORGER. — Donner la gorge ou l'appât au faucon.

GRIFFER. — Prendre avec les griffes.

Synonyme étranger :

Agarrar, espagnol.

GRUYER. — Oiseau dressé à la chasse aux grues.

Synonyme étranger :

Grullero, Grullera, espagnol.

GUINDER (Se). — Se dit d'un oiseau qui s'élève à perte de vue.

14

Synonymes :

Guinder, français. — **Remontarse**, espagnol.

HARPAYE-ÉPERVIER. — Les fauconniers appellent ainsi le *falco cyaneus* (oiseau de Saint-Martin). Nemnich.

HAGARD (Faucon). — Faucon qui a été pris après plus d'une mue et qui ne s'apprivoise pas aisément. Faucon farouche.

Synonymes :

Faucon bossu, français, Nemnich. — **Randagio**, **Randione**, italien. Duez. — **Hagerfalk**, all. — **Haggard falcon**, anglais. — **Huraño**, **Fiero**, espagnol.

HALBRENÉ. — Se dit du faucon qui a des plumes rompues.

HALBRENÉES (Plumes). — Plumes rompues.

Synonyme étranger :

Zerstossen, allemand.

HERONNIER. — Faucon dressé à la chasse du héron.

Synonymes étrangers :

Alcaravanero, **Garcero**, espagnol. — **Reiherfalk**, allemand.

HOCHE-PIED. — Faucon que l'on lance seul sur le héron pour le faire monter.

IGNOBLE (Oiseau). — Oiseau qui refuse de se laisser dresser.

JARDIN (Donner le à l'oiseau). — C'est lui faire prendre l'air, le sortir quand il fait beau temps, de l'endroit où il est enfermé.

JETS (Les). — Nom d'une petite entrave qu'on met aux pieds des oiseaux.

Synonymes :

Gects, **Giez**, ancien français. — **Geti**, ital. — **Pihuelas**, esp. — **Jesses**, angl. — **Die Schuhe**, allemand.

LANERET. — Mâle ou tiercelet du lanier. Il est plus petit que sa femelle, d'où la forme diminutive du mot.

LANIER. — Espèce de faucon. C'est la femelle du laneret.

LEURRE. — Instrument en osier en forme de fer à cheval allongé qu'on recouvrait des ailes de l'oiseau ou de la peau du quadrupède (lièvre ou lapin) qu'on voulait accoutumer l'oiseau de proie à voler. On plaçait la viande destinée à la nourriture de l'oiseau de proie à voler sur le leurre et il s'y paissait. Il en résultait qu'il connaissait le leurre et qu'il revenait à son maître dès que celui-ci l'appelait en tournant cet instrument.

Synonymes :

Loirre, G. Tardif, l'*Art de Fauconnerie*, 1492; **Loitre**, anc. franç., Diez. — **Logoro**, italien. — **Señuelo**, espagnol. — **Lure**, anglais. — **Luoder**, moyen haut allemand. — **Luyer**, hollandais. — **Federspiel**, **Vorlass**, allemand.

LEURRE (Rendre au). — Se dit du faucon qui revient facilement au leurre.

LEURRÉ (Oiseau bien). — Faucon habitué à revenir au leurre (1).

LEURRER L'OISEAU. — Habituer le faucon à revenir au leurre.

Synonymes étrangers :

Señolear, espagnol. — **Anlocken**, allemand.

LIER. — Se dit du faucon qui saisit le gibier avec ses serres.

Synonymes étrangers :

Ligar, espagnol. — **Binden**, allemand.

LONGE (La). — Petite lanière de cuir que l'on attache à la patte d'un oiseau de proie, quand il n'est pas assuré sur la perche.

Synonymes étrangers :

Langfessel, allemand. — **Leash**, anglais.

MADRÉ (Faucon). — Faucon qui a eu plusieurs mues. Il a alors ses plumes madrées (2).

(1) On disait autrefois au figuré de quelqu'un : *il y est leurré*, c'est-à-dire il s'y connaît.

(2) Le faucon *madré* qui a plusieurs années est au courant de toutes les ruses de son métier. C'est de là qu'est venu le mot *madré* dans le sens de rusé. Il fait contraste avec le mot *niais* donné au faucon qui ne sait encore rien. — J'ai donné dans le premier volume de la *Faune*, p. 161, une autre étymologie du mot *madré*, que j'abandonne.

Synonyme :

Ein madrirter Herr, allemand.

MADRÉES (Plumes). — Plumes tachetées.

MAHUTE (La). — Le haut des ailes, proche du corps.

Synonyme étranger :

Encuentros, espagnol.

MAILLES (Les). — Taches ou mouchetures sur les plumes d'un oiseau.

Synonyme :

Les Maillures.

MAINS (Les). — Les serres du faucon.

Synonyme étranger :

Las garras, espagnol.

MAL SUBTIL. — Maladie du faucon caractérisée par une faim perpétuelle, quoiqu'il ne manque pas de nourriture.

Synonyme :

Mal soutil, G. Tardif, l'*Art de fauconnerie*, 1492.

MAL DE TÊTE. — Certaine maladie du faucon qui est appelée *malagro* en italien, selon Duez.

MANQUER. — Du faucon qui manque sa proie on dit : *Den Durchgang geben*, allemand.

MANTEAU (Le). — L'ensemble du plumage du faucon.

Synonyme étranger :

Capa, espagnol.

MONTANT (Prendre le). — Se dit du faucon qui parvient à s'élever au-dessus de l'oiseau qu'il poursuit (1).

MONTÉE (La). — Le vol par lequel le faucon s'élève.

Synonymes étrangers :

Carrera, espagnol. — **Pitch**, anglais.

(1) Au figuré : prendre le montant sur quelqu'un, c'est se rendre supérieur à lui.

MONTÉE D'ESSOR (La). — Montée par laquelle l'oiseau s'élève à perte de vue.

Synonyme étranger :

Carrera de elevacion, espagnol.

MONTÉE DE FUITE (La). — Montée par laquelle l'oiseau s'élève, lorsque quelque oiseau plus fort le fait fuir.

Synonyme étranger :

Carrera de fuga, espagnol.

MONTER. — S'élever rapidement dans les airs.

Synonymes étrangers :

Remontar, espagnol. — **Kliemen, Klimmen**, allemand.

MUE (La). — Renouvellement des plumes de l'oiseau de proie.

Synonymes étrangers :

Muda, espagnol. — **Mew**, anglais.

En espagnol on appelle *pollez* l'espace de temps compris entre deux mues.

MUE (La). — Grande cage où on met l'oiseau quand il mue.

MUE (La). — Endroit où l'on enferme les faucons.

Synonyme :

Fauconnerie.

NAGER. — Se dit de l'oiseau monté si haut dans les airs qu'il y semble nager.

Synonyme étranger :

Cernerse, espagnol.

NIAIS (Faucon). — Celui qui a été pris tout petit au nid (1).

Synonymes étrangers :

Niaso, ital. — **Falcon areñero, Falcon zahareño, Falcon del ayre, Niego**, esp. — **Ninhêgo**, port. — **Nias hawk, Eyess, Nestling**, angl. — **Nestling**, all.

NOBLE (Oiseau). — Oiseau susceptible d'être dressé pour la chasse.

(1) Au figuré *niais* signifie un imbécile par allusion au jeune faucon qui ne sait encore rien.

Synonymes :

Débonnaire, Gentil, français. — **Falcon gentile,** ital. — **Gentle hawk,** anglais.

OISEAU (L'). — En fauconnerie quand on parle de l'*oiseau* il s'agit presque toujours du *faucon.*

OISEAU DE BAS VOL. — Oiseau dressé à la basse volerie.

Synonyme étranger :

Aves de bajo vuelo, Aves de mano, espagnol.

OISEAU DE HAUT VOL. — Oiseau dressé à la haute volerie (voyez *volerie*).

Synonymes étrangers :

Aves de alto vuelo, Aves de alto remontado, Aves de añagazo, Aves de Señuelo, espagnol.

OISELER. — Dresser un jeune faucon (selon Poëtevin, *Dictionnaire français-allemand*, 1754).

Synonyme :

Enoiseler, Affaiter.

PAISSOIR (Le). — Doigt de devant dont se sert l'oiseau pour tenir son pât.

Synonyme :

Charnier. Voyez ce mot.

PANTOIEMENT (Le). — Maladie du faucon caractérisée par une respiration difficile.

Synonymes :

Le pantais, l'Asme, G. Tardif, l'*Art de fauconnerie.* — **Huelfago,** espagnol.

PARONS (Les). — Les ancêtres, les père et mère des oiseaux de proie.

Synonyme :

Les Pairons.

PASSAGER (Faucon). — Faucon pris en automne au moment de sa migration annuelle.

Synonymes :

Faucon de passage, franç. — **Ramengo,** ital. — **Treck-Falke, Zug-Falke,** all.

PASSÉE (Prendre les oiseaux à la). — C'est les guetter avec le faucon là où ils ont leur passage habituel. (D'Arsy, *Dictionnaire françois-flaman*, 1699).

PENNAGE (Le). — Le plumage des oiseaux de proie qui se renouvelle chaque année.

Synonymes étrangers :

Gefieder, Gefürt, allemand.

PENNES (Les). — Les grosses plumes des oiseaux de proie.

En allemand le mot *Dach* sert à désigner l'ensemble des plumes du dos.

PENNES DE BALAI. — Les deux plumes de la queue du faucon.

Synonyme étranger :

Coberteras, espagnol.

PERCHE (La). — La traverse de bois qui sert de perchoir au faucon.

Synonymes étrangers :

Alcandara, Palo, espagnol. — **Die Reek,** allemand.

PERCHER (Se). — Se poser sur un arbre.

Synonymes étrangers :

Engarbarse, espagnol. — **Imbroccare,** italien.

PIQUER APRÈS LA SONNETTE. — Suivre de près le faucon vers l'endroit où l'on entend les grelots de l'oiseau.

PLAISIR (Faire) à l'oiseau. — Lui laisser déchirer et dévorer le gibier qu'il a pris. — On dit aussi : *faire la courtoisie à l'oiseau.*

En espagnol *pelar* se dit du faucon qui avale un oiseau avec les plumes.

PLUME (La). — Synonyme de *cure;* voyez ce mot.

PLUMÉ. — On se sert d'une plume dont on caresse le faucon pour l'*assurer* ou pour le faire revenir d'une terreur. C'est ce qu'on appelle en allemand *spinnen, abspinnen,* (Nemnich).

POING (Oiseau de). — Oiseau qui revient sans leurre.

Synonyme :

Short winged hawk, anglais.

POIVRER L'OISEAU. — Laver le faucon avec de l'eau dans laquelle on a mis du poivre pour le préserver de la vermine et de la teigne.

Synonyme étranger :

Pimentar, espagnol.

PRENDRE MOTTE. — Se dit du faucon qui se pose par terre.

Synonyme étranger :

Tomar tierra, espagnol.

QUARRY. — Mot anglais dont je ne connais pas de synonyme français. Il signifie le genre de gibier volé par les faucons. Chaque faucon vole son *quarry* particulier.

RASER L'AIR. — Se dit de l'oiseau qui plane ou qui vole si légèrement qu'on aperçoit à peine le mouvement de ses ailes.

Synonyme étranger :

Cernerse en al ayre, espagnol, Nemnich.

RÉCLAMER UN OISEAU. — L'appeler pour le faire revenir sur le poing ou au leurre.

RECRÉANCE. — Longue ficelle attachée aux longes (XVIe siècle, *Le Ménagier de Paris*).

Synonymes :

Créance, Commande, Filière (Voyez ce dernier mot).

REGUINDER (Se). — Se dit d'un faucon qui s'élève en l'air par un nouvel effort, qui *prend le montant* sur l'oiseau qu'il poursuit. — On dit aussi *reguinder* (verbe neutre).

RHUME. — Maladie rhumatismale des faucons.

Synonymes :

Les Gouttes, français. — **Agua comun, Agua verdadera,** esp., Nemnich. — **Die Binn,** all., Nemnich.

ROCHIER. — C'est un émérillon mâle. La femelle en fauconnerie porte seule le nom d'*émérillon*.

ROGNURES (Les). — Les fendillements et brisures des plumes de l'oiseau, ce qui indique qu'on n'en a pas suffisamment soin.

Synonyme étranger :

Hameces, espagnol.

Ces termes semblent être synonymes de plumes *affamées*. Voyez ce mot.

ROUER. — Voler en décrivant des cercles concentriques (*Le Ménagier de Paris*, XVIe siècle).

Synonymes étrangers :

Andare a ruota, Far ruota, ital. — **Ringhohlen**, all. — **To tower**, angl.

SACRE, *m.* — Oiseau de proie ; la femelle du sacret. Ses plumes sont d'un rouge enfumé, son bec, ses jambes et ses doigts sont bleus ; il est propre au vol du héron [1].

Synonyme étranger :

Blaufusz, allemand.

SACRET, *m.* — Oiseau de proie ; la femelle qui est plus grosse est appelée *sacre*.

SANGLE (La grande). — Le doigt médian de la serre de l'oiseau.

SANGLE (La petite). — Le petit doigt de la serre de l'oiseau.

SAUVAGINE (Mettre hors de). — Dresser un oiseau.

SILLER. — Coudre les paupières d'un faucon. Quand, voulant porter un oiseau de proie, on n'a point de chaperon pour lui couvrir la tête, on lui sille les yeux, c'est-à-dire on lui coud les deux paupières d'un point d'aiguille ; l'oiseau ne se débat plus [2].

(1) On disait au XVIIIe siècle d'un homme avide : *c'est un sacre.*

(2) Selon quelques auteurs on sille le faucon afin qu'il s'habitue à l'obscurité et se laisse facilement chaperonner.

On lit dans Turbervile, *Book of Falconrie*, 1575, un passage où à propos de la manière de siller il dit : « Take a needle threeded with untwisted thread, and (casting your Hawke) take her by the beake, and put the needle through her eye-lidde, not right against the sight of the eye, but somewhat nearer to the beake, because she may see backwards.

Synonymes :

Chiller, français, Duez. — **Accigliare**, ital. — **Sellar**, esp., Nemnich. — **Aufbräwen**, all. — **To seel**, angl.

SOI (Avoir été à). — Se dit du faucon qui a vécu pendant quelque temps à l'état sauvage.

SOMMÉES (Plumes). — Plumes des faucons quand elles sont parvenues à toute leur longueur.

SONNETTES (Les). — Grelots qu'on attache aux pieds du faucon pour savoir où il se trouve quand on l'a perdu de vue.

Synonymes :

Les Sonnets, d'Arsy, *Diction. françois-flaman*, 1699. **Les Grelots**, fr. — **Sonagli**, ital. — **Cascabeles** (1), esp., Nemnich. — **Bell, Rolle**, all.

En espagnol on appelle *mallos* le cuir auquel le grelot est attaché ; en anglais *bewits*.

SOR (Faucon). — Faucon qui a pris l'essor à l'état sauvage et qui n'ayant pas encore mué a encore son premier pennage roussâtre (2).

Synonymes étrangers :

Soro, ital.; esp. — **Yearling falcon**, angl. — **Rother Falk**, all., Nemnich.

And you must take good heede that you hurt not the webbe, which is under the eye-lidde, or on the inside thereof. Then put your needle also through that other eye-lidde, drawing the endes of the thread together, tye them over the beake, not with a straight knotte, but cut off the threedes endes neare to the knotte, and twist them together in such sorte, that the eye-liddes may be raysed so upwards, that the Hawke may not see at all, and when the threed shall ware loose or untyed, then the Hawke may see somewhat backwardes, and a Falcon forwardes. The reason is that it the Sparrow-hawke should see forwardes, she would beate off her feathers, or break them when she bateth upon the fist, and seeing the companie of men, or such like, she would bate too much. »

(1) Il y en a ordinairement deux, dont l'une appelée *prima* et l'autre *bordon*. Nemnich.

(2) Selon Duez on appelle au figuré *sor* : 1° Un jeune homme à qui la barbe ou le poil follet commence à venir ; 2° un jeune homme sans expérience. Dans ce dernier sens comparez les mots *niais* et *béjaune*. — Le mot *sor* servant à désigner une nuance de couleur semble venir d'une comparaison avec le plumage roussâtre du *faucon sor*.

SOURDRE CONTREMONT UN OISEAU. — D'Arsy dans son *Dictionnaire françois-flaman*, 1699, traduit ainsi cette locution : *Tegen een vogel recht opklimmen.*

TAGAROT. — Faucon qui vient du côté de l'Égypte.

Synonyme :

Tagerot.

TALONS (Les). — Les doigts de derrière de la serre de l'oiseau.

Synonymes :

Avillons (voyez ce mot). — **Talons,** anglais.

TATARET (Faucon). — Celui qui vient de la Tartarie et qu'on appelle de haute maille.

TÊTE (Faire la). — Habituer l'oiseau au chaperon.

Synonyme étranger :

Poner el capirote, espagnol.

TIERCELET. — Nom donné au mâle des différentes espèces de faucons parce qu'en grosseur il est le tiers de la femelle. On a prétendu à tort qu'on l'avait appelé ainsi parce que dans toute nichée de faucon il y avait deux jeunes femelles et un jeune mâle.

Synonymes étrangers :

Terzuolo, ital. — **Terzuelo,** esp. — **Tercel, Tiercel, Tiercelet, Tassel,** angl. — **Tesselt,** flam. — **Tarsel,** holl. — **Terzelot,** all.

TIRANTS (Les) du chaperon. — Les courroies qui servent à attacher le chaperon.

TIROIR. — Objet propre à attirer le faucon pour le reprendre au poing ; on se sert d'ailes de chapon ou de coq d'Inde.

Synonyme étranger :

Zieget, allemand.

TOILES (Les). — Le brancard ou cage portative qui sert au fauconnier pour transporter ses oiseaux.

Synonyme étranger :

Cadge, anglais (**Cadger** = le fauconnier qui porte le brancard).

TOURET. — Selon le *Ménagier de Paris* (XVIe siècle), c'est un instrument de cuivre, quelquefois d'argent, destiné à empêcher la longe de s'embarasser. Ce sont deux demi-anneaux en forme d'étriers réunis par une goupille qui traverse les deux côtés plats, lesquels tournent l'un sur l'autre. D'Arcussia l'appelle tournet et Frédéric II (*De arte venandi*), dans son latin, *tornetum*.

Synonymes :

Vervelle, français. — **Guinzaglio**, italien, Duez. — **Die Drahle**, allemand, Nemnich. — **Drael**, flamand. — **Swivel**, anglais.

TRAIN (Faire le) à un oiseau. — Lui donner pour compagnon un oiseau tout dressé afin de l'accoutumer à la chasse.

Ce compagnon est appelé :

Guia en espagnol.

TRAINEAU. — Peau de lièvre qui sert de leurre.

Synonymes étrangers :

Zimbello, espagnol. — **Señuelo**, espagnol.

TRAVAIL. — Peine plus ou moins grande qu'a un faucon de saisir le gibier poursuivi.

Synonyme étranger :

Trabajo, espagnol.

VANNEAUX (Les). — Les plumes d'essor de l'oiseau; les plus grosses plumes de l'oiseau.

Synonymes étrangers :

Biccoche, italien. — **Aguaderas, Mantas, Mantones**, espagnol.

VEILLER L'OISEAU. — A un certain moment du dressage du faucon, le fauconnier l'empêche de dormir pendant plusieurs jours et plusieurs nuits de suite. C'est ce qu'on appelle *veiller l'oiseau*.

Synonyme étranger :

Velar, espagnol.

VENT (Bander au). — Se dit d'un faucon qui se tient sur les chiens en fuyant la crécerelle.

VENT (Tenir le bec au). — Se dit du faucon qui résiste sans tourner la queue.

Synonymes étrangers :

Resistir el viento, espagnol.

VENT (Prendre le haut du). — Voler au-dessus du vent.

VENT (Aller à vau le). — Avoir la queue au vent.

Synonymes :

Voler vent arrière, français. — **Volar rabo a viento,** espagnol.

VENT (Aller contre le). — Avoir le bec au vent.

Synonyme :

Chevaucher le vent.

VENT (Aller l'aile au). — Voler à côté du vent.

VENTOLIER. — Oiseau qui se plaît au vent et qui s'y laissant quelquefois emporter se perd.

VENTOLIER (Oiseau bon). — Oiseau qui résiste au vent.

VERVELLE (La). — Anneau au pied du faucon pour y attacher la longe ; cet anneau porte le nom ou les armes de celui à qui l'oiseau appartient. Voyez *touret.*

VIDER L'OISEAU. — Lui donner un vomitif.

Synonymes :

Vuider, ancien français. — **Regitar,** espagnol.

VOL (Entretenir un). — Entretenir un équipage d'oiseaux de proie et de fauconniers.

VOL POUR LE GROS. — Celui qui se fait sur les oiseaux de fort et de cuisine.

VOL A LA RENVERSE. — Se dit quand on lâche l'oiseau de manière à ce qu'il rencontre la perdrix.

VOL A LA SOURCE. — Se dit quand on lâche l'oiseau au moment où la perdrix part.

VOL A LA COUVERTE. — Se dit lorsqu'on s'approche du gibier, à couvert d'une haie.

VOL A LA TOISE. — Se dit lorsque l'oiseau part du poing à tire d'aile pour suivre la perdrix au moment où on l'entend.

VOL AU GIBIER D'EAU. — Ce vol est appelé *hawking by the river*, ou *flying at the brook*, en anglais.

VOLER. — Prendre le gibier en volant. Chaque espèce de faucon vole un gibier différent.

Synonyme étranger :

Beizen, allemand.

VOLER EN LONG. — Voler en droite ligne.

VOLER EN COUPANT. — Couper le vent en le traversant.

VOLER EN POINTE. — S'élever rapidement ou descendre de même.

VOLER POUR BON. — Se dit du faucon dressé, qui pour la première fois chasse sans être attaché par la filière.

Synonyme étranger :

Volar por si, espagnol.

VOLERIE. — La chasse pour laquelle l'oiseau est dressé à voler d'autres oiseaux. Signifie quelquefois simplement *fauconnerie.*

VOLERIE (Basse). — Chasse du laneret et du tiercelet de faucon sur la perdrix, la pie, etc.

VOLERIE (Haute). — Chasse du faucon sur le héron, sur les canards et sur les grues ; celle du gerfaut sur le sacre, sur le milan, etc.

Synonyme étranger :

Altaneria, espagnol.

VOLTE (Crier à la). — Faire entendre par ce cri : *à la volte*, qu'on a vu le héron.

---

2. « ... Les yeux estoint riant, clers comme à un faulcon mué. »
Grand parangon des nouvelles nouvelles, p. 245.

3. « Avoir une vue de faucon. » — Avoir une vue perçante.

« Chi vuol andar salvo per lo mondo, bisogna haver *occhio di falcone*, orecchio d'asino, viso di scimia, bocca di porcello, spalle di camelo e gambe di cervo. » Italien, PESCETTI.

4. « Beim nehmen hat er Falkenaugen, beim geben Hundsaugen. » — Pour recevoir il a les yeux du faucon, pour donner il a les yeux du chien. Se dit d'un homme avide.

Proverbe lithuanien, SCHLEICHER.

5. « Oiseau débonnaire de lui-même se fait. » Prov. français.

« Oyseau débonnaire de luy mesme s'asseiste. »
Proverbe ancien français.

« Gentil oysel par se meisme se afet. » Prov. anc. français.

« The gentle hawk mans itself. » Proverbe anglais.

6. « E cattivo sparviere quello che non torna al logoro. » — — C'est un meschant espervier qu'il ne rend au leurre.
Proverbe italien, IULLIANI.

7. « When the falcon prepares for a swoop, he forgets death. » —Meaning that in a moment of excitement a man forgets everything but his present object. Bannu (Afghanistan), THORBURN.

8. « Mit leeren Händen fängt man keinen Falken. » All.

« Met ideler hand is quaet hauiken locken. »
Ancien hollandais, REINSBERG.

« Empty hands no hawks allure. » Anglais.

« A toom hand is nae lure for a hawk. » — Main vide ne peut servir de leurre pour le faucon. Proverbe écossais.

« Wi' an empty hand nae man can hawks lure. »
Proverbe écossais, REINSBERG.

« Der er ondt at lokke Hog til sig med tomme Hænder. »
Danois.

« Medh tòmum höndum tekr einginn fálka. » Islandais.

9. « A carrion kite will never make a good hawk. »
Anglais.

« A bittern makes no good hawk. » Anglais.

10. « Eulen hecken keine Falken. » Allemand.

« Eine Eule heckt keinen Blaufuss. » Allemand.

11. « Wenn man keine Falken hat, muss man mit Eulen beizen. »
Allemand.

12. « Elk denkt dat zijn uil een valk is. » — Chacun croit que sa chouette est un faucon. Hollandais.

« Jedem dünkt seine Eule ein Falk. » — Chacun voit un faucon dans sa chouette. Allemand.

13. « Mancher entfleucht dem Sperber und wird vom Falken gehalten. » Allemand.

14. « Chi colomba si fà, il falcon se la mangia. »
Italien, PESCETTI.

15. « Han vil laere Raeven at tage Gaes, og Hogen at fange Duer. » — Il veut apprendre au renard à aller chercher les oies et à l'autour à prendre les pigeons. Proverbe danois.

16. « Connais l'oiseau à la plume et le faucon au vol. »
Proverbe russe.

17. « Rebouté comme un vieil fauconnier qui ne vaut plus rien à nul métier. » *Ducatiana*, t. II, p. 497.

18. « The cry *hai! hai!* has not suffered the hawk to grow big. » — *Hai! hai!* is an interjection used to drive off birds of prey, and on similar occasions. If the hawk had been permitted to take as many fowls, as it liked, it would have become much bigger and more dangerous than it actually is. Oji (Vfrique), RIIS.

19. « È meglio un fanello in gabbia che un falcone in campagna. » Italien.

20. « Le corbeau est sorti, le faucon le remplace. »
Proverbe russe, *Éléments de la langue russe*, 1791.

« Le faucon est sorti, le corbeau prend sa place. » *Idem.*

21. « Saint Siphorien (Symphorien) était autrefois le patron de la chasse au vol comme saint Hubert de la chasse à courre. »
Voyez *Bulletin de la Société des anciens textes français*, 1876.

TABLE DES MATIÈRES

NOMS LATINS

NOMS FRANÇAIS

FIN DU SIXIÈME VOLUME.

INDEX GÉNÉRAL DES MATIÈRES

CONTENUES DANS LES SIX VOLUMES DE LA FAUNE POPULAIRE

FIN DU SIXIÈME ET DERNIER VOLUME.

DIEPPE. — IMPRIMERIE PAUL LEPRÊTRE ET Cie.

www.ingramcontent.com/pod-product-compliance
Ingram Content Group UK Ltd.
Pitfield, Milton Keynes, MK11 3LW, UK
UKHW021936200726
13855UKWH00007B/362